民俗の変化と視点

福澤昭司

はじめに

私は、大学でその専門教育を受けたわけではないが民俗学に強くひかれ、義務教育の教員をするかたわら研究を続けてきた。それは、この学問の行く手を示してくださる先学の諸先生方の、導きや励ましがあったればこそである。

思えば、民俗学とは珍しい学問である。地方にあって、趣味のように研究を続ける事こそがこの学問の王道であると語っても、研究職にある人々からは非難されることはない。大学に職を得ている研究者と、この学問が好きだというだけで、地方で研究している者とが、同じ土俵で話ができるのは、おそらく民俗学だけだろう。そうした交流の中で多くを学ばせていただき、研究への刺激を受けたり評価を受けたりすることで、民俗学の研究意欲を継続することができた。

また、長野県史刊行会の常任編纂委員として三〇代の多くの時間を過ごし、長野県内で暮らすたくさんの方々に出会って地域の暮らしを学んだり、県内の民俗学研究者の皆さんとのネットワークを構築できたりしたことも、その後の研究にとって大いに有益であった。

本書は、前著（『民俗と地域社会』一九九八年　岩田書院）以後に書いたり、前著には未掲載だったりした既発表の原稿を、加筆訂正して一冊にまとめたものである。

「I　変化する葬送儀礼と霊魂観」には、最近関心をもって研究している葬式の変化と霊魂観に関する研究をまとめた。葬儀は急激な変化を遂げており、研究対象として興味をひかれるばかりでなく、終活を考えなければならない年となった自分自身のこととして、書き継いでいるテーマでもある。

「Ⅱ　変化する暮らし」は、長野市誌、松本市史に書かせていただいたものと、長野県民俗の会の調査の報告をまとめたものである。戦後の暮らしの変化をまとめたが、台所の改造、特に水道と竈への変化が、生活全体を変えていったことがわかる。それは、部分的にはリアルタイムでの私の子どもの頃に経験した暮らしの変化でもある。ここには現代の生活の変化について述べなかったが、今はＩＴが大きく生活を変えつつある。

「Ⅲ　変わる視点と変わらぬ視点」では、日本民俗学会の年会（年次総会）に参加して考えたことや、調査方法、民俗学の目的などについて、主として長野県民俗の会『通信』にその時々報告したものをまとめた。したがって主題の統一感に欠けているが、要は移り変わっていく「民俗」を見出すには、見る対象と視点を変えながらも、変わらない視点も持たなければならないということである。若い時に書いたものから最近のものまでを含むため、論旨が揺れている。それも私の民俗学である。

最後に、本書によって読者の興味がわずかでも民俗学へ向いたり、本書がこれから民俗学を研究しようとする若者の手助けとなったりするならば、望外の幸せである。

民俗の変化と視点◎目次

民俗の変化と視点

I　変化する葬送儀礼と霊魂観

一　「儀礼」から「お別れ会へ」
――松本市近辺の葬儀の変化――

はじめに

最近、葬儀や墓の変化に対してどう対応したらよいのかといった話題が、マスコミをたびたびにぎわしている。つい先日も、テレビの長時間のニュース番組に島田裕巳氏と井上治代氏が出演し、葬儀と墓の現状と今後の展望について語っていた。また、少し前には大衆週刊誌が、「本当に安くて恥をかかない「葬式と墓」」と題して特集を組んだり、葬儀と墓の話題を都道府県ごとに編んだ雑誌が創刊されたりもしている。

以前から地域社会の解体だとか家族の崩壊などが、一部の先端的な部分での問題として話題にはなっていたが、多くの人々は自分には関係ないものとし、そこから派生する葬儀のありかた等については、ほとんど何も考えずにきた。親が亡くなったら周囲のいうことに任せ、自分が亡くなったら子どもに任せればいいという「お任せ」主義が、伝統的な葬儀のありかただったのである。周囲に合わせるという事が、葬儀に限らずこの国で暮らしていくスタイルだったし、良きにつけ悪しきにつけ、それが習俗というものを形成し伝承させてきた源でもあった。

ところが、地域社会と家族の急激な変化により、「お任せ」主義では少なくとも葬儀や墓については、どうにもならなくなり、自分なりの状況にあった方法をとらざるをえなくなってきたのである。人々は葬儀や墓を今後どうしたらよいのかについて困り始め、何か指針がないかと求めて関心が高まり、マスコミでも盛んに特集を組むようになった。

こうした求めに応えてゆくのが、民俗学の務めではなかろうか。そこで筆者が居住する地方都市松本市とその近辺を主なフィールドとして、とりあえず変化する葬儀の現状とそれに対する当事者、寺、業者の対応を分析して今後の見取り図を描いてみたい。

1　調査地の概要

毎年夏に開催されるサイトウキネンフェスティバルで知られる松本市は、長野県のほぼ中央部に位置し、東は美ヶ原高原から西は北アルプスの頂上までを境とし、面積は九七八・七七平方キロメートルで県下一の広さを誇っている。市の中心部には戦国時代末期に築城された国宝松本城がそびえ、歴史探訪や豊かな自然を求めて、多くの観光客が訪れている。平成二九年一月一日現在の人口は、二四万一二七二人である。標高は約六〇〇メートルであり、盆地特有の気候で昼間の気温はあがるものの、夜間はかなり涼しくなる。長野県を代表する都市の一つとして栄えているが、最近は中心市街地の空洞化が進み、シャッターの閉まった商店街もみられる。

表1は、一九七五（昭和五〇）年からの、五年ごとの松本市の年齢別人口と世帯数の推移であ

る(1)。まず総人口からみると、一九七五年の二〇万五〇〇〇余名から三五年後には二四万三〇〇〇余名へと三万八〇〇〇人程増加しているが、二〇〇五年と二〇一〇年の近隣町村との合併を含めての結果である。二〇〇〇年から二〇〇五年にかけては合併があったにもかかわらず、世帯数は増えたものの総人口は若干減少している。全体として人口はやや増加もしくは、ほぼ横ばい状態といえるだろう。これを年齢別にみると、一九七五年から二〇一〇年にかけて最も増加しているのは七五～七九歳で八〇四六人の増加、次いで六〇～六四歳で七九一八人の増加、次が八〇～八四歳の七六九九人の増加である。総じていえば、三五～三九歳以上は多少の違いはあっても人口は増加しているが、三〇～三四歳以下ではいずれも減少しているのである。さらに六五歳以上の老年人口の割合は、一〇《パーセント》から年々増加して二〇一〇年には倍以上の二四《パーセント》、実数では二万人から五万八〇〇〇人にも増加した。

世帯数の変化では、三五年間で六万世帯から九万七〇〇〇世帯へと三万七〇〇〇世帯もの増加がみられる。人口がさほど増えずに世帯数が増加し

2000年	2005年	2010年
88,375	89,266	97,224
229,033	227,627	243,037
2.57	2.55	2.50
11,898	11,147	11,105
11,169	11,226	11,434
11,173	10,795	11,630
12,721	11,527	12,405
14,693	12,421	11,837
18,711	15,353	13,367
17,264	18,419	16,234
14,974	16,415	19,246
13,664	14,439	17,009
14,400	13,173	14,986
17,009	13,890	13,711
14,668	16,371	14,566
13,066	14,211	17,221
12,838	12,454	14,794
11,800	12,031	12,702
8,716	10,488	11,769
5,386	7,190	9,397
3,250	3,862	5,669
1,224	1,715	2,255
255	429	669
18	48	97
136	23	934
43,487	48,240	58,286
19%	21%	24%

（「松本市の統計」から作成）

表1　松本市の年齢別人口と世帯数の推移（1975年～2010年）

区　　分	1975年	1980年	1985年	1990年	1995年
世帯数	60,001	65,972	69,776	74,758	82,037
総人口	205,180	212,182	217,601	220,764	225,799
1世帯当たり人口	3.37	3.17	3.06	2.91	2.71
0～4歳	17,316	14,892	12,759	11,695	11,710
5～9歳	15,375	16,965	14,647	12,463	11,550
10～14歳	14,141	15,165	16,608	14,339	12,203
15～19歳	13,185	14,246	15,580	17,093	14,774
20～24歳	14,198	13,067	14,300	15,241	17,434
25～29歳	18,305	15,249	13,906	14,850	16,695
30～34歳	16,399	18,361	15,181	13,949	15,329
35～39歳	14,827	16,082	18,043	14,972	13,898
40～44歳	15,306	14,436	15,709	17,700	14,780
45～49歳	14,819	14,681	14,134	15,383	17,451
50～54歳	12,257	14,255	14,365	13,720	15,045
55～59歳	9,659	11,801	13,938	13,943	13,426
60～64歳	9,303	9,185	11,361	13,449	13,545
65～69歳	7,691	8,589	8,631	10,783	12,718
70～74歳	6,183	6,740	7,694	7,889	9,891
75～79歳	3,723	4,903	5,604	6,538	6,804
80～84歳	1,698	2,497	3,411	4,173	5,013
85～89歳	637	841	1,368	1,959	2,555
90～94歳	124	198	325	545	826
95～99歳	12	23	36	71	138
100歳以上	–	1	1	3	9
不詳	22	5	–	6	5
老年人口(65歳以上)	20,068	23,792	27,070	31,961	37,954
総人口での割合	10%	11%	12%	14%	17%

たことは世帯構成人員の減少を招き、一世帯あたりの人口構成は三・三七人から二・五〇人へと毎年減少している。二・五人という世帯構成員をどう見るかは後で考察するとして、ともかく家族を構成する人数が年々減少し、今は平均二人～三人になってしまっているのである。

松本市においても高齢化といわれる現象は、年々拍車がかかっているように思われる。その上、高齢者全般の数が増えるばかりではなく、これまでは数えるほどしかいなかった九〇歳以上の方も多数存命されているようになった。世帯の構成人員が減少しながら、超高齢者が増加した場合どんなことが起こるか、世帯の家族類型から考察してみよう。

表2は松本市の家族類型別世帯数と世帯人員である。親族世帯の内七〇《パーセント》余りが、親と未婚の子からなる核家族であり、残り三〇《パーセント》が三世代からなる世帯だということがわかる。また注目すべきことに総世帯の一三《パーセント》にあたる三万二〇〇〇世帯が、単独世帯、つまり一人暮らしなのである。老年人口の所属する世帯をみると、六五歳以上の世帯員がいる世帯は、全世帯の三八《パーセント》にあたる三万七〇〇〇世帯であり、そのうち二一《パーセント》が単独世帯である。つまり、六五歳以上のお年寄りのいる家では、五軒に一軒が一人暮らしなのである。七五歳以上の世帯員のいる世帯は、全世帯の二一《パーセント》、八五歳以上の世帯員のいる世帯は全世帯の約七《パーセント》にあたる。しかも七五歳以上、八五歳以上の世帯員のいる世帯のいずれもが、二〇《パーセント》前後は単独世帯なのである。

以上、細かくみてきたが、親族世帯の

（2010年10月1日現在）

核家族以外の世帯	単独世帯
12,391	32,124（33.1%）
56,108	32,124
10,852	7,647（20.6%）
49,449	7,647
16,211	7,647
8,102	4,447（20.8%）
35,811	4,447
10,104	4,447
3,557	1,170（17.7%）
14,850	1,170
3,835	1,170

（「松本市の統計」から作成）

表2　松本市の家族類型別世帯数と世帯人員

区　　分	総　　数	親族世帯	
		総　　数	核家族世帯
一般世帯数	97,130	64,219	51,828
一般世帯人員	237,630	203,534	147,426
〈65歳以上の世帯員のいる〉			
世帯数	37,122（38%）	29,315	18,463
世帯人員	100,726	92,562	43,113
65歳以上の世帯人員	54,479	46,592	30,381
〈75歳以上の世帯員のいる〉			
世帯数	21,360（21.9%）	16,824	8,722
世帯人員	60,135	55,365	19,554
75歳以上の世帯人員	27,408	22,852	12,748
〈85歳以上の世帯員のいる〉			
世帯数	6,624（6.8%）	5,423	1,866
世帯人員	20,223	18,929	4,079
85歳以上の世帯人員	7,267	6,059	2,224

多くが親と結婚しない子どもからなる核家族であり、単独世帯、それも高齢者の単独世帯がかなりな数にのぼるのである。

2　統計にみる松本近辺の葬儀の変化

後に表5で示すように、最近になるほど松本市の死亡者の総数は増加する傾向にある。長寿社会を迎えて元気な高齢者がたくさんいるということは、超高齢で亡くなる方も増加しているということである。年々増加する死者は、どのように葬られているのだろうか。表3は長野県と東京都の埋葬及び火葬死体数である。松本市の統計ではなく、長野県全体の統計であるが、長野県の統計から松本市の傾向も類推できると考えた。まず、死者

表３　長野県と東京都の埋葬及び火葬死体数

	地　域	死体総数	埋　　葬	火　　葬
1996年	長　野	18,198	288(1.58%)	17,910
	東　京	77,371	32(0.04%)	77,339
2003年	長　野	20,992	57(0.27%)	20,935
	東　京	87,378	18(0.02%)	87,360
2010年	長　野	24,740	1(0.004%)	24,739
	東　京	106,555	17(0.02%)	106,538

（年度別衛生行政から作成）

の総数が東京でも長野県でも、かなりな数で増加していることがわかるだろう。死者の葬り方では、もちろん火葬がほとんどとなってきたが、東京ではわずかな割合ではあるが埋葬数が横ばい状態で続き、長野県では埋葬は急激になくなりつつある。

筆者の父方の祖父は、松本市で生まれ近郊の山形村に転出して昭和四〇（一九六五）年に亡くなったが、土葬だった。当時、村では普通に土葬がおこなわれていた。祖母は昭和四八（一九七三）年に亡くなった。本人は、熱くていやだから火葬にはしないでくれといっていたが、祖父の葬儀から八年経過しただけなのだが土葬の例は既になく、迷わず火葬にした。昭和四〇年代には松本近辺では、ほとんどが土葬から火葬に変わったのである。

表４は、市民タイムスという地域新聞のお悔やみ欄に掲載された、各年二月の松本市内在住者の葬儀会場一覧である。新聞に全ての葬儀が掲載されるわけではないが、葬儀会場の変化のおよその傾向はこれでつかむことができると考えた。まずいえるのは、ほとんどの葬儀が葬祭業者所有の会場で行われるようになったということである。一九九〇年のゼロからすれば、二〇数年間での変化は目を見張るものがある。では、九〇年代まではどこで葬儀が行われていたかといえば、

表4　各年2月の松本市内在住者葬儀会場

年　代	自　宅	公民館	寺	神　社	その他	葬儀業者	合　計
1990	10	36	62	1	6	0	115
1991	5	35	49	6	3	1	99
1995	2	38	49	2	4	5	100
1996	4	33	48	3	1	20	109
2012	1	0	9	0	0	94	104
2013	1	0	12	0	2	112	127

（『市民タイムス』各年２月の集計から）

寺・公民館・自宅などである。これによれば、自宅で行っていた葬儀は九〇年代以前に寺や公民館といった広い場所に変化し、しばらくは寺が主流だったが、二〇〇〇年代には葬祭業者の会場へと移ったことがよみとれる。さらに、この表には示せなかったが二〇一三年には、「家族葬でおこないます」という記述や、葬儀会場を明記しなかったり「葬儀は近親者ですませました」と事後報告であったりするような、これまでとは違った告知がいくつも見られるようになった。

では、最近目につくようになった「家族葬」とは何だろう。広辞苑で調べても掲載されてはおらず、葬祭業者に聞いてみると、業界による近年の造語が広まったものだという。業者が少数の近親者だけの参加による葬式、といった意味で言い始めたもので、葬儀の流れには以前との変更はない。

3　変化する葬儀の現状

近隣社会の変化

松本市近辺での葬儀が変化してきている姿を概略述べたので、変化する現状を要因別にもう少し詳しく述べてみたい。葬儀会場の変化の要因としてあげられるのは、既に何度もいわれているとではあるが、近隣社会の変化である。

二〇年ほど前の寺や自宅で行う葬式では、隣組の果たす役割が大きかった。葬儀委員長は隣組長が務め、葬式の予定を立てて火葬場の手配をした。男性は、近くから遠くまで葬式のサタ（通知）を持って歩いたり、葬式の司会、弔電奉読、受付、会計、ゲタ番、などをしたり、女性は、ごはん・おつゆ・酒・漬物・天ぷらなど、通夜と本葬の料理を受け持った。今から二、三〇年前までは、夫婦で最低二日間は手伝いのために費したという。

昔は自営業が多く、仕事を休んで葬式の手伝いに出た。当時は勤め人が少なく、会社関係の人が葬式に出たり、花輪（今は生花を飾るが昔は造花の花輪）をあげたり弔辞を読むようなこともあまりなかった。それに、多数の会葬者があったわけではなかったという。

さて、松本市の中心市街地に位置するマンションまで含めて四五〇戸のT地区N町会では、平成二一年に葬式が九件あった。九件の内、二件は家族葬で、隣組の手伝いを断られ町会としての香典も受け取ってもらえなかった。また、九件の内四件は町内の寺を会場として料理は仕出しをとっておこない、五件は葬祭業者の会場だった。隣組の仕事は受付程度で、ほとんど仕事はなかった。

N町会では、五～六軒で一つの組を作り、一〇組前後が集まって班を作っている。同じ組に属する家では、通夜には各戸一名ずつ集まって線香をあげに行き、葬式にも参列する。町会長は葬式に参列し、精進落しにも出る。隣組の組員は会葬はするものの、全て業者に任せてあるために形式ばかりのお手伝いで今は仕事がない。以前のように、葬式の手伝いのために幾日も仕事を休むこともない。自営業ならば仕事を休んでも自分の裁量で何とかなったが、サラリーマンではいくら義理とは言いながら、続けて幾日も休むことは難しく、手伝いを頼む側も心苦しくなって、一切を頼めて駐車場も備えている葬祭業者の会場へと表4のように、急速に変わっていったのである。

N町会の状況は、松本市内の大部分でいえることである。それに加えて、最近では病院で亡くなると家に帰らず遺体を直接葬祭業者の会場へ運んで、通夜も業者の会場で行う例が増えているという。ある業者では、ユーザーの八割までが通夜も利用しているという。施主となる人が故人と同居せずに遠くの都市で暮らしていると、遺体を家に連れ帰って通夜をするという意識が薄く、全てが用意されている業者の会場を利用することが多くなるという。そればかりか、遠くから通夜にやってくる親戚には宿泊の希望も多く、先の業者では、六年前に宿泊できる民家風の通夜の会場を新設している。

家族構成の変化　基本的には現在も同じであるが、故人が高齢で亡くなった場合の葬式の喪主は、故人の成人した男の子ども、いなければ女の子どもの配偶者もしくは女の子ども本人が務めるのが普通だと考えられている。昔でいえば、同居する長男が務めるものだと思われていた。これは、典型的な家族の形態として三世代同居がイメージされており、イエの継承を前提として習俗の役割分担が考えられているからである。

しかし、実際にはどうだろう。先の、表2松本市の世帯の家族類型別一般世帯数・世帯人員に戻ってみるならば、世帯の多くを占める親族家族の七二パーセントは、夫婦と結婚していない子どもからなる核家族であり、三世代からなる家族を一般的だと想定するのは幻想だということがわかる。そして核家族の平均親族人員は約三人だから、一世帯の子どもの数は一人か二人しかいないということになる。さらに詳しくみると、核家族の四分の一は夫婦のみの家族で、子どもはいないか同居していないかなのである。

したがって、イエは継承されないケースがいくつもあるだろう。また、年々増加している単独世帯では、イエは完全に途絶えてしまう。このように、イエの継承はともかく、子どもがいなかったり子どもの数が少なかったりすることから、高齢者はこれまでなら跡取りが務めた自分の葬儀の執行を、誰が責任持ってくれるのか予測ができにくくなってきているのである。

高齢化

表5は松本市の年齢階級別死亡者数の推移である。最近の一〇年間で、もともと数少ない乳幼児の死亡がさらに減り、七

（単位　人）

60～69	70～79	80歳～	不　明
239	314	731	−
216	352	693	−
225	375	734	−
213	409	705	−
213	406	763	−
177	429	804	−
192	419	839	−
191	426	882	−
212	460	1063	−
175	455	1076	−
204	432	1136	−
224	424	1196	−
200	393	1239	−
242	438	1349	−

（　）内は内数で、新生児の死亡者数

表5　松本市の年齢階級別死亡者数の推移

年　次	総　数		0～9		10～19	20～29	30～39	40～49	50～59
9	1,473		9	(3)	3	18	20	52	87
10	1,469	(8)	20	(8)	3	16	16	45	108
11	1,524	(6)	13	(6)	5	17	20	40	95
12	1,528	(8)	13	(8)	2	15	13	36	122
13	1,572	(6)	12	(6)	2	19	17	44	96
14	1,600	(0)	4	(0)	2	9	24	44	107
15	1,653	(9)	17	(9)	4	10	21	26	125
16	1,689	(1)	10	(1)	3	11	11	46	109
17	1,936	(3)	5	(3)	8	10	27	50	101
18	1,877		7		5	11	18	36	94
19	1,960	(1)	5	(1)	5	15	18	37	108
20	2,018	(1)	4	(1)	7	8	22	39	94
21	1,990	(5)	6	(5)	7	11	12	43	79
22	2,198	(2)	7	(2)	6	10	21	46	79

長野県松本保健所「人口動態統計」から作成

○歳代と八○歳代以上の死者の数が増えている。特に八○歳代以上では、ほぼ倍になっている。死者の総数が増えているが、その他の年齢では、増加と減少を繰り返して増減する一定の傾向は認められないだけに、高齢で亡くなる人の増加は際立っている。

同じ亡くなるでも高齢で亡くなった場合は、仕事を通じた人間関係や地域の役職を通じた地域社会との関係などから引退して長く時間がたち、付き合いの範囲が狭まったり関係していた人々は亡くなったりしてしまっている。親族関係をみても、世代が代わったり遠くへ転居してしまったりして、親戚づきあいが疎遠になってしまっている場合が多い。そこで、故人が生前に関係していた葬儀の関係者は少なくなり、会葬者が多いとすれば息子あるいは娘の関係者だということになる。

平成二三年に九三歳で亡くなった松本市内の女

性の葬儀は、兄弟姉妹も友人も既に亡くなり、代替わりしているということで実家からも葬儀に人は来なかった。病院に長く入院していたこともあり、会場とした寺でみんなやってくれるというので、隣組の手伝いも辞退した。そんなことで、葬式に出たのは故人と同居していた娘夫婦と孫夫婦とその子、その他には故人の子どもたちと町会長だけで、家族葬とはいわなかったが結果的に少人数の葬式になったという。

このように、高齢で亡くなった場合には葬儀の会葬者は自然に少なくなる傾向にあり、ならばいっそのこと一般の方の会葬は遠慮してもらって、親族のみで温かく故人を送りたいという、「家族葬」のニーズが発生しているのである。

4　変化への対応

当事者と遺族の対応　信州大学社会人大学院を卒業した人たちで作る、ＮＰＯ法人信州地域社会フォーラムは、慣習にとらわれず自分らしい葬儀の形を考えようと、二〇一三年三月七日に松本市の東昌寺で模擬葬儀をおこない、新しい葬儀のありかたとそれを生かす方法を学んだ。企画した東昌寺住職の飯島恵道氏は、以前は看護師として終末期医療に携わり、医療現場では本人の意思が尊重されるのに、葬儀の場面では本人の意思が軽んじられ、家族や親せきの思うままにされていることに疑問をもち、この企画を考えたという。

一月には死生学入門を学び、二月には死別の悲嘆を語り合う会を開いたうえで、三月に模擬葬儀を開催したのである。新聞に掲載して模擬葬儀の参加者を募ったが、予定した五〇名を上回る六〇名もの希望者が集まった。参加者は松本市在住とは限らないが、皆さん葬儀の費用や葬儀のやりかたに疑問をもち、新しい葬儀の形に興味を感じられていたという。主催者が予想した以上に参加者が集まったことが、葬儀に対する一般の人々の関心の高さを示している。慣習どおりの葬儀のやり方に、多くの人々が疑問を持ち始めているのである。

また、全国紙ではあるが次のような投書を目にした。

母の葬儀について悩んだ。世の中では世間体を気にし、葬儀社の勧めるまま盛大な葬儀が営まれることも多い。だが、私は日頃から、形骸化した葬儀に違和感を覚えていた。また母は傘寿の高齢だったので、友人の多くも亡くなっているか、生きていても外出が難しい人が多い。さらに親族も遠くに住み、疎遠だ。考えた末、家族葬にした。母が旅立った晩、小さな葬儀場を借り切り、私たち夫婦と息子夫婦ら九人による通夜をした。母は納棺師により身づくろいされ、顔には化粧が施された。アルバムを開け、飲食しながら懐かしい思い出を語った。翌日、僧侶による読経の後、母を生花で埋め尽くした。そして、火葬場に向かい、家族で骨を拾った。普通の葬儀とは異なる、身内だけの慎ましやかな葬儀であった。しかしながら家族にとってはきずなを深める濃密な葬儀となり、天国で両親も微笑んでいることと思う(2)。

投書をされた方は仙台市在住の医師とある。経済的理由から家族葬を選んだのではなく、形骸化した葬儀に違和感を覚えて、熟考の後に家族葬を選択されたのである。

松本市内でも先に述べたように家族葬が増加している。N町会の町会長によれば、家族葬の場合は次のような対応になる。亡くなると、通常の葬式のように喪主の方が組長に連絡をするが、「○○が亡くなったが兄弟だけでやりますので、お手伝いや弔問は来ていただかなくて結構です」と伝える。この地区で家族葬をやるのは、普段から近所づきあいがなかったり、高齢だったりだとか、病院に長く入院していたとかで人づきあいが少ないとか、あるいは子どもがいないとか経済的な理由によるとかの場合だという。

投書の方は、家族葬が身内のきずなを深める濃密な葬儀だったと満足されているが、周囲からは別の反応もある。

　先日、親族が亡くなり、葬儀を家族だけで執り行うという連絡があった。親族が家族葬をするのは初めてであり、戸惑いと若干の違和感を覚えたが、仕方のないことである。最近は新聞の「お悔やみ欄」で「近親者のみで行いました」との一文を良く見掛けるようになった。少しずつでも増えていけば、だんだんなじんでくると思う(3)。

いきなり、なじみのない家族葬でやりますといわれたら、この方のように誰もがとまどってしまうのではないだろうか。数年前、施設に入っていた筆者の叔父が亡くなり、家族葬でやるとの連絡がまわった時は、違和感というよりもそんな義理を欠くようなことをしてよいのか、という怒りを感じている親戚が多かったように覚えている。怒りをもう少し説明するなら、一つには故人から香典をもらっている親戚が、義理を返す機会を奪われてしまうということである。これには誤解があって、家族葬といえば家族のみで親戚一同は排除されると思ったのだが、実際には親戚（故人の兄弟姉妹の家の代表）は出席して、一般の会葬者はなかった。もう一つの怒りは、最後の義理だというのに出費を惜しむなんて、故人が気の毒だということである。

二つとも遺族の気持ちを無視した、周囲の者の勝手な思い込みであるが、とかく葬式ではそうした感情が表出しがちである。T地区連合町会長は、家族葬は迷惑だと語った。それは、葬儀に出席できればその場で義理のお返しができるのに、出席できないから盆とか彼岸などの機会をみつけて、何とかして義理を返すまで気持ちが落ち着かないからだという。

もらった義理は必ず返さなければいけないという互酬性の原理は、特に葬儀において顕著である。葬儀では、誰からいくら香典をいただいたか必ず記帳しておき、会葬してくれた人に不幸があれば同等の額を香典としてお返ししてきた。こうした義理の応酬は、かつては血縁関係と地縁関係の人が大部分だったが、今は血縁関係の人数は少なくなり地縁関係の人は関わりが薄くなってきている。それらに代わったのが、社縁とでもいえる勤務先の関係者だと考えられる。

そこで会社での義理を人々がどう考えているのか、松本市内に勤める会社員に社内の関係者の葬儀に弔問するかどうかのアンケートをとった。三〇人から得た回答の集計が表6である。男女も世代もばらばらだったが、男女や世代による回答の傾向はうかがえなかったので、それらは考慮せずに集計した。

表6　社内弔問アンケート

1　会社の同部署の上司の親御さんが亡くなったら弔問はどうするか。　%

① 都合がつく限りうかがう。	20
② 弔問に行く人があれば香典をあずける。	47
③ 弔問には行かない。	33

2　会社の同部署の同僚の親御さんがなくなったら弔問はどうするか。

① 都合がつく限りうかがう。	27
② 弔問に行く人があれば香典をあずける。	46
③ 弔問には行かない。	27

3　会社の同部署の上司の配偶者が亡くなったら弔問はどうするか。

① 都合がつく限りうかがう。	40
② 弔問に行く人があれば香典をあずける。	37
③ 弔問には行かない。	23

4　会社の同部署の同僚の配偶者が亡くなったら弔問はどうするか。

① 都合がつく限りうかがう。	44
② 弔問に行く人があれば香典をあずける。	33
③ 弔問には行かない。	23

5　会社の同部署の上司が亡くなったら弔問はどうするか。

① 都合がつく限りうかがう。	83
② 弔問に行く人があれば香典をあずける。	17
③ 弔問には行かない。	0

6　会社の同部署の同僚が亡くなったら弔問はどうするか。

① 都合がつく限りうかがう。	97
② 弔問に行く人があれば香典をあずける。	3
③ 弔問には行かない。	0

7　自分の身内の葬儀の弔問に来てもらっている会社の方に葬儀があったら弔問はどうするか。

① お返しをしなければいけないので必ずうかがう。当日知らなければ、後からでも必ずおたずねして香典を差し上げる。	57
② 誰か弔問に行く人に香典をあずける。	23
③ 今の所属部署が異なっていれば弔問に行くかどうかはこだわらない。	20

（松本市内勤務の30人の集計）

1〜4は会社の上司・同僚の父母や配偶者といった関係者の葬儀に行くかどうか、5・6は会社の上司・同僚本人の葬儀に行くかどうか、7は来てもらったらお返しに弔問するかどうかを聞いた。1〜4については、会葬するかどうかは本人の考え方次第で回答はバラつき、これといった傾向はない。5・6の会社で直接つきあいのある人が亡くなった場合には、大部分が会葬すると考え、同僚ならなおさらの事と思っている。

ところが、自分の身内の葬儀に会葬してもらっている会社の同僚に不幸があった場合には、六割程度の人が会葬すると答えているだけで、全員が必ず会葬しようと考えているわけではない。二〇《パーセント》の人は、部署が変われば行くかどうかわからないと答えている。会社という組織でもらった義理は一時的なもので、どうしても返さなければいけないとは考えられていないのである。

親族間の義理は、一般的な忌引の規定の範囲でわかるように、会葬する側にとってのおじやおばが亡くなるまで繰り返されてきた。親族以外の義理では、応酬を始めた双方が亡くなるまでは少なくとも続けられてきた。ところが、先にみた会社での義理のように、最近は親族間でも義理の意識が薄くなってきているように思われる。家族葬で会葬者を故人の子どもとその関係者に限った場合、おじやおばにあたる人は排除されて、もらった分の香典を返すことができなくなってしまう。しかし、弔問を受ける側から辞退されるのだから致し方なく、最初は違和感を覚えながらも家族葬は一般化しつつある。

これまで長い不況が続いてきた。人々は少しでも安い物を求めてきたが、宗教儀礼とはいいながら葬式についても、できるかぎり低価格でという願いは当然でてくる。二〇〇九年九月、大手スーパーのイオンは、独自に定めた一定のサービスを定額で提供することに同意した葬儀業者と連携し、イオンが定額で利用者からの依頼を受けて業者を紹介する事業をスタートさせた。この事業の眼目は、料金体系の透明化であり、当初は僧侶の紹介料やお布施の額まで明示したことから、仏教界からは大きな反発があった。(4)

寺の対応

この件について二〇一一年一月の『週刊仏教タイムス』(5)で全日本仏教会事務総長の戸松義春氏は、「イオンが葬儀事業に参入したこと自体に全日本仏教会（全日仏）が反対しているわけではありません。イオンの葬式は僧侶紹介やお布施の明示など、一般の人にとってわかりやすさ、便利さはあります。しかし、それはサービスの対価という考えによるもので、お布施の精神からもたらされたものではありません。」「全日仏はこれまでイオン側と何度か話し合いを持ちました。一貫して主張してきたことは、お布施の料金の体系化・全国統一化・明示化は差し控えていただきたいということです。地域や故人・遺族の経済状況、お寺や僧侶との関係、あるいは宗派もあるかもしれませんが、そうしたさまざまな状況からお布施は決まってくるものです。全国一律ということは、そもそもあり得ない」と述べて、お布施を明示することに反対しつつ、「仏教界は檀信徒や地域の皆様の声を真摯にお伺いする必要性を痛感しています」と、仏教界に対して反省をうながしてもいる。

一方、松本市浅間温泉にある妙心寺派神宮寺の住職高橋卓志氏は同紙面で、神宮寺が檀信徒を対象に葬儀・法事などを含めた経理の公開をしていることを、二〇〇九年の数値で具体的に説明し、「この記載は、檀信徒にとって葬儀のガイドラインとなり、お布施の内容についての周知と納得が得られていった」と、その効果を述べ、さらに葬儀の内容の改革にも取り組んだり、寺を中心とする小規模地域における高齢者や病者へのケアシステムを稼働させたりする中で、「寺が本来、非営利組織であり、公益性を多大に有し、地域において核に成り得る潜在性を保持した組織であることが再確認できた。このことが、葬儀および寺の運営において、お布施を含んだ正確な情報公開と説明責任の履行を強化させていった」と、お布施の額を公開することに意義を感じて、積極的に応ずるべきだとしている。そして、「丁寧に、死に逝く人々や遺族と向き合ってこそ、「お布施」は真正面から授受されるようになるものだ[6]」と述べている。

この二人は、お布施の料金表を明示して全国一律にするなどあり得ないという考えと、お布施を含めた寺の経理を公開することで、檀信徒の納得と信頼とが得られるという考えで、一見真逆で対立しているかにみえて、本来お布施は宗教的な目的に基づいた行為である、あるべきだという点では一致している。違うのは、寺が真の意味での宗教的行為をしているかどうかという点での評価なのである。そこで、現在の仏教界の在り方に苦言を呈する高橋卓志氏は、どのような葬儀をしているか、二〇一二年末から二〇一三年初の葬儀にかかわる出来事として私が聞き取った内容が、高橋氏自身の手で「寺が「創る」葬式（上）・（下）」として雑誌『ＳＯＧＩ』にまとめられているので、そちらから寺の奮闘ぶりを紹介してみたい。
一二月三〇日の夕刻、高橋氏は大学病院に入院しているMさんから、「自分の死後処理をしてくれる人はいないので、住職、すべてをお願いできないか」という電話を受けた。翌三一日深夜、病院からMさん死亡の連絡がはいる。

身寄りのないMさんは、自身の言葉のとおり私にすべてを託し旅立っていった。檀家の一人であるMさんは、入院中の一か月間に二度、私の寺を訪ねている。しかし、私は、出かけていて会えず、電話による対応となった。その間にがん細胞は、Mさんの全身を一気に浸食した。そして、看取る人もいない病院の個室で息を引き取ったのだ。私はすぐ病院に駆け付けた。担当医から病状説明を受け、死亡診断書を書いてもらい、Mさんの数少ない荷物を預かり、遺体搬送を依頼し、寺に運び安置した。安置し、枕経が終わったのは午前四時だった。(7)

年末年始は火葬場も休みのため、その間はMさんの遺体は寺に安置されることとなったが、その時点で、前日に亡くなり、家庭事情が複雑で家に帰ることができないIさんの遺体が既に寺に安置されていた。

年が明けて新年二日には、神宮寺近くの旅館に嫁いだ方の実家から看護のために引き取られていた方が亡くなり、実家での本葬を行うための密葬をすると事前相談してあったので、この方の遺体も受け入れて安置した。

いずれの場合も、「正月、神宮寺を訪れた死者たちに関わる人々が「事前」に「相談」したなかに、「もしも、亡くなった場合、遺体は寺へ搬送する」という合意がなされていた。だから、私は、「事前相談」に基づき、遺体を受け入れた。」のだという。そして「一二月三〇日深夜に始まった死者たちの訪れは、その後も止まらなかった。一月二一日までの二三日間で神宮寺では一三軒の葬儀を引き受けることになった」(8)というのである。

神宮寺の一月の葬儀一三件の内容を示したのが表7(9)である。まず葬儀会場をみると一一件が神宮寺で一件は自宅、葬儀社の会場はわずかに一件しかない。そして、やむを得ない事情の三件を除いて一〇件は事前に相談している。葬儀社を会場とする葬儀が一般化する中で、神宮寺では年間八五～九〇《パーセント》が寺を会場として葬儀をおこなっているという。さらに注目すべきは、一三件中七件は檀家外なのである。これを年間でみると、二〇一〇年の全四八件の葬儀中二五件が檀家外だったというから、この一月だけが例外的に檀家外が多いわけではない。葬儀の形態では、家族葬が五件、一般葬が六件、それ以外が二件となり、家族葬が多くなっていることがうかがわれる。

神宮寺では、死に逝く本人と家族と寺とが共働して葬儀を作り上げる、というコンセプトに基づいた葬儀準備用の冊子『あなたが旅立つ日のために』を、檀信徒全家庭に配布している。その中の、葬式に至る手順を追っての説明の部分での、「旅立ちのとき」という項では、以下のような説明をしている。

●まず神宮寺に電話を……納得のお葬式はここから始まります

あなたに「旅立ち」が訪れたとき、あなたを看取った家族が、最初に電話をかける先は葬儀社ではなく、神宮寺です。その電話から「あなたらしいお別れ」が始まるのです。無駄が省かれた、実質的で、納得できるあなたのお葬式が始まるのです。ご家族には、搬送方法、当面の動きなどをお教えしたうえで、

搬送車の手配をします。

電話受け付けは二四時間。真夜中の電話もOKです。[10]

葬儀形式	葬儀社の関与	通夜場所	通夜参列数	葬儀場所	葬儀参列者数
家族葬	一部	寺	10	寺・座敷	12
寺　葬	無	寺	0	寺・座敷	2
通夜・密葬	一部	寺	20	寺・本堂	30
一般葬	一部	自宅	30	寺・ホール	100
一般葬	一部	寺	20	寺・ホール	60
家族葬	無	寺	8	寺・座敷	12
家族葬	無	自宅	3	自宅	3
一般葬	一部	自宅	20	寺・ホール	90
家族葬	一部	寺	20	寺・ホール	40
一般葬	一部	自宅	15	寺・ホール	100
一般葬	全面	自宅	25	葬儀社斎場	80
一般葬	一部	寺	12	寺・ホール	40
家族葬	無	寺	8	寺・座敷	8

高橋卓志「寺が「創る」葬式」（『SOGI』№133）から

とにかく、いつでも何かあったら寺に一報してもらえば、寺と遺族とが相談しながら互いに協力して、故人にふさわしい葬儀を作ろうというのである。高橋氏は、「カバンに衣を詰め、葬儀社ホールに出向き、短時間、しつらえられた豪華な祭壇に向かってお経を読むだけでことたりるという、現行葬儀の多くが陥ったものの対極を作ろう、と考えた[11]」のだという。

表7　2013.1.4～1.23の神宮寺の葬儀

	死亡日	葬儀日	名前	性	年齢	相談	檀　家	搬　　送	預り
1	12/30	1/4	M.J	男	74	有	檀家外	病院→寺	6日
2	12/31	1/4	M.M	男	67	有	檀家	病院→寺	5日
3	1/2	1/4	F.O	女	100	有	檀家外	病院→寺	3日
4	1/3	1/6	S.U	男	88	有	檀家	病院→自宅	無
5	1/5	1/8	K.O	女	83	有	檀家外	病院→寺	4日
6	1/9	1/11	H.F	男	72	有	檀家	病院→寺	3日
7	1/9	1/11	T.M	男	42	無	檀家外	自宅	無
8	1/10	1/12	M.S	男	88	無	檀家	病院→自宅	無
9	1/10	1/13	I.K	男	88	有	檀家	病院→寺	4日
10	1/14	1/17	K.K	女	78	有	檀家外	病院→自宅	無
11	1/17	1/21	Y.A	男	78	有	檀家外	葬儀社	無
12	1/20	1/23	H.I	女	88	無	檀家	病院→自宅→寺	1日
13	1/21	1/23	S.T	女	95	有	檀家外	施設→寺	2日

表7に戻ろう。死後の搬送先を神宮寺とし、通夜の場所から神宮寺を選んだのは八件で、六〇パーセントを超えているが、ここ数年は通夜から寺で行う葬儀が六〇パーセントを超えているので例年通りだという。葬儀参列者は多いものもあるが全体的に少なく、年々縮小傾向にあるという。

こうしてみると、家族葬の増加・規模の縮小化・自宅外での通夜の増加など、神宮寺で行われる葬儀も世の中全体の傾向を示している。異なるのは、神宮寺の葬儀の多くが寺の座敷やホールを会場としている点である。

高橋氏は自身が僧でありながら、現在の仏教界のありかたについて、著書で痛烈に批判し、次のように述べている。

日本の伝統仏教が「葬式仏教」と

揶揄される風潮は、坊さんが葬式しかしない、あるいは人々の悲しみに便乗した儀式によって利益を得ている、ということへのからかいや批判から生まれている。最近まで、葬式仏教においては執行主体が地域や坊さんにあり、故人との別れを坊さんが儀式にのっとって導くことに地域は同調し、協力していた。しかし、葬儀社主導の現状は、その「葬式仏教」までも坊さんから取り上げてしまうかの勢いだ。つまり「葬式も満足に勤めることができない坊さん」が出現しているのである。しかも町の中に増え続ける葬儀ホールは、寺の存在意義を失わせてしまっている。何のための本堂なのか、何のための境内地なのか、何のための宗教的施設なのか[12]。

では神宮寺で行われた葬儀は、具体的にどのようなものか、次に略記する。筆者が見させていただいたのは、八八歳で亡くなった檀家の女性のものであった。会場は、神宮寺観音堂である。小さな体育館ほどもあるホールの正面に観音が祀られているので観音堂なのだが、音響・照明・映像の施設が完備しているホールである。

葬儀受付で、「○○さん　葬儀式・お別れ式次第」、その横に戒名が書かれ、めくると般若心経が記載され、裏面に葬儀式とお別れ会の次第が記された冊子が渡される。会葬者は二五名ほどである。正面のステージには花で作られた祭壇が飾られている。他の会場ならば供花として供えられる花代を含めて祭壇が作られるので、喪主の負担は軽減されるのだという。

葬儀式では、山口百恵の「さよならの向こう側」をBGMに、高橋氏が作った故人のプロフィールを示す映像が祭壇の上に映写され、これも高橋氏が故人や遺族から聞き取って作った、故人の生きざまの中核となるような文章が映写・朗読され、会葬者は式の中に引きこまれる。続いて導師入堂があり戒名が授与された。仏教に基づく儀式については、その意味が丁寧に説明される。次に会葬者で般若心経を唱和した後、引導が渡された。最後に、ピアノ曲をバックに観音経が読経された。これで儀式は終わり、お別れ会に移った。戒名に込めた思いや遺族に贈る言葉を高橋氏が語り、お別れの言葉を親族の方が述べた。次に弔電が読まれ、「花」をBGMに全員でお焼香。初七日忌をして喪主が会葬者と寺にお礼の言葉を述べ、お別れ会は終わった。続いて、会場の後ろ側がパーテーションで仕切ってあり、そちらに場所をかえて精進落しとなった。

写真1　神宮寺の葬儀（松本市浅間温泉神宮寺）

葬儀式、お別れ会ともに、一方的に仏教の論理により故人を冥途に送るという寺主体の儀式ではなく、音楽や映像の間にさりげなく仏教を配置して故人の人柄をしのび、お別れの時間を共有するという雰囲気のものであった。

ピアノ曲と観音経のコラボレーションは耳に心地よいものであったが、お経にありがたみを感じたい人々にとっては、違和感を感ずるものであったかもしれない。そうはいっても、喪主は通夜からはじまって親身になって対応し、ふさわしい葬儀の形式を提案してくれたと、寺に感謝していた。

葬儀社の対応

急速に変化する葬儀という市場に対して、業者はどのように対応しているか。

ＪＥＴＲＯの、「日本の葬祭業の動向」に関するレポートでは、「葬祭業者が現在行っている主要な営業戦略には、顧客の（事前の）囲い込みや、葬儀などに関するセミナー、研修会などがあげられる。この手法は、冠婚葬祭互助会が過去に顧客の囲い込みヤセミナーの開催などによって互助会員とのコミュニケーションを図ることにより、葬祭業市場が大きく拡大したことから定着したものである。葬祭業は不特定多数のユーザーよりも地域の特定ユーザーとより深く接する、いわゆる「地域密着型」の産業としての性格が強く、限られたユーザーへの細かいサービスを行うことによって事前に顧客を囲い込み、そして良質なサービスの提供によって口コミでさらにユーザーを拡大する、という営業手法が効果的である[13]」と述べている。この分析が実際のところどうなのか、松本近辺で見てみよう。

松本市周辺の中信地方にいくつものホールを展開するＨ社は、昭和五一年に冠婚葬祭の互助会として設立された。当初は婚礼を主体としていたが、一六、七年前から葬儀に力を入れ始め、一九九六年に葬儀専用のホールを松本市内にオープンさせた。それまでは、公民館や寺でおこなう葬儀に、料理やお返し物、必要なら人手などを提供していたが、当時は近隣の手伝いの人が大勢いた。ところが、だんだん隣組長が葬儀委員長を務めなくなったり、葬式の手伝いに出る人も少なくなったりして、葬家の負担が増大していった。

そんな中、都市では葬儀社の専用ホールを使うことが一般的になるのをみて、葬儀専用ホールの建設を進めたのだという。それが今では大町市から塩尻市まで、葬儀場だけで九施設をもつほどに拡大した。しかし、業種が業種だけに新たに施設を建設するについては、周辺の理解を得ることが難しい。死生観が変わったなどといわれているが、縁起でもないという人々の思いは、なかなか払拭できるものではないのである。

塩尻市の、「市街地活性化特別委員会会議録」がインターネットに公開されているが、平成二一年八月二六日に開催された委員会で、市中心部の大型スーパーが撤退した跡地に、H社が葬祭施設の建設を計画していることについて、次のような話し合いがなされた。

委員　店そのものが云々というよりも、地元の人たちが、仮に、望まない施設があそこにできたとしたら、それはまちづくりにとってマイナスだと思うのです。その辺の住民の皆さんの温度差というのは、まだまだはっきりしない部分があって、その辺がどうしようもないものであれば、行政としても住民の皆さんとまちづくりについてしっかり納得のいくような説明だとか、話し合いだとか、そういう機会をもっても良いのではないかなというふうに思いますけれど、いかがですか。

経済事業部長　反対をする署名をやっていることにつきましても、具体的に、なんと言いますか、私たちにも間接的に情報が入っただけでございまして、地元の区長さんなり、反対の署名をやっている方たちから、私たちのほうに相談、事前相談とか、そういうことが一切ない状態でございますので、今どのような状態でやっているのかという把握はできておりません。ただ、今おっしゃいましたように、住民の相当数の方がそういうことに、もし、本当に反対であるとか、そういうような意志がまとまってきた段階では、行政の、まちづくりをつかさどる部署としては、そういう機会を設けることについて検討はしていかなければいけないなという気持ちはしております。

委員長　この件について、私も地元の議員ということで、私の承知をしている限りの話ですが、正式に区の役員から来たとかということでなくしての話ですが、八月一二日に、八月五日に区長のほうから役員会の招集があって、役員会の招集を受けて一二日に組長会議を開いたと。七区というのは、御存知のように一三〇〇戸余ある大きな区ですが、集まった組長が二五人くらいと少なかったという話を聞いております。それで、では賛成、反対、署名運動に対する取り組みの濃淡はどうかというと、やはり、そこの近辺、周囲の人は一〇人が一〇人反対だと。少し、こっちへ行くと、ううんとなってきて、またずうっと離れると、中には、選択肢が広がっていいのではないかというような形で、総体全部がまとまったという状況ではない。(14)（以下略）

九月二日、この件について新聞が、区としては葬祭場ができるならば、「活性化につながるか疑問だ」とし、「幅広い市民が使え、地域が明るくなるような施設」にと望んでいると報じた。(15)

同日には企業側が住民説明会を開催した。一〇月一〇日の新聞記事によれば、企業側からは、葬祭を主に多目的に使えるセレモニーセンターを建設したいとの考えが示された。一方地元住民からは、「市内にこれ以上葬儀場が必要あるのか」「何もこの場所でなくても」と疑問の声と、「近隣住民に喜ばれる業態に代えるよう検討を」という要望がでたという。[16] その後何回かの説明会を経て、翌年一月には施設は完成して見学会を開いている。

H社では地元の要望も入れ、地域の人が集まれるように敷地内にレストランを併設した。また、月に一度は駐車場を使って地元の農家の人たちが農産物を販売する朝市を開催している。朝市では施設を開放し、集まった人たちをお茶などで接待し、地元に溶け込む努力を続けている。しかし、この件について近隣の方の口は重い。できてしまったから何を言っても仕方ないが、納得しているわけではないという。新聞では、「死をタブー視してきた価値観は変わりつつある」[17] と報じるが、死へのケガレ観は簡単に消えるものではない。

H社の事業拡大の歴史は、葬儀が自宅・寺・公民館などから葬儀社で行われるようになった変化をそのまま示すものである。そんなH社の営業課長は、最近の気になる傾向として直葬（じきそう）の増加をあげた。以前は月に一～二件ほどしかなかった直葬が、今は月に五～六件は普通に行われるようになったという。

人は亡くなってから二四時間経過しないと、火葬や埋葬することができない。[18] ところが病院は亡くなってしまえばそんなに長時間置いてくれないので、家や業者などの施設へ遺体を搬送して安置し納棺しなければならない。直葬というのは、遺族が自分で埋葬手続きをしてきて、二四時間経過すると、葬式はしないで火葬場へ直送して火葬し、終わりとするものである。葬儀社は、遺体が一旦自宅に帰る場合には病院から自宅へと、自宅から火葬場へとの遺体の搬送を請け負う。遺体が自宅に帰らない場合には、病院から葬儀社の安置場所までの遺体の搬送、遺体の安置、安置場所から火葬場までの遺体の搬送を請け負う。

直葬の場合でも葬儀社の担当者は、亡くなったことを知らせる人はいないかと当事者に確認するが、ほとんどの場合通知する人はいないといわれ、火葬場で立ち会うのは数人だけだという。また、菩提寺があれば連絡したほうがいいとも確認するが、だいたいは断られる。それでも、業者と寺との関係が悪くなっても困るので、檀家のこういう人が亡くなったという連絡だけは、寺に入れておくという。寺に黙って火葬した場合、納骨で寺との間のトラブルとなる。営業課長が聞いた話では、寺に連絡せずに夜中にこっそりと納骨したという例があったという。

葬儀社にとって、直葬が増えることは死活問題である。遺体を安置してからいきなり火葬にして終わりでは、会社がサービスを提供する場面が少ない。また、葬儀用の広いホールを建設しても、稼働率があまりに低くては維持できないだろう。かといって、利用者の意志を葬儀社が止めることはできない。そこでH社では、施設ごとに月に一回程度の葬祭セミナーを開催し、エンディングノートの書き方を教えたり、悩みの相談に応じたりしている。セミナー参加者の内から、ユーザーの囲い込みを図っているのだろう。

営業課長は寺の住職の集まりに招かれ、増加する直葬について話したりするという。寺から檀信徒に向けて葬式をおこなう意味について話してもらうことが、利用者への直接的アプローチとして効果的だからだろう。葬儀をおこなうという点では、寺と葬儀社は利害が一致しているのである。

また、一般化しつつある家族葬については、少人数でコストが安い葬式を家族葬と呼ぶのだという程度で、細かな内容についてはそれぞれ異なるという。家族葬が増加するのは、経済状況がよくないせいではないかと業者はみている。また、大都市で資本力がなくてホールをもてない業者が、家族葬という形式を前面に出して、小さな会場を用意して商売を始めたこともあるのではないかという。松本近辺にも家族葬専門の業者が現れているし、大手業者も家族葬専門棟を増設してPRしている。

おわりに

松本市を中心に最近の葬儀の変化と、変化への対応をみてきた。一〇年以上前に、葬儀の会場が寺や公民館主体から葬儀社へと変わり始めた変化はあっという間に進み、今では葬儀社で行うのは普通になった。そして今度は、葬儀の規模や内容が、ものすごいスピードで変わりつつある。

葬儀の変化の要因は、井上治代氏が戦後の墓祭祀の変化を、家的先祖祭祀から近親追憶的祭祀への移行と位置付けた(19)のと同じように、イエが解体したことによる影響が大きいように思われる。

高齢化と人口減少が、家族の形をいやおうなく変形させ、イエを単位とした旧来の儀礼や義理の応酬をしようにも、現実的に不可能な状況となったのである。

そうした家族の変容は、むろん一度に起こるわけではなく徐々に変化していくものなのだが、家族の変容が急速すぎて儀礼の変化が伴わず、現実との間にギャップが生じたり、変化した儀礼に慣れない人々が違和感を感じたりしているのが現在である。中でも、現実に対応できていないのは、大部分の寺だと思われる。

そもそも葬式はなぜおこなうのだろう。寺が全く関わらない直葬という新しい形が現れてみると、本当に必要なものかどうかが問われてしまう。藤井正雄によれば、仏教的に葬儀は、「新亡者に授戒をほどこして仏者としたうえで、引導を与え、死出の旅路を迷うことなくたどれるように導くという二段構成で葬儀式が構成されている[20]」という。つまり、故人がこの世から浄土へと、迷うことなくたどりつけるように行う儀礼が、仏教の行う葬儀なのである。そして、立派に故人をあの世に送った者が、親族や地域社会に故人の継承者として承認されたのである。

ところが、最近は故人がゆくべきあの世が意識されなくなったため、以前のように故人に旅支度をさせることもなくなった。また、故人の継承者として承認されるべき親族の数は激減し、地域社会はほとんど機能しなくなった。それらのために、葬儀は故人の旅立ちを整えるという寺と故人を中心とした儀礼というよりも、残された家族中心の別れの儀式と意識されることが多くなった。神宮寺でおこなう葬儀について、檀家外で会葬した方が、「神宮寺の偲ぶ会の形式の葬式は心がこもっていていい。できるなら自分もあんな葬式をしてもらいたい。」と話していることにも、それは表れている。

また、故人はいずれ個性をなくして先祖になり、子孫を見守るなどということはなく、残された近しい者の思い出の中では、いつまでも生き続ける。そして、近しかった人々が亡くなるとともに故人の記憶も消滅し、世代を超えて記憶が継承されるということはない。現在では、弔うとは故人と同時代を生きた記憶を持つ者がすることで、系譜を遡ってすることではなくなりつつある。核家族で親を弔うとは、そうしたことだろう。

最後に気になるのは、今後どうやって寺が葬儀に関わるかである。イエの継続を前提とした檀家という仕組みが崩壊するのは、そう遠いことではない。寺は座して消滅を待つのではなく、イエから離れて個人とのネットワークを広げたらどうだろうか。

註

（1）表1・2は松本市役所作成の「松本市の統計」をもとに作成した。
（2）『朝日新聞』二〇一三年七月九日
（3）「週刊さくだいら」二〇一三年八月二二日
（4）仏教界からの反発の結果、「三五〇〇〇円より。ご相談ください」となって、問い合わせれば教えるという形に変わったが、その後は詳しいサービス内容と共に料金が明示されるようになった。イオンのお葬式　http://www.aeonlife.jp/　二〇一八年六月一〇日閲覧

（5）『週刊仏教タイムス』第二四二六号
（6）同前
（7）『ＳＯＧＩ』No.一三三　三九頁　表現文化社　二〇一三年
（8）同前　四〇頁
（9）同前
（10）『あなたが旅立つ日のために』神宮寺
（11）註7に同じ
（12）高橋卓志『寺よ、変われ』一三頁　岩波新書　二〇〇九年
（13）「日本の葬祭業の動向」JETRO Japan Economic Monthly, February 2006
（14）「市街地活性化特別委員会会議録」http://www.city.shiojiri.nagano.jp/gikai/kaigiroku/iinkaikaigiroku/iinkaigijiroku21.files/210826shigaichi.pdf　二〇一三年八月三〇日閲覧
（15）『市民タイムス』二〇〇九年九月二日
（16）『市民タイムス』二〇〇九年一〇月四日
（17）『朝日新聞』二〇一三年九月六日
（18）「墓地、埋葬等に関する法律」に以下のような条文がある。
第三条　埋葬又は火葬は、他の法令に別段の定があるものを除く外、死亡又は死産後二十四時間を経過した後でなければ、これを行つてはならない。但し、妊娠七箇月に満たない死産のときは、この限りでない。
（19）井上治代『墓と家族の変容』二七二頁　岩波書店　二〇〇三年
（20）藤井正雄『現代人の死生観と葬儀』四二～四三頁　岩田書院　二〇一〇年

二　現代社会と民俗学
――葬儀と墓に寄せて――

はじめに

柳田國男は「郷土研究の第一義は、手短に言うならば、平民の過去を知ることである。社会現前の実生活に横たわる疑問で、これまでいろいろと試みていまだ釈き得たりと思われぬものを、この方面の知識によって、もしやある程度までは理解することができはしないかという、まったく新しい一つの試みである。[1]」と郷土研究＝後の民俗学を定義して、その研究方法を説き始める。

ところが、民俗学の初発のころに述べたこの定義を、多くの民俗学者も民俗学の読者も忘れてしまった。それは、「現前の実生活に横たわる疑問」を解決するために、「平民の過去を知る」ということである。民俗学は現在の疑問から始まらなくてはならないのに、聞き書きによる過去にばかり思いを馳せているのである。そこで、民俗学に携わる者や民俗学に関心を持ちながらも従来の民俗学のイメージにとらわれてしまっている人々が、現代をどのように捉えようとしているのか、あるいは捉えなければいけないのか原点に立ち返って考えてみたい。

まずは現在の民俗学の動向である。今から三〇年程前に民俗学のブームとでもいえる時期があり歴史学などの隣接科学は民俗学の成果を利用しないと、人々の暮らしや心情は明らかにできないのだといわれた。ところが現在は、落日の民俗学[2]だとか、もはや落日を過ぎて暗闇だと言われたりもする。

なぜそんなことになったのかといえば、民俗学の基本的な方法として、人々の記憶の中にある歴史を記録してきたが、聞き書きによって再現する地方独自の生活スタイルが失われ、聞き書きができなかったり、できたとしても同じような内容で比較できなかったりという問題が生じ、民俗学が学問として今後も成立できるのかという程の状態に立ち至っているからである。

そうした状況でも、地域独自の暮らしぶりはそう簡単にはなくならないはずだから、見方を変えれば調査は可能だと考える人や、過去の暮らしぶりを聞くのではなく、歴史的な見方を捨てて、今を生きる人々の暮らしぶりを調査すればいいという人、あるいは海外の人々の暮らしを調査して日本の暮らしと比較してみればいいという人など、民俗学者によってこれからの民俗学の向かうべき方向は様々である。

そこで、福田アジオが「大学を頂点とする民俗学再生産のあり方を、個人の主体的な使命感、問題意識、研究方法が生かせる民俗学に変化させ発達させていかなければいけない[3]」と述べていることに力を得て、今後の民俗学について私的見解を明らかにしてみたい。

1　今の暮らしをどう捉えるか

民俗学とは何か

これからの民俗学を考えるということは、資料が失われたことを嘆いても仕方なく、結局今の暮らしを民俗学としてどう捉えるのかということになる。そこで、まずは、そもそも民俗学とは何を明らかにする学問か定義したい。

私は、暮らしのある断面を切り取り、暮らしぶりの総体を明らかにしようとするのがこの学問のやるべきことだと考えている。例えば、ある年の元旦の朝の様子といえば、何らかの普段とは違った元旦特有の様子があるはずで、その家の元旦の朝の様子をあたかも映像で見るように文章で記録するのが、民俗学のありかただと思う。

そういうシーンを積み重ねることで、暮らしの変遷をたどれば、一見毎年同じに見えるような暮らしや心もちの変化を明らかにすることができるし、場合によってはその起源まで明らかにすることができるだろう。よって、民俗学は広義の歴史学だと考える。ただし、個別の出来事や個人を対象とするものではない。

暮らしの転換点

政治を中心とした歴史に生活の変化を重ねたとき、歴史時代の生活の大きな変化はいつ起きたのだろうか。一般にも言われているように、最初は応仁の乱前後だと考える。柳田國男も折に触れて「われわれの近代生活の夜明けは、実は応仁の乱あたりから始まっている」と和歌森太郎に語っていた(4)というが、応仁の乱あたりまでが現在の生活感覚で遡れる限度だろう。

次の庶民の生活の変化といえば、敗戦から高度成長の時期までだろうと考えている。敗戦によって一気に入ってきた欧米流の生活スタイルが、身近な暮らしの中まで入り込んできたのである。欧米流の生活スタイルは明治維新で入ってきたが、その時は都市の役人など一部の人々の生活を変えただけだった。大正末の生まれの私の母親は、高度成長のころまでは、着物を着てモンペをはいて仕事をしていた。日常的に和服を着ることが、特に女性の生活スタイルだった。男性は女性より早く洋装に変わったが、一九五二年生まれの筆者は子どものころ、夜はパジャマでなく着物を着て寝ていた。それは、同世代では一般的なことであった。

次の生活の変化は、高度成長期からの経過時間は非常に短いが、現代ではないかと考えられる。二〇〇〇年以後、大きく生活のスタイルが変化したのである。敗戦から高度成長期までは、生活スタイルの欧米化が進んだが、現在は生活信条の欧米化が広がり、「イエ」というものが完全に姿を消しつつある。それまでは「イエ」の継続が前提となって生活が構築されていたが、現在は理念ではなく、実際に「イエ」が姿を消し、〇〇家という感覚は感じられなくなった。「イエ」が表面に露呈するのは婚礼の場合に多かったが、現在では結婚式場での表示から「～家」がなくなり、仲人やカネ親といった擬制的親子関係も見られなくなった。婚姻は文字通り個人と個人が結ばれるものだという考え方が、現実化してきたのである。

イエの消滅に加えて、我々がこれまでに経験しなかった人口減少社会になったことがあげられる。自然災害や戦争でもない限り、横ばいか増加を続けてきた人口が減少しているのである。理念としてのイエの消滅は、人口減少によっても否応なく進んでいくのである。

2　暮らしの変化と葬儀

終活の一般化

地域ごとの特色ある暮らしとか生き方が急速に無くなり、ライフスタイルは平準化している。インターネットなどの情報ツールの発達が、それに拍車をかけている。これまで当たり前と思ってきた暮らしが、ここへきて大きく変わり、あるいは既に大きく変わってしまったと認識したほうが、暮らしの変化を素直に受け入れられる。しかし、人は簡単には変化を認められず、いくつもの困難な事態に直面している。私はその代表的な問題が、葬式と墓の問題ではないかと考える。

人は結婚せずに一生過ごすことはできても、死からは逃れることができない。おまけに死後については、誰も自分の思い通りにはできない。自分らしい生は送れても、自分らしい終末を送るのはなかなか難しいことである。特に大きく生活感覚が変わった現在、どうやって生活の変化に合わせた終末を迎えたらいいか、人々は悩んでいる。そして、人生の終末を迎えるための活動を就職活動になぞらえて、終活と呼ぶことが一般化している。

葬儀の担い手の変化

葬式を執行することと墓を守るということは、かつて「跡取り」といわれる人の義務であった。葬式は、跡取りを世の中に知らせる儀式だともいえた。つまり、喪主を誰が務めるかということから、その家の後を誰が取るか示された。大部分の人が農業をしていた社会では、「イエ」と土地と仕事は切り離しては考えられず、「イエ」と土地の継続は社会生活の前提条件となって、世の中のしくみや生活信条が考えられていたのである。

ところが現在は多くの人が農業から離れ、人は農地に縛られないで頻繁に移動するようになった。そして人口減少社会である。子どもがいない高齢者世帯が増加し、そうした世帯は消滅せざるを得ない。その結果葬儀についていえば、喪主が決まらないという問題が生じ、故人の兄弟や甥・姪、嫁に行った娘等が喪主を務める例が多くなった。

かつての葬儀は、「葬式三日」といって隣近所の葬儀には夫婦で三日間何を置いてもお手伝いするのが、普通だと考えられていた。ところが最近は、隣組で葬式の手伝いに出ても受付をする程度で、やることがない。ほとんどが業者任せなのである。かつて、どうしてもお手伝いを頼まなければならない理由は、墓穴掘りと接待の料理作りがあったからだが、今は火葬となり、料理は業者に任せているので人手はいらなくなった。

葬儀の形式の変化

葬式の担い手が変わったばかりでなく、葬儀の形式も変化した。それは一口でいえば、地域でおこなう儀式から近親者でおこなうお別れ会に変わってきたということである。

近親者で行う葬儀を、今は「家族葬」と呼んでいる。葬儀が一般葬から家族葬へと変化しているのである。一般葬では、世の中に広く告知して会葬を募る。「誰誰が亡くなりましたので、何月何日にどこそこで何時から葬儀を行います」といった告知広告を出す。それに対して家族葬の場合には、告知しないで近親者だけが会葬する。あるいは告知したとしても、「家族葬で行います」と新聞に掲載して、一般の人の会葬を断ったり、葬式が済んでから「家族葬で葬儀は済ませました」と掲載したりする。

「家族葬」の家族の範囲には明確な定義はなく、当事者の考えによって異なっている。なぜこうした変化が起こっているかといえば、一つには高齢で亡くなる方が増えたためである。今は亡くなる方の年齢が八〇歳以上だというのは普通で、場合によっては一〇〇歳以上も珍しくない。

高齢でなくなるということは、社会的な付き合いが疎遠になったり、近親者が亡くなっていたりして会葬者少ない。また、喪主が地域に住んでいないことも多く、喪主との繋がりで会葬する人も少ない等の理由で必然的に会葬者は少なくなり、改めて家族葬といわなくても近親者のみが会葬することとなる。それならば、最初から家族葬としたほうが、近親者のみで葬式ができると考える人が多くなったのである。

増加する家族葬より更に先の、「直葬」（じきそう・ちょくそう）という葬儀も出てきている。これはどういうものかといえば、通夜を済ませた場所から直接火葬場へ搬送して火葬し、葬式はやらないというものである。火葬場で僧侶に読経してもらったり、身内の者が火葬場についていくことはあっても、葬儀は行わないのである。こんなことは大都会の話かと思えば、葬祭業者に聞いてみると松本市の各葬儀会場で、月に四～五件ほどはあるという。経済状況が、そうした形式を選択させているのである。

3　墓地問題

葬儀については実態に合わせて形式も変化したが、墓地はまだ変化の途上にあるので、抱える問題も深刻である。墓地問題の第一は都市の墓地が非常に不足していることである。

墓地の管理

田舎から大挙して出て行った団塊の世代が七〇歳前後となり、これから墓を必要としている。中には田舎の実家の墓地に一緒に入れてもらうという人もあろうが、実家の墓地にしても誰が継承者していくかはっきりしなかったり、郷里までは遠かったりということで都市に墓を求めるのである。

都市の墓所の値段をインターネットなどで調べてみると、まず数が不足し、売り出されたとしても高額である。ちなみに「都営青山霊園」では、一区画の永代使用料は、四三六万円~九六七万円もしている。そこに墓石の値段が加わるのである。都市では通常の墓地を求めようとしても、なかなか思うようにはならない。

一方、田舎ではお参りすることもなく放置されたままの墓石が多数あり、管理者の寺で墓地の一角に無縁仏として墓石を集積している例がいくつも見られる。

墓石の歴史

ほとんどが火葬になった現在、墓地の問題は遺骨と墓石をどうするかということになる。そこで、墓石の歴史を遡ってみると、庶民が墓地に墓石を立てるようになるのは、江戸時代の初頭からで、初期の形態は一石五輪塔や板碑の小さな物であった[5]という。近世中期になると角柱の石塔に、原則夫婦の戒名を刻むようになった。ところが現在の墓石には、先祖代々の墓とか○○家の墓といった、家墓として刻まれているものが大部分である。こうした家墓は、明治の後期から建立されるようになったものであり、明治政府が打ち出した家制度が定着してから普及したのである。

写真２　一石五輪塔（京都市化野念仏寺）

土葬のころの庶民の墓地はどうだったかといえば、土葬した後に土饅頭を築き、自然石を乗せておくだけだった。将来の埋葬場所を確保しておくために、むやみと石塔を建てることはできなかった。何年か後には、その場所をまた掘り起こして埋葬のための穴を掘らなければならなかったからである。

納骨装置のある家墓あるいは先祖墓を一般の家で作るようになったのは、高度経済成長期以後で、経済的余裕が生まれてからのことであった。つまりは、最近のことなのである。

これからの墓地

今後の人口減少社会で、墓の守り手がいなくなることは、誰もが覚悟しておかなければならない。

一人っ子同士が結婚したら、一組の夫婦が二つの墓所を守るか、どこかに統合しなければならない。現に、都市に出て結婚した夫婦が都市に墓地を買い、両家の墓地をたたんで自分たちが買った墓地へ墓石を移動したという話は、知り合いのこととして聞いた。墓石にこだわれば、こうでもしなければ守れない時代となったのである。

もちろん、自分は子どもに全て任せてあるから、今までどおりで何ら心配ないという方はいるだろう。しかし、子どもがいても墓の管理までは押し付けられない、また、子どもがいなくて自分の墓の管理を自分で考えておかなければいけないと思う人は多い。

葬式は直葬という形をとればやらないですむが、遺骨の始末はどうしても残ってしまう。最もさっぱりしているのは、遺骨を完全に焼き切って灰にしてしまうという方法もあるという。無に帰すのである。それもあんまりだということで、遺骨の始末の方法でいくつかの形態が模索されている。

遺骨の処理方法のどれもがそうだが、墓守の必要ない墓地が考えられている。その一つは永代供養墓である。墓を管理する寺に、あらかじめまとまった供養料を納めておけば、命日に供養をしてくれるというもので、個人の墓はなく永代供養を望んだ人たちの集団の供養塔を建立してある。現在いくつかの寺でみられるようになった方法である。

散骨という方法もある。遺骨を細かく砕いて海に撒くという葬法で、全く自分の痕跡を残さな

写真３　永代供養塔（松本市浅間温泉神宮寺）

いのである。供養という面倒をかけないですむが、故人の供養をしたいと考えた場合には洋上まで行かねばならないという苦労があるようだ。

もう一つ樹木葬という方法がある。遺骨を樹木の根元に埋める、あるいは遺骨を埋めた所に樹木を植えるという葬法で、森の管理は寺や公的機関に任せるというものだ。環境にやさしいということで、人気の葬法のようである。

まとめ

現在、多くの人々が葬式のやり方やお墓の維持の問題で悩んでいる。にもかかわらず、民俗学からの社会的発言はほとんどみられない。私は、こうした問題に対して福田アジオが述べるように(6)、民俗学に携わる者がそれぞれの場において、自分の見解を発表していくことが必要だと考える。

墓の問題について言うならば、一般的には現在行われている習俗―死後には石塔を建てるとか家墓に遺骨を入れるとかということ―が、非常に古くからの習俗であり価値のあることと思われてしまいがちだが、実はそんなに古くからの習俗ではないことを私たちは知っている。土葬が行われていた長い間、一般庶民は埋葬したら土饅頭を作って木の塔婆を立てておくだけだった。木が朽ちれば記憶の中にだけ故人は残り、その記憶もいつしか忘れられたのである。そうでなければ、墓地は拡大するばかりである。誰もが死後に石に名前を刻み、未来永劫にわたって故人の名前を残そうとするのは、ある時代の流行で、やりすぎだと考える。だから、石塔にこだわって墓地を維持することに悩む必要はないと思うがいかがだろうか。

柳田國男は民俗学の目的として、「学問救世」を唱えた。(7) 人々の眼前の疑問に答えることが学問としての責任だというのである。しかし、生活の大きな転換点にあって、眼前の疑問を眼前の経験の中からだけ解決しようとしても、疑問は深まるばかりである。だから、民俗学をする者は視野を広くもち、長いタイムスパンで現代社会を見つめ、考えるヒントを人々に提示していくことが、今こそ求められていると思われる。

註

(1) 柳田國男「郷土生活の研究法」『柳田國男全集28』一〇頁　ちくま文庫　一九九〇年
(2) 山折哲雄「落日の中の民俗学」『フォークロア』7号　一九九五年
(3) 福田アジオ「ポスト柳田から脱柳田—二一世紀民俗学の課題」『長野県民俗の会会報』38　二六頁　長野県民俗の会　二〇一五年
(4) 林淳「アカデミック民俗学の成立—宮田登を中心に—」『愛知学院大学文学部　紀要第四〇号』三〇六頁　二〇一〇年
(5) 福田アジオ『寺・墓・先祖の民俗学』四三頁　大河書房　二〇〇四年

（6）福田アジオ註3に同じ　二四頁
（7）柳田國男　註1に同じ　九五頁

三　松本近辺の葬儀の行方

――東京近辺の葬儀の変化と比較して――

はじめに

亡くなった人を悼み、お別れのために何らかの儀礼をおこなうことは、人を動物と分かつ一つの指標だといってもよい。葬送というのは、死者を前にして、その人の生前をイメージしながら死という現実を受け入れて成立することだから、優れて文化的行為だといえるだろう。つまり、動物では眼前の事実を認識はできても、さかのぼってその人のかつての姿を呼び覚ましつつ現実に重ねて見ることはできないのである。したがって、葬送という行為は時間と空間を超えて人間社会のどこにでもみられるものだが、生命観の違いや時代状況の変化によって、それぞれの行為に差異が見られるのである。

日本の葬送儀礼だけに限ってみても、最近の変化はめざましいものがある。死を受け入れる人々の心や、死を表現しようとする社会が急速に変化しているからである。その上、これからは高齢化がますます進行し寿命が延びたことから、人々が死と向き合う機会は今まで以上に増加するだろう。だから、葬送の今をとらえてこれからを見通すことは、民俗学を現在学だと規定するとしたら、喫緊の課題だといえる。そして、その課題の内容は生命観、儀礼のありかた、墓の問題等山積している。

『松本市史　第三巻　民俗編』で私は、「第七章　生活の向上にむけて　第一節　生活の変化」において、葬式の担い手が近隣組織あるいは講組織から葬祭業者へとかわりつつあることを明らかにした。奥付けを見ると、この巻が刊行されたのは平成九（一九七七）年のことである。その後、同趣旨の報告を、平成一三（二〇〇一）年に国立歴史民俗博物館でおこなわれたフォーラム「民俗の変容　葬儀と墓の行く方」でもおこなった。(1)

執筆当時は、家での婚礼がほとんど行われなくなったように、いずれ葬式も式場を備えた葬祭業者が担うことになるだろうと予測したものの、それから一〇年ばかりで、現在のようにこれほど葬儀社による葬儀が一般化しようとは思わなかった。葬儀執行の負担を、近隣などでは負いきれなくなったことの現われだが、家族と地域社会の紐帯が急速に解けてきているのである。だからといって、地域社会が失った互助的機能をなつかしんでも、また地域社会の崩壊を嘆いても仕方ない。事態は日々進行している。

本稿では葬儀社が担うように変化した松本近辺の葬儀が、さらに今後どのように変貌していくのか見通してみたい。その際、松本近辺よりもはるかに地域社会の紐帯が希薄となっているであろう、つまりは時代の最先端を走る大都市東京近辺の習俗と比較することを通して、変化を予測してみたい。

1　東京の葬儀

早くから都市化が進み、現在も日本一の大都市東京は、規模や形は違っていても、この国の各地の都市がいずれたどるべき暮らしの姿を示しているといってもよいだろう。また、ムラとマチの暮らしに差がなくなり、遍く都市化が進行していることからするならば、地方農村の将来の暮らしの姿だといってもよいかとも思われる。そうした視点から、東京の葬儀の一連の流れを、かつての方式と最近の方式に分けてみてみたい。

火葬以前（土葬）のころ　**事例1**　板橋区の旧農村地帯

喪家では、死者は浴衣一枚を着せた上で奥（床の間のある座敷）に北向きに寝かせる。魔除けの意味で死者に掛けた布団の上に刃物を置き、枕元に机を置いて、そこに線香一本を上げる。亡くなるとすぐ、山盛りにして箸を立てたご飯と白団子を供えた。このご飯と箸と団子は、納棺するときに一緒に入れてあげる。湯灌は奥（座敷）で畳をはがして身内の人が行った。昔は南無阿弥陀仏と言いながら、タライをひっくり返して死者を座らせ、水を先に入れ、次にお湯を入れた「逆さ水」で湯灌した。土葬時代はほとんど座棺だった。ガン箱は蕨（埼玉県蕨市）のガン箱の店に買いに行った。葬儀社を依頼するようになってからは葬儀社がガン箱を持ってくるようになった。祭壇は葬儀社が飾る。戦死者の葬儀以降祭壇を飾るようになったという人もある。濃い親戚は、花環と生花と籠盛り（果物）を上げる。

生花は子供一同で上げる。一方、花環は戦後戦死者の葬儀で飾られるようになり、最初は子供たちだけだったのが、古い親戚さらに他人も出すようになっていったとも言われる。

昔はお通夜には今のように人が余り来ず、おもに親戚が集まったが、最近はこの辺りが町場になってきて勤め人が多くなり、お通夜に来る人が増えてきた。お通夜の清め(酒、食事)として、天ぷら、煮物、刺身、オードブル、上握り鮨、お新香、酒、ビール、ジュース等が出る。

土葬のとき、葬式当日午前中に墓穴掘りをした。土葬のときの穴掘りは順番制で念仏講の男性が墓穴を掘った。昭和九年一一月一二日以降穴掘りは大村葬儀社が行うようになった。火葬は昭和二〇年代からであると言う。火葬化後しばらくは甕を直接小さい土の穴に入れていた。

出棺は廊下から行う。出棺のとき、念仏講の二人が棺の両側にワラ束のタイマツをおのおの持って火をつけて、カド(門)を出るまで先頭に立つ。昔は念仏講の人が四人で座棺を墓地まで担いで行った。今は身内が担いで霊柩車まで運ぶ。埋葬が終わると喪家に戻り、塩で清め、喪家で念仏講の人たちが数珠と鉦を持ってきて念仏を行う(2)。

事例2　旧板橋宿

人夫といわれる葬式の手伝いを、今でも隣組七～八軒等、近所に頼む。旧農村地域のような念仏講はない。喪家では、故人の布団を敷いて、故人の顔に白い晒しの布を掛け、魔除けといって刃物を半紙で包んで遺体の上にのせてあげる。ご飯と枕団子六個を供える。納棺のとき、親族が故人の体をお湯できれいにふいてあげる。

通夜は町内の人がテント、掲示板、受付の準備をする。受付は昔も今もお手伝いの人が行っている。台所仕事は隣近所の奥さんがする。お通夜は、昔は、隣近所が料理持ち寄りでお清めを行った。通夜の食事は昔はお握り、芋など煮物、天ぷら等で、生臭を出さなかった。昔の通夜は今と違って、お経が済んでから本当の身内と近所だけで質素に行っていた。今は縁のない人も来る。

昭和七年に東京市に編入されるに伴って土葬が許可されず、戸田の火葬場を使用したが、戸田が満員だと、落合の火葬場へ行った。葬列では、上に屋根がかかった寝棺を四人で担いだ。身内は棺を担がず、当時は棺担ぎ専門の人夫がいて、店の者や遠い親戚などの関係者も棺担ぎ人夫をした。送っていく人は身内と、親しい取引先、親しい近所のみだった。

火葬後は近親者から順番に骨を拾って骨壺へ入れる。骨壺はだいたい三五日か四九日の間喪家へ安置するが、火葬場から直に寺へ持っていく家もある。四十九日までに香典返しをする(3)。

事例3　北区のかつての葬儀

亡くなると、死者の頭を北向きにして布団に横たえる。枕元には机を置き、線香を一本、イッポンバナ（一本花）といい花や樒を一本、燭台、マクライノダンゴ、ごはんを山盛りにして箸を立てたものを供える。

湯灌は、たらいに湯を汲んで死者の体を沐浴することをいうが、現在八〇代の話者でも、大正年間に行われた葬儀のときのこととして記憶しているだけで、以後は行われなかったようである。その後は遺体をアルコールで清拭するだけになった。湯灌が終わると、経帷子を着せて手甲や脚絆をつけて旅支度をする。湯灌をした後、納棺する。土葬の頃は座棺であった。

通夜には僧侶による読経があり、戦前までは読経のあと念仏講による念仏が行われていた。浮間（北区浮間）に古くから在住する人は、通夜に香典を持っていき、また葬式にも焼香したという。また、通夜にお参りに来た人には、料理や酒が出された。料理は野菜やがんもどきの煮物や豆腐のおつゆで、刺身や肉などはなかったという。現在は通夜振る舞いとして刺身や寿司、てんぷら、煮物などが出される。

葬儀当日の早朝、墓穴を掘る。これをする人をトコバン（床番）といい、墓掘りの他、葬列では棺を担ぎ、棺の埋葬も行う。出棺では、家の中からトコバンの四人が輿を担いで出、庭に立てた竹の回りを反時計回りに三回回って墓地に向かう。葬列には、ジャを付けた四本の竹のほか、提灯二本、天蓋や位牌、棺などが続き、その後に会葬者がついていったという。ある話者によると、昭和五年の葬儀のときには土葬であったため、葬列を組んで庭を回るなどの儀礼を行っていたが、昭和二〇年の葬儀では火葬であり、もう庭での儀礼もなかったという。また、別の話者は、昭和一一年の葬儀では火葬で、すでに葬列は行わなかったという。昭和初期に戸田の火葬場ができ、徐々に土葬から火葬に移行していった。火葬化に伴い、輿を使用するのをやめ、葬列も廃されたようである。

葬式終了後の精進落としの席をキヨメという。埋葬を終えたトコバンは、喪家の用意した風呂に入り、キヨメの席の一番上座についた(4)。

三事例におよそ共通する手順を、整理してみよう。死者は、北枕に寝かされ魔除けのために刃物が置かれた。枕元には箸を立てたごはんや団子などを供えた。湯灌といって、身内のものが故人をお湯で拭いて死装束を着せ、支度ができると納棺した。土葬のころは座棺だったが、棺桶を売る店があって買いに行った。葬祭業者が入るようになると、業者がお棺を持ってきた。通夜は身内と近所だけで質素に行っていたが、勤め人が多くなると来る人が増えた。「通夜ぶるまい」あるいは「お通夜のお清め」といって、来た人に酒食の接待をしたが、生臭のない質素なものだった。

葬式には祭壇をしつらえ、お棺は最上段に置いた。僧の読経の後、棺を担いで葬列を作ってお墓へ行き埋葬した。葬式終了後の宴席をキヨメといった。

現在の葬儀

事例4　北区下地区

現在手伝いに来てくれる人というのも、特に範囲が決められてはおらず、近所の人が「ウチでも手伝ってもらったから」と、たいてい、六、七人は集まる。多い家では、一五人も来ることもあるという。まず、寺に連絡すると同時に、葬儀屋を呼ぶ。たいていは電話を使う。すると、葬儀屋が火葬場に連絡をして日取りを決めたり、家の中の飾りつけなどほとんどの支度をしてくれる。

喪家では、葬儀屋が来る前に、手伝いの人たちが死者に死装束を着せ、布団に寝かせておく。現在は、病院などで亡くなった者は、入院時に用意したガーゼのネマキ（浴衣のようなものなど）を左前に着せられて家に運ばれてくる。その遺体を布団に北枕にして寝かせ、合掌するように両手の指を組ませた上から、葬儀屋の用意した和紙製の着物を「逆さまに」（襟の方が遺体の足の方にくるようにして）掛ける。マクラダンゴとイチゼンメシを死者の枕元に置く。こういうものは葬儀屋はやってくれないので、近所の手伝いの人が行う。また、死者が生前使用していた布団や毛布などは、ぐるぐる巻きにして、「燃えないゴミ」に出す。

家で亡くなった場合には、湯灌は今でも家で行う。病院で亡くなった場合には、看護婦さんが、お湯にアルコールを入れたもので遺体をきれいに拭いてくれる。葬儀屋がくると遺体をカンバコに入れ、祭壇を飾る。カンバコは、以前は祭壇の最上段に置いたが、今は顔を見られるように一番下に置くようになった。

「本当の身近」の場合を除き、昼間お勤めのある人は休暇を取ってまで告別式には来られないので、お通夜に弔問する人も多く、大体夜六時から七時の間に来て、お焼香していく。僧侶が来てマクラオキョウをあげると、参列者が飲んだり食べたりする。この飲み食いを

「オキヨメ」という。以前には、家が狭くて弔問客を接待することができないという理由からオキヨメを行わず、お焼香に来た人には、砂糖と酒とマキモノ（のり巻き）の入った荷物を渡して帰ってもらったこともある。その方が面倒でなくていいという意見もあるが、今では家が困窮状態にあったり人がいなかったりというような、よほどのことがない限り、オキヨメを行っている。やはり、「なんだ、あのウチ、お通夜でオキヨメもさせないのか」などといわれると、よろしくないのではないかという。

お通夜の翌日、告別式（本葬ともいう）が行われる。友引の日には火葬場が休みで出棺できないので、告別式の日取りもそれに合わせる。僧侶にお経をあげてもらうと、火葬場へ向かう。その出棺の際、親戚代表で誰かが挨拶をする時に、喪主である相続人が位牌や遺影を持って出ることはあるが、玄関を出るとすぐに火葬場へ向かうマイクロバスに乗り込んでしまうため、葬列を組んで歩くことはしない。

火葬場から戻ってくると、オキヨメを行う。たいていは午後である。お通夜の時と合わせて、オキヨメは結局二回やることになる。料理もお通夜の時とそれほど変わらないが、本葬の日のオキヨメは一人一人にお膳がつき、寿司や刺身など魚も出る。オキヨメの場所には喪家を使うのが原則であるが、最近では志茂二会館を使う人も増えている。以前は近所の一軒なり二軒、あるいは車庫でも借りて、オキヨメをやっていたが、最近は気安く貸す家も減ったという状況の変化が背景にはあるようだ。

昭和五〇年に志茂二会館ができて以来、オキヨメには利用してもよいが、ナマ（遺体のこと）すなわち祭壇は飾らせない、という規約になっている。最近では「みなさんの便宜を図って貸した方がいいんじゃないか」という意見もあるようだが、実現には至っていない。火葬場から戻ってくるとオキヨメが始まり、弔問客は会館などへ向かうのだが、身内の人だけは喪家に残り、持って帰った遺骨を小さな祭壇に飾り、初七日の行事を行う(5)。

事例5　板橋区の団地

葬式における地域の手伝いあいは、「階段委員」を出し合う近隣組織、分譲マンションの管理組合、自治会という三重の構成になっている。また、地域の友人、ＰＴＡの仲間の手伝いもある。

葬儀の場所は、集会所か斎場か自宅である。自宅の場合、階段の仲間が階段の掃除をする。エレベーターにお棺が入らないので、お通夜の直前に布団のまま死者を身内の人がエレベーターで運び、集会所で納棺することもある。また、階段が狭いので、死者を病院から直接集会所や斎場へ運ぶこともある。集会所では中に祭壇、屋根の下に受付、外の大きなテントの下に食事の用意をした。会計は喪家の会社関係の人などがする。なかには故郷の坊さんを呼ぶ人もいる。

棺担ぎは身内が行い、出棺は近所の人や参会者がお見送りする。遺骨は火葬場から、たいてい持って帰り、机の上に安置する。この机の準備も近所の女の人がする。机の上の遺骨に

対しては、親しさ関係で個人的にお花を上げにいく。墓に納骨するのは三五日とか四九日である。(6)

現在の葬式といっても、喪家が戸建ての場合とアパートやマンションなどの集合住宅では多少異なるようだ。集合住宅の場合、階段やエレベーターを使って棺を移動することが難しいため、自宅での葬儀ができず、遺体を病院から直接斎場や集会所などへ搬送することが多くなる。戸建ての場合の葬儀では、これまでの葬儀での付き合いで近隣の人が来る。

家でなくなった場合は家で湯灌をおこなうが、たいていは病院でなくなり、看護婦さんがきれいに拭いてくれてあるので、湯灌はやらないことになる。手伝いの人たちが協力して、葬儀屋の用意した装束を故人に着せて納棺し、祭壇の下に顔が見られるように置く。お通夜の際に祭壇がしつらえられるのである。

お通夜には、休みをとって告別式に参列できない多くの人が、夕方弔問に訪れる。この時の飲食を「オキヨメ」という。よって、これも葬式といってもよさそうである。そのためか、翌日の告別式を、「本葬」ともいっている。告別式では、僧侶に読経してもらうと火葬場へ向かう。火葬場から帰ると、また「オキヨメ」を行うが、このオキヨメには一人ずつのお膳がつくという本格的なものである。オキヨメは集会所などで行われることが多くなり、始めのほうで身内だけが故人の家へ戻りお骨を飾って初七日の法要を済ます。

東京の葬儀社Ｗｅｂ上にみる葬儀の流れ

東京都下には数多くの葬儀社があり、インターネット上にも多くの葬儀社のサイトをみつけることができる。そこでは、葬儀の一般的ないくつかの流れと、それにかかる費用が紹介されている。葬儀社のいうところの一般的な葬儀の流れは、商業主義によるもので一般的な習俗とはいえないとの考えもあるだろうが、厳しい競争の中で客のニーズにこたえられなければ倒産の憂き目をみてしまうことからして、広く利用者の一般的ニーズに応えられる事業内容を設定していると言えまいか。

一方、逆の場合もある。経験的に葬儀は短期間に判断が求められる行事であり、客はわからないことをゆっくり調べる余裕がないことから、身近に年長者や地元の習俗に詳しい人がいないと、葬儀社主導でとりおこなわれる場合が少なくない。まして、若くして東京に出てきて結婚し定住した人などは、見習うべき習俗の積み重ねが無いことから、なお更業者に頼ることになるだろう。以上のような理由から、いくつかの東京の葬儀社がインターネット上に公開している葬儀の流れを、事例として取り上げてみたい。聞き書きによらない資料ではあるが、習俗の公約数的なものがネット上にあると仮定しての試みとして、受け止めていただきたい。

事例１　Ａ社　葬儀の流れ（・地域・宗派により、順序・内容が異なる事があります）

①危篤と連絡

医師に危篤を告げられたら、家族と相談して会わせたい人に連絡をとります。その時『誰が・いつ・どこで・どうなった』という事をお伝えします。まず、危篤を知らせる必要があると思われる方は・家族や親族・本人の勤務先や学校・役職を持っている団体・本人と特に親しい関係の友人や知人等です。

②ご臨終と搬送

お亡くなりになられたらまずA社までご連絡ください。すぐに弊社のスタッフが病院にお迎えに向かいます。また病院以外の場所（ご自宅）にもすぐにお伺いいたしますのでご安心ください。二四時間対応いたします。

③枕飾り・枕経

ご自宅到着後、布団にご安置し、枕飾りを致します。（神道・キリスト教、各宗派に対応いたします。）ご遺体の保存のためドライアイスの処置をいたします。昨近はご自宅にお帰りになれない方もいらっしゃいます。その場合は火葬場もしくは式場（霊安室完備）にご安置いたします。

④喪主の決定と打ち合わせ

まず喪主を決定いたします。次に規模・人数・式場・宗教形式・日時を決定いたします。それに準じてお見積書を作成いたします。

⑤死亡届け

医師より発行された「死亡診断書（死亡届）」を役所の戸籍課へ提出します。その際「火葬埋葬許可書」を発行していただきます。死亡届提出後、金融機関が締結されてしまうため事前に当座の費用はご用意しておいたほうが良いと思います。

⑥ご納棺・湯灌

葬儀の日程が決まり、お亡くなりになられた翌日位には、納棺（湯灌）を致します。ご家族の見守る中、納棺儀式（死化粧・死装束）を行いお棺にご納棺致します。湯灌儀式の場合は故人様をお風呂で清めた後、お棺にご納棺いたします。

⑦通夜

故人様がご自宅を出棺し、式場に祭壇とともに祀られます。通夜の時間はだいたい一八時〜一九時に執り行われることが多いので、ご遺族の方は開式一時間前ぐらいには式場にお越しいただき、各係員（受付等）と打ち合わせ、ご供花の配置、返礼品等の準備、僧侶との打ち合わせ等おこないます。通夜終了後は弔問客をおもてなしします。（お清め・お斎）

⑧葬儀・告別式

葬儀・告別式は故人様と最後のお別れとなります。僧侶による読経・焼香のあと、弔辞・弔電の拝読、お花のお別れとなります。お花の他に故人様のご愛用品などをお棺の中に入れ、お棺の蓋を閉じます。その後、喪主もしくは親族代表の方が会葬御礼のご挨拶をいたします。

⑨　精進落とし

火葬場から戻って最近では繰り上げの初七日のご法要をする場合が多く、その後精進落としのお料理がふるまわれます。喪主の挨拶に続き、代表の方に献杯のご発声をしていただき始

めます。(7)

事例2　Ｂ社の一般的な葬儀の流れ

①臨終

通常、自宅・病院でお亡くなりになります。末期の水（医師から臨終を告げられたら、身内の方で行います）

②搬送

病院から出るとき当社にお電話ください。当社が病院・ご自宅・斎場まで搬送いたします。

③遺体の安置・枕飾り

枕飾りは納棺までの臨時の祭壇です。遺体安置は北枕か西枕で行います。ご遺体に魔除けとして刃物を置きます。死装束・一膳飯・枕団子・水を枕祭壇にお供えします。

④葬儀の打ち合わせ

喪主・世話役を決めます。日取り・葬儀の形式（宗派）を決めます。会葬者数を予測しておきます。現金の用意（葬儀代・お布施・戒名料・こころづけ）

⑤納棺

親戚・勤務先・近所への連絡。死亡届・火葬許可証は通夜の前にもらっておきましょう。医師から死亡診断書を受け取ります。旅立つ故人には経帷子と故人愛用の衣類・手回り品を入れてあげます。

⑥飾り付け・通夜
式場の準備。通夜には遺族は正式喪服で行います。通夜ぶるまいは手軽なもので会葬者を接待します。僧侶への通夜ぶるまいも行います。
⑦葬儀・告別式
式次第　1開式の辞　2弔辞　3弔辞拝受　4弔電代読　5御焼香　6お別れ・釘打ち　7ご挨拶　8御出棺
⑧出棺
告別式・出棺は友引には行わないのが通例です。死亡時刻より二四時間たっていないと火葬ができません。出棺には花を入れて冥福を祈ります。出棺の釘打ちは遺族の手で行います。
⑨火葬・収骨
骨あげは係員の指示に従って行います。火葬場・収骨まで来てくださった方へお茶・お酒・お菓子などで接待します。
⑩初七日
火葬場からの帰宅には塩で清めを行います。お葬式の当日、収骨の後に初七日を行うケースが増えています。
⑪斎食会
精進落としで関係者の労をねぎらいます。精進落としの挨拶。僧侶へのお布施・お膳部料を

わたす。
⑫四九日法要
法要の日時決定。僧侶への依頼。挨拶回り。四九日をめどに納骨します。(8)
事例3　C社の流れ
①ご連絡
もしもの時はC社へご用命ください。
②お迎え
病院等でお亡くなりになられた場合は寝台車でお迎えにあがり、ご自宅もしくは、斎場保管室まで搬送をします。医師より「死亡診断書」を必ずお受け取りください。
③ご安置
ご自宅にお戻りの場合は布団・枕をご用意いただき、ご遺体を「北枕」の方向にご安置します。その後、弊社で枕飾りを設置します。
④お打ち合わせ
ご喪家とのお話し合いの上、葬儀内容の詳細を決めて「お見積書」を作成します。
次のことは弊社にて手配させていただきます。
・火葬許可証の手続き代行：印鑑が必要となります。
・遺影写真：生前の面影が偲ばれるもの。

・車両関係：霊柩自動車・ハイヤー・マイクロバスなど。
・葬儀式場・火葬炉・収骨容器・火葬場休憩室など。
・式場設営：祭壇・照明・テント・幕などの装具一式。
・生花・花環・供物など。
・返礼品：会葬礼状・香典返しなど
・料理：通夜ぶるまい・精進落とし・飲み物・配膳人など。

⑤ご納棺

通夜の式の前、ご親戚にお集まりいただいて、故人様の「旅支度」に立ち会います。その後、ご遺体をお寝棺に納めます。ご愛用されていたものなどがあればご一緒に納めます。

⑥お通夜

僧侶にお経をあげていただき、喪主→ご親族→会葬者の順番でお焼香をします。また閉式をした後は、通夜ぶるまいのお席に移り会葬者の皆様とお食事をします。

⑦告別式

葬儀・告別式はお通夜同様に、僧侶にお経をあげていただきましてお焼香をします。閉式後に「献花」の準備をしてご親族→参列者の順番に故人様へお花を手向けて「お別れの儀」をおこないます。

⑧ご出棺

お別れの儀が終了したところで喪主より参列者の皆様へ御礼のご挨拶をします。その後、火葬場へ向けての出棺となります。火葬場へ同行する皆様は指定の車へとご乗車をいただきます。

⑨火葬

火葬炉の前で皆様にお焼香をいただきまして「ご拾骨までの時間」は休憩室で約一時間程休息をしてお骨上げを待ちます。時間になりましたら火葬炉まで進み、二人一組になってご拾骨を行います。

⑩初七日法要と精進落とし

火葬場から式場に戻り、繰上げ初七日法要を営みます。法要を終えたところで、最後までお付き合いをいただいた皆様に精進落としの席を設けます。

⑪後飾りと葬儀後の手続き

ご納骨までの期間は、「ご遺骨」「位牌」「遺影写真」を弊社がご用意した後飾りの祭壇にご安置をします。そして七七日（四九日）までに黒塗り位牌・お礼状や香典返しのご用意をします。(9)

インターネット上の葬祭業者の提案する葬儀の流れは三例がほぼ同一であり、しかも調査報告に拠る流れと一致している。一連の流れをもう一度確認しておくとするならば、以下のようになる。（1）通夜と葬式とでほとんど同じことが行われている。そこで、葬式といったら通夜をさすのか本来の葬式をさすのか、容易に区別できないのではないかと思われる。（2）通夜にも告別式にも祭壇がもうけられ、棺は祭壇の下に置かれて、会葬者が遺体を直接見て最後の別れをするようになっている。（3）火葬は告別式の後でなされている。（4）初七日が葬式当日の火葬の後、合わせて行われる場合が多い。

東京近辺の葬儀の変化

東京近辺での葬儀の変化には、二つの契機があったように思われる。一つは土葬から火葬に変わったことである。土葬の頃は、埋葬の穴を掘ったり棺を担いだりする人が重要な役割を占めた。墓地という場所を掘り返したり、死者を担いだりするという死の汚れに直接触れる役割は、誰も好んでやろうとはしない。それだけに、やってくれる人々を重んじたのである。その役割が必要なくなったことで、講や近隣が葬式に果たす役割、存在感が軽くなったと思われる。さらに、火葬にすることで、葬式本来の儀式である葬列を組んで墓地へ向かうこともなくなった。

そこで重視されるようになったのは、告別式というお別れの式である。土葬のころは、葬列を組んで墓地まで行き、墓穴に下ろした棺に少しでも土をかけることが、故人との別れの儀式だったが、それがなくなったことで、なんらかの別れの儀式が必要になったのであろう。

もう一つの契機とは、大部分が会社勤めとなったことである。しかも、勤め人の多くが地方からの転入者で、新しい居住地では古くからの義理の付き合いをもっていない。このことが、葬式かと思うほどの、お通夜の肥大化を招いたと思われる。

以前から義理の付き合いがあれば、仕事を休んでも会葬しなければならないと考えるが、新たに生じた義理であってみれば、仕事を休んでまで葬式に出なければとは考えにくい。そこで、本来は近親者と近隣のみでなされたお通夜が、縁のない人も仕事が終わってから焼香に訪れるものに変わってきた。

参集者	内容
近しい親戚、隣組、講の仲間	死者をいたんで同じ部屋で寝る
親戚、隣組、講の仲間	読経して死者を棺に納め会食する
遺族、近しい親戚	出棺から火葬場で骨になるまで付き添う
遺族、近しい親戚、隣組、講の仲間、職場同僚、一般の人	正面の祭壇に遺骨を置き、僧侶が引導を渡す式をおこなう。その後、弔辞・弔電・焼香がある。初七日の法要を一緒におこなう。

2 松本近辺の現在の葬儀

葬儀の流れ

読者の皆さんの多くが松本市近辺在住の方と思われるので、今更くどいようではあるが、筆者の経験と調査に基づき葬儀の流れをおさえておきたい。

死者がでると、北枕に寝かせ、枕飯や枕団子を供える。僧侶と火葬場の予定をあらかじめ調べておいて、近隣の代表の方と庚申講の方に来ていただき、葬祭業者も交えて葬儀の日程や役割分担を協議する。当日の弔問客は近しい親戚と隣近所、講の皆さんである。とりあえずということで、普段着で線香をあげるために故人宅を訪問する。多くの場合、翌日の夕方（葬式の前日）、湯灌・納棺（入棺）が、近

表８　松本市近辺の葬式の流れ

儀礼の呼称	日　程	担　い　手
通夜	亡くなった当日もしくは翌日の夜	遺族
湯灌・納棺	亡くなった翌日夕方	遺族・葬式業者
火葬	葬式の直前に火葬場の都合に合わせて日がきまる。よって、火葬場と寺方の都合に合わせて、葬式の日程が組まれる	遺族、業者
葬式	火葬場から帰ってきたときに日程を合わせる。基本的には午後	葬式業者、近隣、（職場同僚）業者が入り、近隣は受付をする。大きな葬式だと、同僚も受付を担当する。

しい親戚・隣近所・講の人々によってなされる。

湯灌といっても多くは病院で清拭されているので、やらないことが多い。納棺に携わる近親者は、昔は荒縄を腰にしめたりたすきがけにしたというが、今は白黒の水引を肩からはすにかける程度である。僧の読経の後、業者が用意した棺に故人を納棺し、死装束をかける。参列者は故人の顔のまわりなどに花を手向けてお別れし、近親者が釘を打って棺に蓋をする。この後、喪主が簡単に挨拶して集まった近親者で飲食する。この夜を通夜だという人もあるが、儀式としては納棺として意識されている。

僧侶や火葬場の都合にもよるが、翌日が葬式となる。喪主をはじめとする家族は、葬式前日までにおよその会葬者を数えて業者に告げ、お返しの品と精進落としの料理の手配をする。精進落としには、葬式にでていただいた方全員に出席を促すので、一般の参加者数が多いことが予想される葬儀ほど、出席人数が予測しにくいことになる。

火葬を午前中におこない、葬式を午後にするのが一般的である。出棺の時間に合わせて近親者が集まり、火葬場まで霊柩車に同行する。霊柩車が故人の家を出る前に、喪主は見送りに集まった近隣の人々に挨拶する。火葬場には簡単な食事を用意して、拾骨になるのを待つ。骨は近親者全員で二人一組となって箸ではさみ、壺に納める。

収骨が終わると、全員で葬儀の行われる会場へ向かう。葬儀は自宅で行われることはほとんどなく、葬祭業者の会場か寺を使うことが多い。葬儀の会場では、業者によって祭壇が設けられており、火葬場から持っていった遺影と遺骨は上段に飾られる。葬儀は僧侶の読経の後、親族に次いで一般の会葬者の順で焼香し、引き続き初七日の法要・焼香となる。

焼香は、遺影が祭壇の正面に飾ってあるので、遺影を拝んでする形となる。焼香の後、弔辞・弔電披露を行うが、僧侶が退席することなどで葬儀と告別式とを明確に区分することもある。

葬儀の後、用意された別室で精進落としの席となる。ここへの出席は、葬儀の終わりにする喪主の挨拶の中で、支障のない限り故人の供養にと参加を呼びかける。

近年の変化　葬式の近年の大きな変化は、自宅での葬儀がほとんどみられないことである。会場は寺などを使うにしても、業者が入って様々な用意を担当する。そのため、かつては葬式三日といって、当たり前のようにした近隣の労力奉仕は、葬式当日に多くは受付を担当するだけとなった。

また、病院で亡くなることが多くなり、清拭を病院で済ませてくれるため、自宅での湯灌はほとんどやらなくなっている。したがって、湯灌を除いた儀式名で、納棺あるいはニッカン（入棺）といって近親に日程を通知している。湯灌をしないことから、死装束を着せるといっても、業者の用意した装束を故人の着ている物の上から被せる程度である。

遺骨の扱いは、土葬から火葬に変わった当座は葬式当日に穴を掘って埋めていたものが、納骨形式の家墓が建立されるに及んで、四九日までは家に置き、四九日の法要の儀式として納骨されるようになった。ただ、葬式の前に火葬にするという順序は変わらない。

3　松本近辺の葬儀の今後

さて、東京と比較して松本近辺の今後の葬儀の変化を見通すにあたり、東京と松本の習俗の違いを指摘しておかなければならない。まずは火葬の時期である。東京近辺の場合は、まるで土葬のときのように、葬儀が終わると出棺して遺体は火葬場に向かうのに対して、松本近辺では葬儀の前に火葬して遺体が葬儀の場に安置されることはない。どちらかの葬儀だけを経験していればそれが当然だと受け止められるだろうが、その違いは大きい。一方は葬式に際して遺体があり、参列者は死者の顔を直接拝むのに対して、他方では既に骨になっており、拝むのは元気なころの遺影なのである。この違いをどう解釈すればよいのだろう。

土葬から火葬になって、読経の後に埋葬のために葬列を作って遺体を墓地に送ることはなくなっても、遺体を墓地に送る代わりに火葬場に送るという方が自然な流れのように思われる。そうしたとき、火葬場は遠いので葬列は組まないというのが、東京近辺の手順である。一方、葬列を

写真４　骨葬の祭壇（東筑摩郡山形村）

作って送ることこそが葬儀のメインだと考えるならば、葬儀の前に火葬して、遺体の代わりに遺骨を持って葬列を組み、墓地に遺骨を送ることが自然だという考えもあるだろう。しかし、火葬化すると葬列を組んで遺体を墓地に送ることは、すぐにやらなくなってしまうのである。

　こうしてみると、松本近辺のように葬儀の前に火葬にしてしまうのは、葬儀の自然な流れとは違った、何か別のモチベーションが働いているようにも思われる。ここで参考にしたいのが、東京都北区の各地区集会所の葬儀での使い方である。二丁目では、「オキヨメには利用してもよいが、ナマ（遺体のこと）すなわち祭壇は飾らせない、という規定になっている」[10]という。三町目では、「オキヨメも場所は提供し、物品も利用してもらっているが、告別式は行わない。すなわち、ホトケサマを安置しない」[11]という。四丁目でも、オキヨメの場所としてだけ提供している。それに対して五丁目は、会員に限り告別式の会場としても使用を許可しているという。[12]

地区集会所に遺体を安置することを許可するかどうかは、大きな問題である。死者の存在は、周囲に緊張感を強いるものであり、地域の集会所に遺体を置くことを（遺体を置いたという記憶を）排除しようとするのは当然のような気がする。これが松本近辺での告別式だと、事情は異なる。故人は既に骨となっており、以前には公民館などで大きな葬式は行われていた。遺体と遺骨では、接する人の緊張感が異なる。東京でも先に火葬をしてしまえば、集会所で問題なく告別式が行えるのにと思われるが、そうはならずに葬式に遺体があることにこだわっているのである。

葬式に遺体があることにこだわらない、いや逆にいつまでも遺体のままであることをきらい、遺骨にしたがる松本近辺は、遺体に対する穢れ感（恐怖感といったほうがよいか）が東京近辺に比べてより強いのではなかろうか。穢れ感が強いからこそ、多くの人が集まる葬儀の前に、遺体を遺骨へと変化させてしまうのではないかと想像される。

ただし、この説明は今のところ何の根拠もない。火葬する時期の全国的な分布を探るとともに、葬列をいつまで作ったかや遺体に対する微妙な感情などを明らかにしなければならない。ともかく、その理由については課題として残るが、葬式の前に火葬するという松本近辺での手順は変化しそうもない。蛇足ながら、火葬場が足りない東京は火葬炉をフル稼働させるために、事前に火葬する手順に変わる可能性はあるだろう。

もう一つの違いとしては、お通夜の位置づけがある。多分東京以外の大都市でも、お通夜が葬式なみの位置付けとなってきているように思われる。これは、義理の中に、昔は労力奉仕も含まれていたものが、業者が入ることで労力奉仕はなくなり、弔問することのみになった結果だと思われる。今後、葬儀が夜行われるようになるとは考えられず、親族の数が減り、講がなくなり、近隣のつきあいが希薄になる中で、これからは会社関係のような繋がりの人々がお通夜に弔問するようになることは予想される。そうなれば、通夜の会場も今のような自宅ではなく、業者の用意した会場へと移ってゆくかもしれない。

次に、東京近辺と同様の変化としては、湯灌は行わなくなるだろうということと、死装束は限りなく簡略化されることが予想される。東京では、故人にスーツを着せることもあるという。

おわりに

本稿をまとめている最中に、百歳以上の高齢者が何人も所在不明となっていると報道された。高齢になるほど、故人を知る親族や知人の数が減り、葬儀への参列者は少なくなる。その究極が行方不明だとしたら、単純に長寿国を祝ってはいられない。

それほど極端ではないにしても、看取ってくれるべき人々も高齢となることは確実なのだから、自らの葬儀は自ら事前に設計しておくべき社会が、現実となってきたように思われる。

註

（1）国立歴史民俗博物館『葬儀と墓の現在』二〇〇二年　吉川弘文館

（2）板橋区史編さん調査会『板橋区史』資料編5民俗　一九九七年
（3）註2に同じ
（4）北区史編纂調査会『北区史』民俗編3　一九九六年
（5）注4に同じ
（6）注2に同じ
（7）http://atto-life.jp/first_guide/index.html
（8）http://www.tokyo-hakuaisha.co.jp/page/sousai/sub3page1.html
（9）http://yotsuya-tsunokuniya.com/sougi2.html
（10）北区史編纂調査会『北区史民俗編2』　一九九四年
（11）註10に同じ
（12）註10に同じ

四　土葬から火葬へ

1　火葬にする時期をめぐって

はじめに

一般に葬式は習俗の中でも変化しにくいものとして知られている。人の死を送るという重苦しさが、儀礼の変化を好まないのである。とはいうものの、葬式だとはいっても歴史的変化をまぬがれるものではなく、ゆるやかに変化をとげている。例えば、松本市においては、まず戦後になって新築された家は小さくなり、あるいは個室が増えて続きの部屋がなくなり、自宅に多数の人びとが参集することが不可能となった。そこで、葬儀の場所が家から寺や公民館といった外部の施設に移動した。それに伴って、当たり前のように行われていた相互扶助の慣行が負担に感じられていたので、料理を外部に依頼するようになった。そうなると、全てを業者に任せるようなるのにそんなに時間を要しなかった。

こうして、葬儀は自宅で近隣社会が請け負ってやっていた形態から、一切を葬儀業者に委託する方向に変化してきていることがわかる。（拙稿「生活の変化」『松本市史』第三巻民俗編　一九九七年）これをまとめた時、私はムラの変化が葬儀のあり方を変えるものと理解していた。ところが後に、他にも葬儀に大きな変化をもたらしたできごとがあることに気づいた。それは、土葬から火葬への葬法の変化に伴い、どの段階で火葬にするかということである。この問題に気がついたのは、次のような機会だった。

数年前に、国立歴史民俗博物館で葬送儀礼の全国調査をおこなった。たまたま私は、東日本の部に属していて長野県の調査を担当したが、東日本の全調査員が集まった会議で話題になったことは、葬儀に際していつ火葬にするかということであった。葬儀には遺体のままである地域と、既に骨になっている地域とがあり、相互に他を奇異なものと感じたのである。

その場はまだ調査報告提出以前であったので、問題が提示されただけで終わったが、以来ずっと気にかかっていた。このほど東日本と西日本の調査報告書が出揃ったのを機会に、私が調査した松本市中山の事例を全国と比較して、この問題を考えてみようと思う。

松本市中山の葬儀

松本市中山では、葬儀は庚申仲間あるいは隣組ともいう人びと、そしてドーセーの人びとが主体となって行われる。ドーセーとは、先祖を同じくすると信じられている家集団である。Kドーセーでは、昭和五三（一九七八）年から火葬をするようになった。事例は平成六（一九九四）年のもので、故人は九一歳で亡くなった女性である。

亡くなるとすぐ、ナマダンゴといって米の粉を水で練った団子を作る。枕元に台を置き、糸枠を載せてその上に皿に盛ったナマダンゴを供えた。ナマダンゴの上には、左手で小さなおにぎりを握って置いた。この夜は通夜で、故人の家族や子どもたちが死者と一つの部屋で寝て、線香を絶やさないようにした。

翌日の早朝、庚申仲間に連絡して九時に夫婦で集まってもらい、葬式の打ち合わせをした。女衆は午後一時に集まって、餅をつくためのもち米を洗い、男衆は墓掃除と天ぷら揚げを担当した。翌日は朝八時に集まり、ほぼ一日かけて機械で餅をついた。この餅は丸めて祭壇に左右に積み上げてお供えし、葬儀の後小分けして、忌中払いに出席した会葬者に持ち帰ってもらう。また、一日はテモチを作りお手伝いの人や、お参りに来てくれた人の昼御飯にした。重箱にオモリという団子を山盛りにつくった。これは、忌中払いの時に分けて持ち帰ってもらうためのものである。そして、十年ほど前から寺で葬式をやるようになっているので、運べる道具は寺に運ぶ。それから、納棺の準備をする。納棺に際しては隣組と近しい親族を呼び、小さな葬式のくらいのごちそうをする。隣組では天ぷらを揚げ、こんにゃくと油揚を煮付ける。皿盛りは農協からとった。

納棺は、通常は故人の孫がするものだが、孫が小さいと子がする。遺体の服装を整えたり棺と一緒に市が用意してくれる紙製の死に装束をかけたりするのは女衆の仕事で、納棺するのは男衆である。左肩に縄だすきをかけてやる。納棺の後は、塩をまいて部屋を掃き出し、使った縄だすきは縁側のはじに置いておき、お庚申仲間の誰かが焼く。納棺の後の酒盛りが終わると、葬儀委員長が翌日の予定を確認する。

翌日は葬式当日である。隣組の男衆は、朝六時に集合し火葬にはなったものの今まで通り墓穴を掘った。次いで、七時に葬家へ行き、お寺へ料理を運んだり立て札を立てたりといった諸々の用意をした。女衆はお寺でおにぎりを握り、前日にあらかじめ作って持ってきた酢の物・煮物・

こんにゃくと油揚の刺身などを控室に用意した。一一時から葬式が始まり、会葬者が本堂へ行ってしまうと控室を片づけて、忌中払いの用意をした。一時間で葬式は終わる。土葬ならば会葬者のほとんどが行列を作って墓まで野送りをした後に忌中払いをしたが、お寺と墓が離れており、早く帰りたい人もいることから、火葬になってからは、納骨は忌中払いの後に身内だけでするようになった。この場合、葬儀委員長が野辺送りは身内だけでするので、忌中払いの席についてゆっくり飲んでくださいと連絡する。なお、普通は火葬してから葬式をおこなうが、この事例では同日檀家に二つの葬儀が重なったため、葬儀の前に火葬が間に合わずに遺体のまま葬式をおこない、葬儀の後に火葬にしたという。そこで、十二時に葬儀が終わると、二時に火葬場へ行った。

火葬場へ行くのは、故人の家族の他に家から出た子どもや孫、隣組から一人ずつ出て四十人ほどになった。火葬場へは、おにぎり・おすし・三つ盛り（のりまん・よせ・玉子焼き）・漬け物・菓子・酒を持っていった。焼けるのに一時間以上かかるので、その間に食べてもらうものである。昔はお骨になって出てくると、酒を口に含んでかけたが、もうやらなかったという。お骨は火葬場に行った人たちで墓地に納めた。この間隣組の人たちは、寺の片づけをして掃除をし、道具や余った料理を自宅に運んでくれていた。

隣組のご苦労呼びは、夫婦で忌中払いのお取り持ちをしてくれているので、昔は翌日だったが、今は当日の夜やるようになった。故人の子どもが主となり、故人の実家の人も加わって隣組の接待をする。刺身皿をとり、葬式の残り物も食べた。野菜などの残り物でゴモクゴハンを二升たいた。昔は「たすき掛けでシリッパショリして取り持ちをしろ」といわれたという。今回は、葬式のあとすぐに火葬場へ行ったので、御苦労呼びの用意も隣組の人たちに自分でしてもらったが、通常は隣組で寺の片づけをしている間に、家族は早く家に帰ってきてご苦労呼びの用意をするのである。ご苦労呼びの後、お念仏を長老の音頭で唱え、お寺に持って行ったお菓子の残りを仏前に供えたものと、一重のお重のオモリを喪主、故人の実家の人、娘婿が投げ、集まった人に拾ってもらい、ゴクウとして持ち帰ってもらった。

以上のような流れが、松本市中山の公営火葬場を利用するようになった後の葬儀である。

全国にみる火葬の位置

古くから火葬をおこなっていた地域の場合には、葬儀→野焼き→お骨の埋葬と必ずなっており、ここに公営施設の火葬場が設けられても、野焼きがなくなっただけで儀礼の流れに変化はない。ところが、土葬の地域に火葬が導入されればどうなるだろう。土葬では、葬儀の後に野送り→埋葬が通常の形態であるが、ここに火葬をいれるとすれば、葬儀→野送り（見送り）→火葬→埋葬が自然な流れではなかろうか。ところが、どうしたことか先に紹介した松本市中山を含めた長野県の少なくとも中信地方では、火葬→葬儀→お骨の埋葬を自然な流れとして受け止めている。前者と後者で大した違いはないと思われるかもしれないが、そうではない。もちろん棺の中に入っているのであるが、葬儀に際して会葬者の前に遺体をさらすかどうか、さらすことをよしとするかどうかという感覚が問われるのである。

とりあえず、全国の分布を見てみよう。表は「国立歴史民俗博物館資料調査報告9　民俗研究

部　死・葬送・墓制資料集成」（一九九九・二〇〇〇年国立歴史民俗博物館）から作製したものである。各県一～二地点の調査であり、事例一つでその県を代表させることはできないにしても、同時期に質問項目を同じにしておこなわれた資料であり、火葬の全国的傾向を知るには十分だと思われる。

まず火葬の時期としては、葬儀の前（通夜の前もある）と葬儀の後に二大別することができる。そして、前者の事例は大部分が元々土葬をしていて比較的最近になって火葬となった地域である。後者は元々土葬と火葬と両方の地域があり、昔から火葬をしていた地域では、葬儀の前に火葬にするといった地域は少ない。それを、地域別にみると葬式の前に火葬にする地域は、東北地方と長野県、そして九州地方といった日本列島周縁部と中央部に位置していることがわかる。

火葬は熱くていやだから土葬にしてくれと故人の遺言があったという話は、伝統的葬法が土葬の地域ではよく聞かれる事である。また、通夜に際して近親者が添い寝をすることはどこにでもある習俗である。いずれにも、死んでも魂は肉体の中に止まっているという素朴な感覚が認められる。一般的にいって死後早く火葬にするほど遺骸への愛着は薄いといえるだろう。遺体あるいはその周辺に魂が止まっていると思えば、なかなか火葬になどできるものではない。

ところが、青森県・岩手県・宮城県などには葬儀どころか通夜の前に火葬にしてしまっている地域がある。これは、霊魂と肉体との分離が、死後のかなり早い段階で遺族の胸に落ちている結果だと思われる。肉体と霊魂の分離の考え方は、遺体をそのまま埋葬する土葬よりも、遺体を骨

備　　　　　考
昭和46年以後火葬。
昭和57年７月から火葬。近世の真宗移民は伝統的に火葬。
昭和20年代後半に火葬。
昭和40年代以降火葬（大柏木）　昭和53年代以後火葬（天神）。
昭和30年代後半から火葬。
浄土真宗の火葬場を整備。
昭和53年から火葬。
長野町の焼き場は明治41年には城山公園の一角にあったしかし、これは町用で周辺の農村部では土葬にしていた。その後何度か移転し、昭和６年焼き場を新設して営業した。昭和44年に現在地に移転してから火葬が一般化した。
昭和30年に直江津市に合併するまでは土葬。
昭和37年設置の炉が老朽化したため昭和60年に斎苑を新設し以後火葬へ以降した。
昭和31年から火葬。
平成８年までは地区で所有する火葬場（サンマエ）で薪による火葬をした。平成９年に火葬番が引退したために公営火葬場を使うようになった。
村内４地区にサンマイでの野焼きを廃して薪燃料による火葬炉があったが臭気がたちこめるなどの環境問題があり、村営一カ所を新設。事情により葬儀の前に火葬にして骨壺を棺桶に入れて葬式をすることをカラゾウシキを出すという。
ムラの火葬場は一軒の建物で、そこに焼き場を設けてある。大きなかまどのスロット上に太い竹を載せ、その上に棺桶を滑りこませて、両脇や上部に榛の木を豆幹を置いて焼いた。そこでこの辺では、屋敷林や田畦に榛の木植えた。３時間半で焼き上げた。
昭和40年まではムラ内に焼き場があった。
以前は集落固有の施設だったが公衆衛生上の問題があり、施設を建設した。
火葬が普及したのは昭和50年頃から。
当地は両墓制。火葬場が遠く埋葬地が広い、農村部で保守的などの理由により今も土葬である。
当地は両墓制。
火葬は昭和27～28年ころまでは、共同墓地のほぼ中央部に設けられていた火葬場で焼いていた。火葬場は10坪程度の規模で死者のあった家の属する組の男性によって運営。
完全に火葬に移行したのは昭和56年。
両墓制。火葬になってもお骨はイケバに埋めている。平成になってから火葬となる。
両墓制。
昭和20年前後から火葬が広まる。昭和50年頃まで土葬があったが役場の指導もありほとんどが火葬となった。
昭和60年ころから隣町の火葬場を利用。
昭和40年代から火葬が始まるが、本人の希望により土葬も長く続く。最後の土葬は昭和62年。
昭和40年代にヤキバはバーナーに改修。以前は割り木。平成２年を最後に広島市中央火葬場に移送。
土葬から明治後半に野焼きに昭和50年代から市営火葬場を使用。
明治末に土葬から火葬に変わる。
昭和37年に火葬が始まる。
昭和42年ころまでノウバを使用。
両墓制の地区。昭和58年以降火葬となる。
昭和45年以前は土葬が一般的だったが次第に火葬になり、昭和55年以後はなくなる。
墓地の確保の困難と衛生上から行政が火葬を奨励した。
地区の火葬場では焼く係の人が薪で焼いていた。係がやめてからは組内で焼いた。リヤカー二台分の薪を火葬場まで運び、朝から夕方までかかって焼いた。その後昭和34年に町営の火葬場が建設され重油で焼くようになった。
火葬が一般的になったのは昭和48年に高千穂町に西臼杵斎場が建設されて以後。過渡期として土葬してから掘り起こし骨を納骨堂に納めた。
昭和33年から火葬始まる。

東日本編１・２　1999年、『国立歴史民俗博物館資料調査報告書10　死・葬送・墓制資料集成』西日本編１・２　2000年から作成）

表9　全国にみる火葬の位置付け

地　域　名	宗　旨	伝統的葬法	火葬の位置	公営火葬場設置年
北海道常呂郡釧子府町	浄土真宗・曹洞宗	野焼き	葬儀の後	昭和35年
北海道苫前郡羽幌町	浄土真宗・曹洞宗	野焼き（昭和30年代まで）	葬儀の後	不明
青森県下北郡東通村	曹洞宗	火葬（共同墓地の敷地内）	葬儀の後→通夜の前	昭和47年
青森県八戸市	浄土真宗	土葬	葬儀の前	昭和57年
岩手県宮古市	曹洞宗	土葬	通夜の前	昭和40年頃
宮城県牡鹿郡女川町	天台宗	土葬	通夜の前	昭和33年
秋田県由利本荘市	浄土宗・曹洞宗	土葬	通夜の前	昭和32年
山形県東置賜郡高畠町	曹洞宗	土葬	葬儀の前	不明
福島県相馬市	不明	土葬	葬儀の前	昭和初期
福島県東白川郡矢祭町	曹洞宗	土葬	不明	不明
栃木県大田原市若草町	真言宗・時宗	土葬（昭和20年代まで）	葬儀の後	昭和39年
群馬県吾妻郡吾妻町大柏木・天神	浄土宗	土葬	葬儀の後	昭和33年
埼玉県所沢市北野町	禅宗	土葬	葬儀の後	昭和42年
千葉県松戸市紙敷中内簿蒲	日蓮宗他	土葬（昭和40年代まで）	葬儀の前	昭和36年
東京都日野市宮	真言宗	土葬（昭和30年代まで）	葬儀の後	昭和40年代
神奈川県大和市深見	浄土宗・真言宗 法華宗	土葬	葬儀の後	昭和57年
山梨県富士吉田市	法華宗・臨済宗 浄土宗	土葬（平成になっても）	しない	不明
長野県松本市中山	臨済宗	土葬	葬儀の前	昭和22年
長野県長野市安茂里小市	浄土宗	土葬（昭和30年代まで）	葬儀の前後	
新潟県佐渡郡相川町関	真言宗	野焼き	葬儀の後	第２次大戦後
新潟県上越市	曹洞宗	土葬	葬儀の後	昭和３年
静岡県裾野市富沢	曹洞宗	野焼き（ムラの焼き場）	葬儀の前	昭和50年
静岡県磐田郡佐久間町間庄	曹洞宗	土葬	葬儀の後	昭和60年
愛知県春日井市宗法町宗法	浄土真宗・曹洞宗	土葬	葬儀の後	不明
愛知県海部郡八開村	浄土真宗	野焼き（ジゲのサンマエ）	葬儀の後	昭和50年
岐阜県揖斐郡坂内村大字広瀬	曹洞宗	野焼き	葬儀の後	昭和51年
富山県砺波市	浄土真宗	野場焼き	葬儀の後	昭和59年
石川県七尾市	浄土真宗	火葬	葬儀の後	昭和40年
福井県三方郡美浜町	曹洞宗・天理教	火葬　天理教は昭和30年代半ばまで土葬	葬儀の後	昭和40年
三重県鳥羽市松尾町	曹洞宗	土葬	葬儀の前	昭和39年
滋賀県甲賀郡水口町大字山上	浄土宗	土葬	しない	不明
京都府亀岡郡穂田野町太田	臨済宗	土葬	葬儀の後	昭和30年
大阪府高槻市	浄土真宗	火葬	葬儀の後	昭和25年
大阪府泉佐野市土丸	真言宗	土葬	葬儀の後	昭和26年
兵庫県三木市吉川町	真言宗	土葬	葬儀の後	昭和37年
奈良県奈良市中之条町	真言宗・天理教	土葬	しない	
奈良県磯城郡三宅町伴堂	融通念仏宗	土葬	葬儀の後	なし
和歌山県西牟婁郡中辺路町	曹洞宗	土葬	葬儀の前	町内にはない
鳥取県八頭郡智頭町中田	真言宗	土葬	葬儀の後	昭和40年
島根県能義郡広瀬町	臨済宗・浄土真宗	土葬・火葬	葬儀の前	昭和57年
岡山県井原市大江町佐古	浄土真宗	土葬	葬儀の後	昭和25年
広島県広島市安佐北区深川	浄土真宗	火葬	葬儀の後	不明
山口県長門市仙崎大日比	浄土宗	土葬→野焼き	葬儀の後	不明
徳島県美馬郡脇町大字猪尻	真言宗	土葬→火葬	葬儀の後	不明
徳島県海部郡由岐町木岐奥	真言宗	土葬	葬儀の後	昭和56年
香川県大川郡長尾町	浄土真宗	野焼き　火葬場をノウバという	葬儀の後	昭和35年
香川県三豊郡詫間町大字生里	真言宗	土葬	葬儀の後	昭和45年頃
愛媛県周桑郡丹原町田野上方	臨済宗	土葬	葬儀の後	昭和37年
愛媛県西宇和郡瀬戸町大久	臨済宗	土葬	葬儀の前	昭和31年
高知県高岡郡日高村本郷大和田	修験宗・天台宗	土葬	なし	昭和51年
福岡県嘉穂郡筑穂町大字平塚	浄土真宗	土葬→火葬（戦後から）	葬儀の後	大正５年
佐賀県唐津市熊原町	不明	火葬	葬儀の後	不明
熊本県下益城郡城南町出水	浄土真宗	火葬	葬儀の前	不明
大分県東国東郡安岐町大字下山口	浄土宗・曹洞宗	土葬（昭和38年まで）	葬儀の前	昭和40年
宮崎県西臼杵郡日之影町大字岩井川	浄土真宗	土葬	葬儀の後	昭和28年
鹿児島県熊毛郡南種子町	法華宗	土葬	葬儀の前	昭和61年
沖縄県島尻郡南風原町喜屋武	不明	墓室に納める	葬儀の前	不明

（『国立歴史民俗博物館資料調査報告書９　死・葬送・墓制資料集成』

にしてしまう火葬の地域の方が徹底していると考えられる。ところが、事実は逆で、元々火葬（野焼き）にしていた地域では、公営火葬場が設けられても、葬儀ましてや通夜の前に遺体を焼いてしまう所はほとんどなく、会葬者は会場に安置された遺体に別れを告げる。それに対して、土葬から火葬に変化した地域では葬儀の前に火葬にしているのである。

いつ火葬にするか

先にあげた長野県松本市の事例では、都合で葬式後に火葬にすることとなったが、本来は葬式の前だという。公営火葬場を利用して火葬になった時点で、あっさりと棺ではなく骨壺を前にして葬儀が営まれるように変化した。

ところが、元々は野焼きをしていた岐阜県揖斐郡では、次のように葬儀をおこなうという。自宅での出立ちの弔いをすると葬列を組み、地区の寺に至って、そこの庭で読経・焼香をして葬式を終える。ここで解散の後、故人の家族・親族・同族の株衆がついて棺を車で火葬場に移し、僧のハイソウの読経の後火葬にする。焼き番はオンボ衆と呼ぶ近親者と株衆がおこない、二時間半から三時間後に骨上げをして葬儀の全日程が終了したことになるという。ここでは遺体のままで葬式をし、終了後に近しい者だけで火葬にするのである。

ところが、平坦部へ若い者が転出し老人が残っている家庭で、転出者が亡くなり、葬儀は親の家で行いたいというような場合には、葬式の前に火葬にし、骨壺だけを棺に納めるか棺を用いずに葬式をおこなうことがあり、これをカラゾウシキを出すという。この場合であっても、火葬の部分がなくなるだけで、他の儀礼の流れは同じだという。（前掲書東日本編2　九二〇頁）このカラゾーシキという言葉にこだわってみたい。カラゾーシキとは、空葬式に違いないが、何が空かといえば、本来棺の中にあるべき遺体がなくて「空」だということだろう。葬式においては、遺体があることが普通の姿だという認識をそこに見て取ることができる。ここには、葬式以前に火葬にしてしまう地域との大きな感覚的ズレが認められる。つまり、当たり前のように受け止めていた松本周辺の火葬のあり方は、日本全国でみれば特異なものだといえるのである。

では、こうしたズレは旦那寺の宗派による違いではないかと、葬式以前に火葬にする地域と、以後に火葬にする地域との宗派とを比較してみても、浄土真宗の地域の多くが元々火葬にしていたことが認められる程度で、その他の傾向性は認められない。

いつ火葬にするかについて、これといった決め手に欠けることから、特異な地域に住む自分自身の感覚を洗い直してみたい。自分がこれまでに死者に対面したのは、近親者を除けば事故で若くして亡くなった友人くらいである。おそらく松本近辺に住んでいる人びとの大部分は、といっても火葬導入以後の葬儀を主として記憶にもつ人びとだが、似たようなものだと思われる。だから、逆に近親者でもない人の葬式で、棺に入っている遺体が安置されていたとしたら、ギョッとしてしまうだろう。近親者による通夜が終われば、一刻も早く火葬にすることで、故人を骨というきれいなものにしたいというのが、大方の遺族の願いだろう。火葬場の都合で葬式が延びたという話もきくので、葬式という場で、棺に入っているとはいえ、遺体という生なましいものを多数の人目にさらすことを避けようとする意図が働いているように思われる。通夜の前に火葬にしてしまう地域などは、添い寝をする地域に比べれば遺体の扱いに雲泥の差がある。これは、遺体を未だ魂の宿るものとして愛惜の念をもって見るのでなく、そのまま置いておけば刻々と腐っていく魂のない脱け殻、穢れたもの、あるいは畏怖すべきものと感じている結果だと思われる。

おわりに

こうした死者の扱いの違いが何に起因するものなのか、現状では明らかにする事ができない。ただ、新谷尚紀が、死者を穢れとして年とともに個性をなくすことを願う気持ちと、穢れから解放されて死者の個性を認めその保全を願う気持ちとがあり、前者を畏怖、後者を愛惜と呼び、両者の矛盾を残したまま形態化したのが両墓制だ（新谷尚紀「両墓制について」『日本民俗学』一五七・一五八　一九八五年）と述べている事が、何らかの示唆を与えてくれるように思われる。ただ、相反する思いをもっているのが人間の本性だとしても、葬送儀礼において遺体を忌む気持が顕在化した地域が、日本列島の周縁部に認められることは説明できない。これは、縄文時代の遺骨がしばしば貝塚というごみ捨て場から発見される、つまりそれだけ遺体が粗略に扱われたことに通ずるようにも思われる。こうした縄文的な心性が列島周縁部と縄文文化の花開いた列島中央部に残存した、などというのは私の夢想だろうか。

塚田正朋先生には、私の長い県史刊行会在職中本当にお世話なりました。先生の一字一句をおろそかにしない校正の態度から学問の厳しさを教えていただきました。また、学問を長く続けるためには無理をしてはいけないということも教えていただきました。小論は先生のご霊前に捧げるにははなはだ拙いものですが、先生の御霊の安らかなることを念ずる中で想を得たものです。

2　土葬と火葬のケガレ観

未曾有の被害をもたらした東日本大震災では、いまだ行方不明の方々も多く、関係する皆さんにはお悔やみの申し上げようもありません。そうした皆さんには不謹慎なようですが、亡くなられた皆さんの弔い方について、気になることがありました。

このたびの震災では、一時にあまりにも多くの人命が奪われ、まるで戦時下のように亡くなれた方々の遺骸は、とりあえず仮埋葬されたようです。葬祭業者の皆さんの努力はありましたが、新聞の報道による限り遺族の皆さんには、故人に心を尽くすことができなかったという悔いが残ったようです。特に、これも報道によればなのですが、本来ならば火葬してお骨を埋葬すべきを、火葬場が被災してしまったがために土葬にせざるをえなかった、と思われたようです。それで、火葬場の施設が復旧すると、仮埋葬した遺体を改めて火葬にすることを希望しているが、再葬を請け負う業者がなかなかみつからない（『朝日新聞』二〇一一年八月一二日）、とありました。

痛ましいことでありますが、私は人々の意識がそこまで変わってきたのかと、別の感想ももちました。それは、火葬と土葬のどちらをノーマルなものと人々が受け止めるのか、という問題です。

松本近辺で火葬が一般化したのは、おそらく昭和四〇年前後だと思います。そこで、その変わり目の葬儀には、おばあさんが「あっつくていやだから、火葬にはしなんでくれ」といったので土葬にした、といった話を聞くことがありました。当時は、できれば土葬にしたいが、衛生上火葬にするんだという思いがあったし、今もあるのではないかと思っています。ところが、被災地の遺族の皆さんは、できれば火葬にしたいという思いがあるようです。これはもしかしたら、先祖の墓地が整えられるまでお骨にして手元に置きたいということかもしれませんが、報道で読む限り、本来火葬にすべきを土葬にしてしまったから、条件が整えば火葬にしたいというのです。

なかなか復興が進まない被災地の皆さんにお聞きするわけにもいきませんが、皆さんはこの問題をどう考えますか。

◇

被災地での土葬と火葬の受け止め方について、その後次のようなことがわかりました。

自分と同じような疑問をもった東北地方の研究者はいました。民俗学会の年会での研究発表や、その他の機会にこのことについて教示していただきました。論文としては、鈴木岩弓「東日本大震災時の土葬選択にみる死者観念」(『今を生きる―東日本大震災から明日へ！復興と再生への提言1―』東北大学出版会　二〇一二年)、佐藤敏悦「拒絶された土葬―東日本大震災時の現場から―」(『東北民俗』第四六輯　二〇一二年)です。

これらの論文からわかったことをかいつまんで紹介します。まず、宮城県内では震災で亡くなられた方の土葬が三月二一日に始まり、六月までに二一〇八体が埋葬されました。ところが、火葬場が復旧して稼働するようになった四月からは、土葬にした遺体の火葬が始まり一一月一九日には土葬された全ての遺体の火葬が終わったといいます。人々は土葬を完全に拒否したのです。

鈴木岩弓はこうした宮城県の死者観念について、「現代の宮城県で考えられている〝あり得べき〟死者像とは、焼骨となって墓に埋葬された死者を指す。肉体のままではなく、火葬を経て骨になることで死のケガレから清浄になり、葬儀を経、しかるべき墓の中に安置されることで死者として安定した位置を確保するのである」と結論しています。この結論の前提は、宮城県内では「骨葬」（葬儀の前に火葬にする慣行。長野県でもほぼそうだと思われます）が通常であることをあげています。加えて、佐藤敏悦は、震災時の土葬が、あくまで仮埋葬であり、遺族は亡くなった方を葬るのに意を尽くしたという実感をもてないでいたことをあげています。

いずれにしても、火葬の普及とともに、土葬へのケガレ観や特殊な葬法だという見方が一般化していたことを改めて思わされました。だとすれば、かつて民俗学が日本人の民族性だとかエトノスだとかいって変わらないと信じられていたものも、思った以上に流動的で、コアの部分などないのではないかと思わされます。

3　書誌紹介　林　英一著『近代火葬の民俗学』法蔵館　二〇一〇年三月刊行

本書の概要

本書は、著者の博士論文に補筆・加筆され、仏教大学研究叢書として発刊されたものである。内容は、土葬地域が火葬に変わることでの、葬送儀礼の変化と

「死」をめぐる観念の変化とを、文献・日記・調査事例などをたんねんに分析することを通して明らかにしたものである。

最初から私事にわたるがお許しいただきたい。私は、『信濃』五二—一一号に「土葬から火葬へ—火葬にする時期をめぐって—」（本書「1火葬にする時期をめぐって」）と題して、長野県では葬儀の前に火葬するのが一般的に思われているが、葬儀後に火葬する方が全国的にはむしろ一般的であり、急いで火葬することには強い死へのケガレ感があるのではないかというようなことを、実体験を交えながら述べた。本書によれば、著者はこれに対して「福澤の論考に刺激される形で、死の周辺をめぐる問題を民俗学的に捉えるべく、再度の論考を試みようとの気になった。かなり多くの地域で、火葬が式前に行われる。すると、著者が当たり前と思っていた、式の後に火葬する地区に対して、式前の火葬は特異なものとして捉えることはできないということであり、両者の違いは何に起因するのであろうかという問いが生じてくることになる。このことは、日本において、火葬を受容するに至った観念の在り方を知る重要な問題となるのではないか」と述べ、以下のような道筋で課題を追究するのである。

はじめに
第一章　本書の課題と方法
第二章　火葬の受容年代と受容理由概観

自分も含めて、これまで民俗学では聞き書きを重視し、文書資料をほとんど利用しないできたが、本書では積極的に文書資料を用いて火葬と、それに伴う儀礼の展開を時間軸の中で明らかにしようと試みている。たとえば、「伝統的葬法では」などというとき、私たちは伝統的とはいつのことか、聞き取りをした時点か、話者が経験した葬儀の最も古い時点か、話者が見てはいないが聞いたことがある葬儀なのか、聞き取りを資料としたらいくつもの時点が考えられる。その上、聞き書きによる資料では直接的には江戸までさかのぼることは不可能でありながら、何となく明治のころの習俗はかなり古くまでさかのぼるのではないかと予測し、いつのまにかそれが事実のように思ってしまうことが多い。

歴史学からは、述べているのはいつのことかと痛いところをつかれ、習俗は歴史のように一回こっきりの出来事から変わるようなものではなく、長い時間をかけて変化するから、厳密な年号は特定できないのだ、と返答するのが常である。ところが、本書では文書資料を多く使っているため、特に江戸時代・明治時代の庶民の葬送儀礼について、かなり厳密に時点を特定して習俗を明らかすることができている。

文字資料から明らかになったこと

「第二章　第三節　近世の火葬」で、史料から本書が明らかにしたことを紹介しよう。まず文化一二、三年にまとめられた「諸国風俗問状答」淡路国の葬送儀礼の記述から、近現代の葬送儀礼の大筋は近世後期には成立していたこと、近世後期から土葬が多いながらも火葬も並存していたことを明らかにする。次に二章では「小林一茶「父の終焉日記」にみる葬送の諸相」と題して、信濃町柏原での享和元年（一八〇一）の一茶の父の火葬に際しての葬儀の記録から、通夜と呼ばれる儀礼がなかったこと、家での葬儀にかかわる儀式がなく野送りをして墓場で火葬したことなどがわかる。そしてなにより、真宗地帯の柏原では江戸時代から火葬が行われていたことがはっきりするのである。

また、第五章では東京都青梅市小曾木の幕末から明治にかけての日記と、横浜市鶴見区獅子ヶ谷の明治末から大正にかけての日記とにみられる葬送に関する記述を分析している。その結果、死亡当日に葬儀、埋葬が行われている例がかなりあり、とりわけ明治一七（一八八四）年に、「埋火葬は死後二十四時間経過しなければ行いえない」という布達が出される以前は多く、布達が出されて以後も死亡同日に埋葬が行われる例があることが明らかになった。また、忌の期間は全体的には「江戸時代末期は短く、明治一〇年代から二〇年代にかけて長くなり、二〇年代後半以降になるとまた短くなっている」という。さらに、ほとんどの葬礼では振る舞いがなく、本膳が出されたのは明治一二年以降のわずかな例があるだけで、「明治以降、少しずつ葬礼が派手になり、単に死者を弔うだけのものではなくなっている」という。また、火葬導入による葬式の変化としては、「土葬での「葬式」と「埋葬」の間に「火葬―骨上げ」が挿入されることだけである。火葬の流れは土葬の流れと同じように捉えられ」るというのである。

土葬から火葬への移行の問題を置いておいても、従来の漠然とした葬儀の捉えを見直さなければならない指摘がここにはみられる。それは、私たちは古くなればなるほど儀礼は丁寧に時間をかけて行われていただろう、と考えてしまう思い込みである。私自身、葬式は関係者が食材を持ち寄り、幾日も時間をかけてそれを食べ尽くす、いわば富の再分配的な要素をもった儀礼だと考えてきた。「葬式三日」という言い習わしをあちこちで耳にし、それが時間をさかのぼるほどに、当たり前に行われていたとも思っていた。ところが、記録の分析からは、江戸時代の庶民の葬式は今よりもっと簡素だったようなのである。死亡当日に埋葬してしまい、振る舞いもないに至っては驚きである。逆にいえば、習俗は簡単には変わらず、長いスパンで同じ形が繰り返されると思ってきたが、予想以上に変化しているのではないかとさえ思われる。

火葬受容により葬式は変化したか

さて、本書の核心部分である。私は、葬儀の前に火葬するか後で火葬にするかには、死者観あるいはケガレ観の違いあるいは変化がありはしないかと問題を提起した。これに対して著者は第七章、第八章で回答、反論を試みている。

まず、火葬受容時の葬送儀礼の変化をフローチャートにして比較し、「火葬では土葬時に行われていた葬儀の前に「火葬」が挿入されただけと捉えられ、火葬の導入は従来の葬送儀礼にほとんど影響を与えていない」とし、岐阜県白川町切井の事例を取り上げて、「火葬が葬儀の前に行われるので、出棺は骨壺ということになる。この骨壺が、台の上に置かれ、土葬時代と同様に担がれるのである。この事例からも、火葬の導入が、従来の土葬による形式に取り込まれた形で行われた」と述べている。

そして、葬儀の前にいち早く火葬する長野県の方式について私が、遺体に対する穢れ観が強く、早く骨にしてしまいたいという力が働いたからではないかと述べたことに対して、火葬を葬儀の前にするか後にするかの選択は、「ほぼ地域によって半々」であったり、火葬受容の初期には同一地域でも両者のやりかたがあり、火葬の先後関係に地域的なまとまりがみられないこと、などから私の死穢をキーワードとして、火葬を葬式の前にするか後にするかの違いがでるという仮説を否定し、「火葬の受容において、根底にケガレ観を見出すことに無理がある」として、火葬も土葬の流れを踏襲し、遺体のかわりに骨を墓地に埋めることで葬儀が完結すると考えたが、昔の火葬にはかなりの時間を要し、「葬儀からすぐに埋葬しようとするならば、必然的に葬儀よりも前に「火葬」を終わらせておかなければならない」と述べている。

確かに著者の指摘の通り、火葬を葬式の前にするか後にするかで地域性がみられず、同一地域で同等に、選択的におこなわれているとするならば、そこに観念の違いを認めることはできないだろう。ただ一部の葬儀社の葬式の流れを示したパンフレットやホームページには、地域性を認めた表示もあり、もう少し検討が必要だろう。また、「福澤の説である「遺体が穢れているから、葬儀前に火葬」の対偶命題をとってみると、「葬儀前に火葬しないのは、遺体が穢れていないから」ということになる。松本市では福澤の感覚が普通にあるのだろうが、福澤の説を一命題として、それが真であるならば、その対偶も真ということになり、約半数見られた地区では遺体は穢れていないから火葬を葬儀後に行うということになる。遺体に対する観念がこのように、穢れているとする地区と穢れを感じない地区とが混在することは考えにくいのではないか」との、地域性に関連させた批判がある。火葬は葬式の前か後かが、同一地域に同等に混在するかどうかはひとまず置くとして、現在の松本においても、様々な事情により葬式の後に火葬する事例がないわけではない。どちらが一般的だと人々が考えているかであって、葬式の後に火葬した場合には、その関係者に死穢の観念がないからだとは考えられない。

確かに私の最近の調査でも、火葬導入時にいつ火葬にするか当事者が迷った風はなく、最初から葬式の前に火葬するのが当たり前だったことと、土葬の野送りほど儀式ばっていなかったが、葬式の後に骨壺を墓地に持って行って土に埋めたということが確認でき、火葬によって儀礼や観念が変化したとは認められなかった。それでは、なぜ葬儀の前に遺体を火葬してしまうかといえば著者の指摘のように、土葬時の葬式の流れを火葬時も継承するとして、火葬にかかる時間の長さがあげられる。昔は火葬炉の火力が弱く、四時間もかかったという。土葬時の葬儀は、参列者に軽い昼食をだして午後一時ころから行われるのが常だったから、葬儀の後で遺体を火葬場に運ぶとなれば、骨あげをして墓に埋めるのは夜になってしまう。

公的機関の火葬場が、夜間の火葬は避けたいという思いは当然あっただろう。よって、火葬はできれば朝一番から始めることが、いろいろにとって都合よかったのではないかと思われる。では、葬儀後に火葬する地域では、火葬に時間がかかったころはどうしたのだろうか。火葬を葬式前と後に行う地域の詳細な分布図を含めて、本書からいただいた私の今後の課題である。

書誌紹介でありながら、本書の課題が自分の問題提起とかかわっていたため、私事にわたりながら論点や成果をみてきた。フィールドから聞き書きで得られる資料が少なくなっている現在、本書のような文書資料の活用がますます必要になると感ずる。

五　御霊はどこに
——安曇野市三郷の盆行事から——

はじめに

肉体の死は、同時に心の死を意味している。今考えれば当たり前のことである。ところが、人々は肉体と霊魂（心）とは別のものと考えて、肉体が滅んでからも霊魂はどこかにあり続け、ときには生活世界に戻ってくるものと長く考えてきた。その帰ってくる霊魂を迎える大きな機会が盆である。そこで、盆行事の、とりわけ霊魂の迎えかたを調べることで、御霊がどこにあるのか、また霊魂をどのようなものとして人々が考えてきたかを明らかにすることができるだろう。

安曇野市三郷には、新盆にタカドーローを掲げることと、満願寺へ仏迎えに行くことなど特徴的な盆の行事が伝えられている。ここでは、三郷地区南小倉の盆行事を中心にしながら、御霊を迎える人々の心の有り様を描いてみたい。

1　盆の流れ

盆のはじまり

祖霊を迎えるという盆をいつだと考えるか。安曇野市三郷では、八月一三日の迎え盆から一六日の送り盆までの間だとする考えが大部分だが、八月七日ごろまでに行うお墓の掃除をしてから、あるいは新盆の場合には八月になって盆棚を飾ってからだとする人々もいる。

墓掃除は、今は家ごとにやることが多くなったが、昔は同姓で日を決めて一斉にやったものだという。同姓では、八月の第一日曜に、当番が声をかけて家紋のついた提灯を持ってでかけ、一斉に墓掃除をした。また、同姓でなくとも同じ場所に墓のある家々で一斉にやることもあった。掃除には墓地の草を刈ったり掃き掃除をしたり、墓石の水洗いなどを丁寧にした。掃除の後に同姓で酒を飲む人々もいた。

盆棚飾り

新盆の家では九日に盆棚を飾るが、そうでない家では一三日に飾る。朝のうちにボンバナトリに行き盆棚を飾った。ボンバナというのは、萩、尾花、桔梗、アワバナ（女郎花）、葛、撫子、藤袴の秋の七草のほかに、コメバナ（オトコエシ）、松虫草、カタカンバなどである。昔は近くの西山や小倉官林にいくらでも自生していたので、だれでもとってくることができた。ボンバナトリは男親や青年に子どももついていくもので、女衆は家に残って盆棚を飾る用意をしていた。

盆棚を飾ることをオタナカザリという。棚は正式には高さ二《メートル》ほどの柱を四本使い、間口二《メートル》、奥行き一《メートル》ほどに組んで、中央に棚を作る。向かって左右に二本の柱を立て、川端でとってきた葦を縛りつけた。柱の間に紐を張ってボンバナと一緒に切ってきたトンズル（葛のつる）をからめた。そのトンズルに、ホウズキ・ササゲ・サンショウの実・りんごなどを糸でつるした。棚は上中下の三段にし、ボンゴザを敷いた。ボンゴザは、長めのものを畳に触れるようにたらして敷くのがよいとされている。それは垂れたボンゴザの裾を伝わって、ノノサマという家に帰ってくる霊魂が段を上がっていくと考えられているからである。

その昔はゴザではなく、葦または薄を編んだものを敷いたという。また、買ったゴザになってからも、以前は毎年新しい物を求めて敷いた。上段の棚には本尊や位牌を、中断にも位牌、下段には燭台、香炉、鐘などの仏具と桃、西瓜、蜀黍などの野菜やボンバナ、盆菓子などの供え物を置く。仏壇に納められている位牌は、庫裡位牌も全部ボンダナに移すので全くなくなるはずだが、留守を守る仏がいるといって盆の間も供物を上げる家もある。

迎え盆　八月一三日の夕方早く、夕食前に水・カンバ・線香・花・蠟燭・提灯を持って、お墓へホトケサマを迎えに行く。お墓道と呼ぶ、家から墓地までの決まった道筋を通って墓へ行き、カンバで大きな火をたいて線香に火をつけ、持参した提灯に火をともす。次に一つ一つの石塔全部に線香をあげて水をかける。それぞれの石塔の前でカンバをたく家もある。「さあホトケサマ、家へお客に行ってくり」といって、背中に背負うまねをしてホトケサマを家

写真５　送り盆（安曇野市三郷楡）

に連れてくる。

家に帰ってくると木戸先の両側でカンバをたく。便所のそばや家の前の池の端でカンバをたく家もある。家の中に入ると、提灯の火を盆棚の灯明に移して線香をあげる。このあと、迎えたホトケサマに食べ物を供えてから、「ボンドシをとる」といって家中そろって夕食を食べる。

送り盆

八月一六日の朝、盆の間の最後のご飯とお茶を供えた後、位牌を仏壇に納め盆棚を片付ける。お供えした里芋の葉に供えた物や、茄子で作ったオクリウマ・ムカエウマなどを、盆ゴザに包んで川へ持っていき流した。これをボンナガシといい、流す場所は隣組ごとに大体決まっていて、流すのは年寄りの役目だった。流すと川下で子どもが待っていて、流れる物を拾った。そして、「あの家では盆棚にこんな物があがっていた」といって子ども同士見せ合った。

環境保護ということで、最近では川へ流さなくなり、お供え物を川の端へ置いたり、お墓へ持っていって供えるという家もある。夕方になると、夕飯前に家の前の池の端や便所のそば、木戸先などでカンバを燃やし、灯明を灯してお墓へ行く。お墓では、一つ一つの石塔に対してカンバを燃やし、線香をあげる。ふたをしないやかんにくんでいった水を石塔にかける。このとき、一五日に作った団子を一緒に供えたり、菓子を供えたりしてホトケを送る家もある。また、家に帰ってから、里芋の葉にカンバを載せて火をつけ、小さい川や池へ流す。

楡の盆

三郷地区楡でも南小倉と大きくは変わらない。八月の四、五日の朝食前に、ドーセーで日をそろえて墓掃除をする。五日には一日市場の真光寺でお施餓鬼があり、檀家総代が代表で参加する。一三日の朝、養蚕に使う三尺棚に新しいボンゴザを敷きボンダナを飾る。棚の周りにアーチのように花の咲いたトンヅル（葛のつる）を飾り、つるにササゲ、トマト、キュウリなどの畑でとれた物を糸で縛ってぶら下げた。トンヅルは黒沢川の河原や住吉神社の上にあった林には、いくらもあった。ボンダナには位牌ドウから板位牌を出し、全部を拝めるように二列くらいに並べた。

一三日の夕方、夕食前にホトケサマ迎えに墓地へ行く。墓地へは、線香とやかんに入れた水、石灯籠に貼る紙などを持っていく。墓地ではまずカンバをたく。カンバは事前に白樺の樹皮を買ってきてはさみで切り、干しておいたものである。次にカンバの火で線香に火をつけてそれぞれの石塔にあげ、石灯籠の紙を貼り替えてトーミョーをあげる。墓地から帰るときは、背中に仏様を背負ってくるといい、背中に手をやり、家紋のついた提灯に灯をともして帰る。家に着くと木戸の両側でムカエビのカンバをたき、仏様を家に入れる。

一三日の夕食には、細かく刻んだ昆布を入れた煮物を供える。また、里芋の葉の上に茄子を千

写真6　精霊流し（安曇野市三郷橡）

切りにして、ご飯と一緒にお供えする。これは無縁仏へのお供えだという。

一六日の朝は、盆棚にお茶をあげてから棚の前で皆でお茶を飲み、供え物やご馳走全部をなすの馬に結わえ付け、盆ゴザに包んで近くの川に流した。そして、位牌や仏具は、盆棚から仏壇に戻した。薄暗くなると、桑棒などを芯にして麦殻で編んだ舟にカンバを立て、火をつけて流しながら「ノノサマ、ノノサマ、来年ござれ」と唱える精霊流しをしたが、今はほとんどやらなくなった。夕飯を済ませてから木戸口でカンバをたき、提灯をつけて仏様を背中に背負って墓地に送って行く。仏様はなるべく家に長くいなけりゃいけないので、「迎えるのは早く送るのは遅く」という。

2　新盆の作法

タカドーロー

家族が亡くなってから初めて迎える盆をアラボン（新盆）という。アラボンには通常の盆とは違った、幾つかのしきたりがある。まず、その家がアラボンを迎えるという印が、タカドーローである。アラボンは八月一日から始まるといい、一日には盆棚を飾る。そして、一日から一六日までタカドーローを掲げるという家が多い。これは、仏様が家に帰ってくるときに迷わないようする目印だといい、高いほど良いとされた。屋根よりも高い必要があり、二間半か三間の高さとなった。タカドーローは、ムカエドーローとかアゲドーローなどともいわれ、木戸や庭先に立てた竿の先に灯籠をつるす。

写真7　タカドーロー（安曇野市三郷）

かつては、木製の家型の灯籠を大工さんや指物屋、建具屋などに頼んで作ってもらった。側面に月形や丸形の切れ込みをいれ、中に皿を入れて菜種油に灯心を浸し火を灯した。火は後に蠟燭になり、さらに裸電球となって今ではほとんどタカドーローを掲げる家はない。この灯籠は一六日には降ろされて、夕方仏様を送るときに墓へ持っていった。また、「ムカエドーローは後へ残すもんじゃない」といって、翌一七日に庭の隅で焼いたという家もある。

ホトケムカエ　新盆の家では八月九日の朝早く、安曇野市穂高の栗尾山満願寺へ故人を迎えに行く。このことを、ホトケムカエに行くという。満願寺は地元ではクリョウサマと呼ばれ、真言宗豊山派に属している。地元穂高地区牧の他、有明、田沢、堀金などに檀家が多く六百を数える。さらに、遠くは塩尻や北安曇からも新盆にはやってきた。この寺では昔火事を出してしまい、近隣に随分世話になったので、お礼として新仏の供養をしているのだという話や、松本城をはさんで同じ真言宗の牛伏寺が対峙していることから、松本城の守り神だとする話もある。

八月九日は満願寺本尊、千手観音の縁日といい、檀家の先祖供養の施餓鬼と檀家、宗派を問わず新盆のホトケムカエ・ノノサマムカエを行う。ホトケムカエは、かつては八月八日の夜に米などを持って出かけた。その晩には、大般若経が読まれ、そのままオコモリした。オコモリするのは家内の誰でもよく、雑談をしながらたくさんの人が泊まった。翌朝は、本堂で施餓鬼法要が行われ、塔婆をいただいて帰った。

参道には近所の子どもが山で桔梗などの盆花を採ってきて、店を出して売っていた。軍隊の演習場だった山には桔梗がたくさん咲いていたが、今はない。花の売り上げは、一年中の子どもの小遣い銭になった。盆花は、子どもの店で買ったり帰りに山で採ってきたりして飾った。寺からいただいたものを風呂敷に包み、故人を背負うように大事に背負って帰った。家に着くと「どっこいしょ」と下ろして、盆棚に塔婆を飾った。

今はオコモリはしないが、早くにくる人は朝の三時半ころから庫裏にきて、待っている。檀家の御施餓鬼は一〇時からなので、ホトケムカエの人も時間があればそれに合わせて法要してもらう。檀家で新盆の家には予め寺から通知があり、塔婆も事前に用意されている。檀徒ではなくてやってきた人は、受付で戒名もしくは本名を告げて、塔婆を書いて供養してもらう。最近は神葬祭の人もたくさん訪れるという。

写真8　ホトケムカエ（安曇野市穂高満願寺）

寺の庫裏の待合所にはお茶の用意がしてあり、菓子と漬物それにエゴが出されていた。エゴは盆に食べる料理で、エゴにつけて食べる山椒味噌の材料の山椒を、昔は境内で売っていたという。平成一二年のホトケムカエも庫裏は多数の人々で賑わったが、お茶を飲みながらもエゴを知らない人々が何人もみられ、ホトケマイリに参詣する人々がエゴの食習のない地域まで広がっていることがわかった。

新盆の家の訪問

新盆には近所や近親の人々がアラボンのオマイリとかアラボンのショーコー

とかいって、新盆の家を訪れる。昔は八月一日から盆までの間、いつでもよかったが、その後、ホトケムカエの後の九日から一二日までの間の昼間にまとまって来るようになり、今は納棺に出た近親の人たちなどに、日を決めて来てもらっている。また、近所のドーセーは一三日の夜、夕飯を食べてから誘い合って来る場合が多い。

新盆の家へは昔はソーメンなどの乾麺や粉、菓子、野菜の初物にどんぶり、皿、湯のみなどの瀬戸物をつけて持っていった。瀬戸物は、器に水を入れて仏様に供えてもらうためだった。そこで、中には、たんと水をあげてくれ、といってバケツを持っていく人もあったという。今はこうした現物ではなく、香典としてお金を包んでいく。お客がきた家では、お茶やお酒で接待した。

故人の兄弟や従兄弟や子どもは、七月中に新盆に飾ってもらうように灯籠を届ける。昔はツルシドーローといわれるもので一つだったが、今はオウチジョーチンといわれる家紋の入った一対のものである。皆が灯籠を持ってきても飾りきれないので、話し合いで少なくしてもらっているという。

新盆と菩提寺

三郷地区南小倉ではほとんどが浄土宗の浄心寺の檀家である。新盆の家へは、八月一〇日から一二日までの間のいつニイボンマイリに行くという通知が寺からきて、オッサマが新盆参り（ニイボンマイリ）にやって来る。棆ではこれをタナキョー（棚経）という。

また浄心寺では八月九日に檀家を集めて、新仏や先祖の法要のためにお施餓鬼を営む。法要は午前一〇時ころから始まり昼食をいただいて帰るので午後二時ころまでかかる。祈禱料は地区の総代に納め、板塔婆をもらう。新盆の場合には、先祖供養の塔婆と新仏の供養の塔婆と二枚をいただいて帰る。もらってきた塔婆は盆棚に飾り、送り盆に墓地へ持っていく。こうしたお施餓鬼の供養は、昔は行われておらず、新仏を迎える塔婆は皆満願寺でもらったようである。しかし、菩提寺で新盆の供養をするようになると、満願寺へは行かなくていいと言う菩提寺もあるという。

3　御霊はどこに

(1)　御霊の迎え方から

タカドーローの分布　安曇野市三郷での新仏の盆での迎え方を見てきたが、それは一つではなく墓、菩提寺、満願寺、タカドーローなど様々な方法によるといえそうである。アンケートによれば、昔は高く揚げたタカドーローの灯を頼りにして帰ってくると言われたが、今は墓へ迎えに行って新仏は帰ってくると感じている人が多い。墓や菩提寺から迎えるのは三郷に限らないことであるので、三郷に特徴的といえるタカドーローと満願寺について少し詳しく述べてみたい。

『長野県史民俗編第五巻総説Ⅰ』によれば、長野県内には新盆のしるしとして幾つかの形態がみられるが、中でも多いものは提灯（灯籠）を外につるしたり高く揭げるというものである。このうち、灯籠を高く掲げるのは、岡谷市・諏訪市・茅野市などの諏訪湖の周辺地域と北安曇地方の

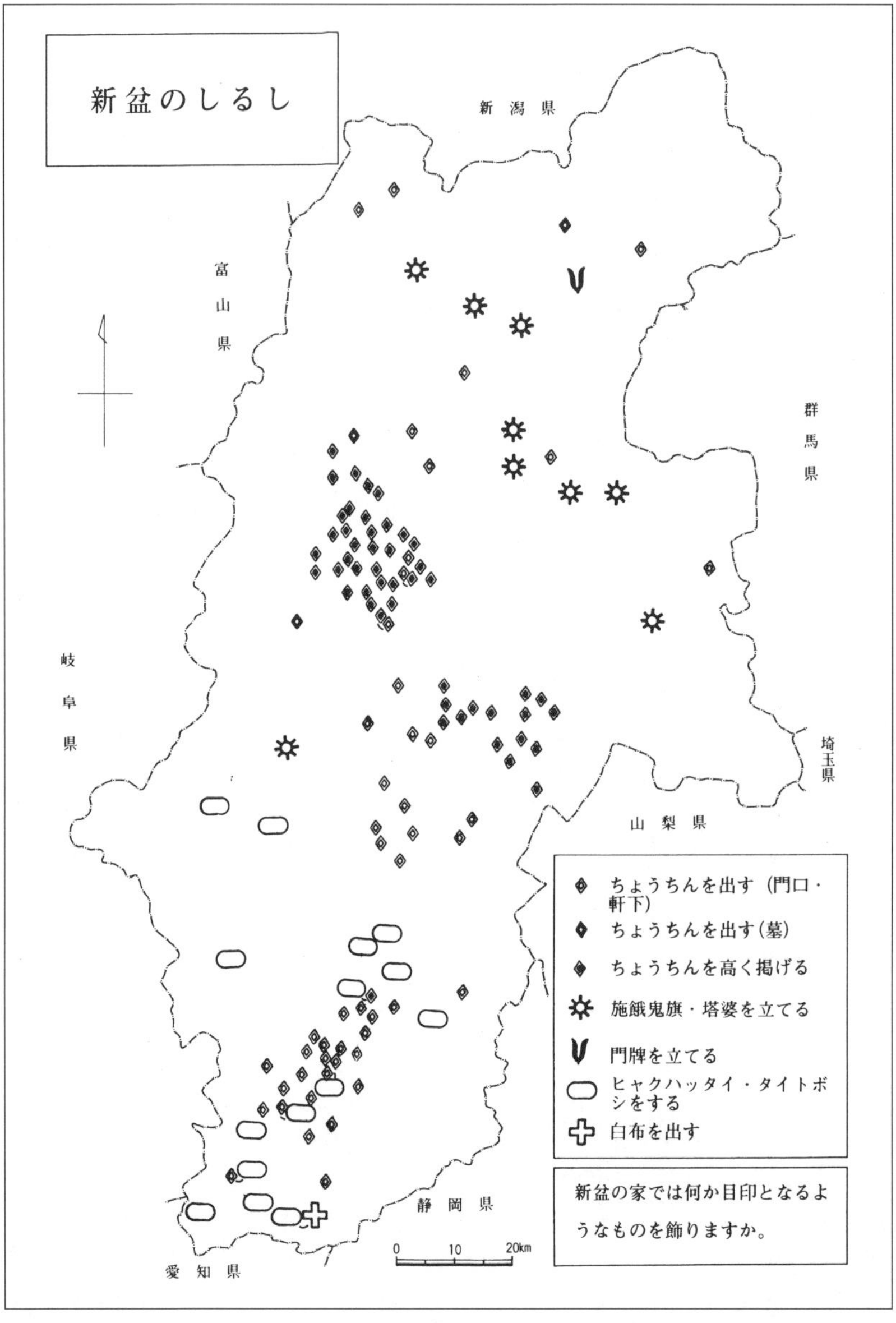

図1　新盆のしるし（『長野県史民俗編第5巻総説1』より）

南部、南安曇地方に分布している。また、軒下や門口に提灯をつるすという例は、伊那谷に広く分布している。『長野県史民俗編第二巻（二）』によれば、諏訪郡原村払沢では、七月一日に身内がよってオトーロータテをする。持ち山から三間くらいの長さのさわらの木を切り出し、先端にだけ葉を残して皮をきれいにむき、二間くらいの高さのところに灯籠をとりつけ、縄で桔梗の花の飾りをつけて立てる。このトーローは七月から三ヶ月間立てておくものだという。三郷のタカトーローはこれほど丁寧なものではないが、新盆のしるしとして高く灯籠を掲げる習俗の分布の南の端に位置するものである。

新仏への目印として高く灯を掲げるということは、御霊のいる場所として空のかなたをイメージしていると想像される。タカドーローを、高い空から御霊がこの世を訪れるための目印としたのである。

満願寺への迎え

満願寺へのホトケムカエは松本藩の殿様の命令でするようになったともいわれるほど、南安曇を中心としながらも松本、大町といった旧松本藩領に広がっている。盆に特定の霊地から新仏を迎えるという習俗は数少ないものであり、満願寺を除けば、北信では善光寺、南信では伊那市の六道地蔵尊くらいである。長野市の善光寺周辺と西山といわれる長野盆地西側の山麓の村の人々は、七月三一日をウラボンといい、夕方善光寺へ仏迎えに行き、その晩はオコモリをして翌朝仏様を連れて帰った。伊那市美篶の六道地蔵尊へは、上伊那ばかりではなく遠くは下伊那の飯田や松本からも新仏を迎えにきて今も賑わっている。八月六日か

写真9　六道の杜（伊那市美篶）

写真10　三途の川にかかる微妙橋（安曇野市穂高満願寺）

ら七日にかけてが縁日で、お札と松の枝をいただき、松の枝に付けて新仏を連れ帰る。

　これらのいずれの霊地も、宗派を問わずに人々が参集する場所である。つまり、特定の宗派の教理上で御霊が帰ると定められたというわけではなく、新仏が帰る場所としてその地域の誰にでも信じられているのである。三つの場所に共通する観念は、あの世とこの世との境目になっていることである。六道地蔵は冥界とこの世とを分かつ六道の辻に立つといわれるものである。また、善光寺周辺の人々は、葬式がすむとオコツアゲといってお骨を携えて善光寺にお参りし、仏が極楽往生するための道筋をつけてもらう。

満願寺では、参道前の東の沢を三途の川といい、ここにかかる木の橋を渡って参道から寺に至るように設定されている。つまり、満願寺は三途の川のほとりのような場所にあると意識されているることが推定される。それぞれの場所が、どうしてあの世とこの世の境界と意識されるようになったのかは個々に成立の事情があったにしても、人々がそうした場所を欲したことは事実である。

タカドーローがイメージする天空は抽象的な概念だが、霊地が示すあの世は具体的なものである。満願寺には、死後の世界を描いた地獄絵図が本堂に掲げられており、そこがこの世ならざる場所であることを示している。

墓と菩提寺

迎え盆に墓所へ行くというのは三郷地区に限らず、広く一般的にみられることである。遺体を葬った場所に御霊を迎えにいくのは、極めて自然ななりゆきである。肉体は土に帰っても魂は残る、という考え方から説明がつく。

ところが、菩提寺に新仏を迎えに行くようになったのは、近年お施餓鬼を寺でおこなうようになってからだという。もちろん、菩提寺からは盆の間に供養にきて棚経をあげてくれるが、新仏を迎えに行く場所ではなかったということだろう。寺は御霊の常住する場所ではないのである。

ボンバナ

盆棚にはどこでも必ず花を飾ってお供えする。この花をボンバナという。ボンバナは盆に帰ってくる新仏や先祖様に供えるためであるが、花に霊魂をつけて迎えるとも考えられる。

伊那市の六道地蔵尊では、ホトケムカエに行った人々は、お堂のそばの松の枝を折って、その枝に付けて新仏を家まで連れ帰ったという。満願寺の参道で近所の子どもたちが、ホトケムカエから帰る人々に売ったという野の花も、同じような意味合いだと思われる。家の近所でも採れる野の花を、あえて満願寺から買って帰ったというのは、満願寺近辺で採った花、あるいは満願寺から持ち帰る花に特別の意味を感じていたからにほかならない。これを、ボンバナ一般の意味に拡大して解釈することはできないだろうか。つまり、バンバナを採ってくるときに、盆に帰る霊魂を一緒に連れ帰るのだと。だとすれば、ボンバナを取りにいく辺りが霊魂の休んでいる場所だともいえるだろう。

三郷地区南小倉では、西山といわれるムラの西にある山にボンバナを採りにいった。楡では小倉官林などから採ってきたというし、一日市場では、トンヅルは村はずれの川端のヨシやぶや桑畑の畔で、飾る花は墓地やその周辺の荒れ地から採ってきたという。いずれにしても、そうした場所は普段は人々が行かない山林や原野であり、普段人々が暮らしている世界とは、多少なりとも異なる場所として意識されていたということができる。開発が進んだ今となっては野の花が自生するような場所はなくなり、自宅で栽培した花やスーパーなどから買ってきた花を供えるようになった。

同じボンバナでも、トンズルという葛の花の咲いたツルの飾り方は特別である。盆棚の上に棒に巻き付けたりしたツルを横に張り、そこへりんご、ピーマン、ささげ、みょうが、ほうずきなどの生り物を糸でつるして供えた。新仏は草や木のツルにすがってこの世に帰ってくるという人もあり、トンズルを飾るのは、盆棚の左右に垂れたつるにすがりついて、仏様がこの世に帰ってくるためのものかと思われる。

ところで、トンズルにつるされた生り物からは、小正月の物作りが連想される。小正月には、繭玉の他、茄子やささげ、りんごなど畑の生り物を米の粉で作り、柳の枝にさして供える。その年の作物の豊作を祈って、豊に実っている様を粉を練って再現するのである。では、トンズルにつり下げられた生り物は何かといえば、もちろん帰ってくる仏様にお供えする意味もあるだろうが、小正月に祈った畑作物の収穫に感謝する意味もあったことだろう。

この国のかつての人々は、一年を一月から六月と七月から一二月の二つに分けて、それぞれ対応する祭をしていたとする考えがあるが、こんなところにそうした片鱗を垣間見ることができるのである。

(2)　御霊の送り方から

墓

アンケートによれば迎え盆とは逆に、八月一六日の夕方、家の前でカンバの送り火をたき、仏様を墓へ送ると考えている人が多い。墓では石塔一つ一つに対してカンバをたき、線香をあげたり水をかけたり、おひねりの米をあげたりした。家からつけていった提灯の火を帰りには消して、御霊が墓に帰ったことをあらわした。火を媒介にして、墓から迎えた御霊を墓に帰したのである。

ところが、盆の一六日に茄子のウマに乗って、善光寺へ帰るともいわれているという。茄子のウマは、盆の間に作って盆棚に供えられていた物であり、一六日の朝、盆棚を片付けると、他の供え物と一緒にかつては川に流されたものである。

川

かつては、一六日の朝に盆棚を片付けると、お供え物はボンゴザに包んで近くの川へ持っていって流すのが普通だった。今は川が汚れるので流さないのである。供え物の処理の仕方に過ぎないといえばそうなのだが、川が流れゆく先に御霊の帰るべき所があると考えたといえるだろう。同じ三郷地区の野澤や中萱や楡では、一六日の夕方に墓から帰ると、麦殻の舟に火をつけて川に流した。仏様はこの舟に載ってあの世に帰るともいわれている。野澤ではこの舟を、精霊舟といっている。また、一日市場ではナガシビといい、あの世に帰る仏様の足もとを照らすのだという。

このように、一旦墓に送ったはずの仏様を、家に帰ってきてから今度は川へも流して送っているのであり、私たちの祖先が御霊のあるべき場所を固定的には考えていなかったことが推定される。とはいえ、お供え物は川に流す事を禁じられ、麦を作らないこともあり、麦殻の舟など流す人もほとんどないことから、川の流れる先に御霊の住処があるという観念は、いずれ失われゆくものだろう。

おわりに

人はいつか必ず亡くなるものであるのに、死者の記憶は生者の中に生き続ける。だから、人は失われた時をたまには死者と共有したいと願う。そうして、御霊はどこからかこの世に帰ってくることになる。

ここでは、安曇野市三郷の人々が御霊のありかをどこだと考えているのかを、盆行事の中から探ってみた。もっとすっきりと場所が特定できるかと考えたが、そうではなかった。御霊の迎え方から類推すると、天空、墓、山林原野、霊地（満願寺）があげられる。また、送り方から類推すれば、墓、川下（善光寺）があげられる。これらの場所は、当初から併存していたのか、あるいは歴史的に積み重なってきたのかはわからない。ともかく、それらに矛盾は感じずに、三郷の人々は様々な方法で御霊を迎え送ってきた。

ところが、近年失われつつあるのは、タカドーローで天空から御霊を迎えるという方法と、川に流して川下に送るという方法である。方法がなくなれば、当然付随する観念も失われていくのではないかと思われる。一方、支配的になっているのが墓（石塔墓）から迎え墓に送るという方法である。御霊が墓にいるという観念は、一見変わることのないもののように思われる。しかし、石塔墓も歴史的制約のもとに成立した習俗である。人々の居住地がますます流動的となり、家墓という考え方が崩れていったときには、人々は御霊をどこから迎えるのだろうか。

六　物語としての善光寺

はじめに

これまでの善光寺の研究といえば、その多くが過去形として文書の中にある善光寺信仰、あるいは善光寺の形成過程を明らかにしようとするものであった。しかし、近年の御開帳にしても数多くの参詣者で、善光寺は大変なにぎわいをみせた。こうしたにぎわいを見るにつけ、いかにハイテクの時代になろうとも、善光寺への信仰は衰えるどころか、益々人々の尊崇を集めていくのではないかと思わされる。してみると、善光寺信仰は分析すべき過去の事実として私たちの前にあるばかりでなく、今を生きる私たち自身の内側にも確実に息づいていることがわかるのである。

そこで、ここでは歴史的事実を明らかにしようとするのではなく、今を生きる人々の善光寺との関わりや善光寺を中心とする景観、あるいは説話に現れる善光寺などを資料として、人々の意識の深層にあって今も生き続ける善光寺の姿を明らかにしてみたい。善光寺への信仰を遠い過去の歴史的事実として見るのではなく、幾重にも重なりながら今もそこにあるものとしてとらえることで、イメージの織りなす物語として善光寺を読み解いてみたいと思うのである。

1　地域社会と善光寺

(1)　善光寺を支える人々

院・坊

多くの寺院は、江戸時代以来、その属する地域社会に檀家をもち、檀家総代が寺の運営にかかわることで、維持管理に務めてきた。ところが、善光寺は宗派を問わず来る者は拒まないかわりに、通常の寺院のような檀家をもたないのである。檀家をもたない善光寺を組織面で支えてきたのは、善光寺のおひざもと元善町《もとよしちょう》に何軒もある「院・坊」である。院・坊とは、もともとは善光寺への参拝客を泊めるための宿坊であるが、それ自体が一つの寺として、主人は「院」が天台宗、「坊」は浄土宗の僧籍をもち、善光寺へ奉仕してきた。現在、院は二五か寺、坊は一四か寺あり、院は大勧進《だいかんじん》、坊は大本願《だいほんがん》がとりしきり、それぞれの住職が善光寺の住職となっているのである。

院・坊では全国の信者を均等に割り振るため、江戸時代に持郡制という制度を設けた。各院・坊の担当する地区を江戸市中と北海道を除いて、一山の申合せとして割り振ったのである。院・坊では割り振られた地区を信徒地といい、信者の側では割り振られたのが坊ならば縁故坊と呼んだ。参拝者の出身地で、宿泊する宿が自動的に決まったのである。この慣行は明治以後も残り、院坊ごとに訪れる信者の出身地区はだいたい決まっていた。

ただ、昔の方が参拝する信者はずっと少なく、ある坊の記録によれば江戸時代には年間で二〇〇人そこそこしか参拝者がなかったという。昔の参拝者は、ほとんどが県外の講の人たちだったが、昭和三〇年ころからは、旅行社を通じて個人、あるいは家族で来るお客さんが多くなってきた。また、昔は年配の信者さんが純粋に信仰心で、「一生に一度は善光寺へお参りしようと思って」参拝することが多かったが、今はそうした人は少ないという。今は家族や一族で何度も訪れる人が多く、善光寺へ参ることで家族や一族の絆を確認したり強めたりしているようである。

昔は信者の訪れる季節としては、春と秋がほとんどだった。春は彼岸過ぎからで、多くなるのは桜の花が咲く四月中旬から六月中旬まで、秋は九月の彼岸から十月の紅葉ころまでが多く、一一月の恵比須講まではやってきた。秋に来る信者さんは、収穫した新米を善光寺如来に献ずることでご先祖様に捧げようと、新米を持参してお参りにきた。冬には訪れる信者はほとんどいなかったという。

講で訪れた人々は、宿に早く着いた人も夕方着いた人も、まずはオチャクマイリといって、何はさておき善光寺へお参りに行ってくる。それから宿へ帰って夕食を食べて早めに休み、翌朝早く起きて善光寺の朝のお勤めであるオアサジ（お朝事）にでる。オアサジでは、先祖の供養などをお願いし、宿に戻って朝食をとる。これは、参拝するだれにもたいがい共通する行動だという。

院・坊の主人は善光寺事務局へ交代で勤務し、給与を受け取っている。つまり、善光寺という組織を実際に動かし管理しているのは、僧籍をもつ院坊の主人だということになる。「坊」は全て若麻績氏で形成されている。伝承によれば、若麻績氏は善光寺の開祖本田氏から分かれたものといい、全て親戚関係にある。

かつて「坊」を継ぐのは、その家で生まれ育った男の子でなければいけないといわれ、娘は全て嫁にだした。しかし、今では子どもの数が少なく男の子が生まれるとは限らないので、嫁に行った娘の子でも男の子ならば後を継がせてもよいことになっているという。

坊では、全ての坊から出席して青面金剛《しょうめんこんごう》を祀るツキナミ会（月例）という連絡会議を、毎月当番の坊で開いてきた。今はこの会を大本願の一室でおこなっている。

信徒会

元善町には院・坊があるばかりではない。それ以外にも、商店や普通の家も存在する。そうした家々と善光寺との関係はどうかといえば、商店の多くは土産物店で、善光寺への参拝客を相手に商売をしていることからいえば、密接に関係しているとみることができるかもしれない。しかし、そうした地域の人々あるいは、地域の代表者が直接的に善光寺と結びつく機会はない。善光寺の地域社会との結びつきをあえてあげるならば、善光寺信徒会くらいのものである。

善光寺信徒会はその会則によれば、「善光寺如来を尊すうし、善光寺興隆及仏徳の宣揚に務むるものとする」ことを目的とし、事業としては「互に同信同行の拡大強化を計り、共に相携えて善光寺諸事業に物心両面に渉り協力外護《げご》に任ずるもの」としている。そして、会員の特典としては次のようなことを定めている。

一　会員には会員章を交付する。

一　会員には門標を交付する
一　会員には信徒会袈裟を交付しその佩用を許可する
一　会員が会員章を提示し本堂内陣参拝大勧進大本願宝物館拝観するときは無料とする
一　春秋二回（彼岸中）会員の各家先亡の回向並に現存親族の平安を祈禱する
一　会員が十年二十年間相続したときは表彰する
一　会員本人又は家族にご不幸のあった際は御供物を贈る他本堂骨開帳《こつがいちょう》を無料とする

要するに信徒会会員に限って善光寺への出入りに特典を与え、寺の諸事業を物心両面で支えてもらおうとするもので、通常の寺院の檀家会にあたるものであることがわかる。

Aさんは信徒会に入って二〇年になる。信徒会に入ったきっかけは、たまたま遊びに行っていた家に信徒会の集金がきたので、自分も入れてくれと頼んで会費を払って会員になったことだという。会員には年額八〇〇円の会費さえ払えばなれる。

数年前からは世話人を任されてやっている。世話人の主な仕事は、その地区の会員から会費を集めることである。Aさんの住んでいる地区は四〇〇戸もあるが、信徒会に入っているのは四〇人程しかない。会員はだいたい昔からここに住んでいた家の人達で、新しく住人になった人は入らないという。

信徒会では春秋の彼岸に総会を開き、物故者の法要を行っている。Aさんは一五年ほど前、蜘蛛膜下出血で療養しているときに、運動がわりに毎朝善光寺へお参りに行ったのがきっかけとなり、以来毎朝早くお参りして参道に並び、お朝事のために本堂へやってくる大勧進・大本願の住職に数珠で頭をなでてもらう「お数珠頂戴」をし、お茶飲み場でお茶飲み話をして帰る。毎朝お参りする常連は二〇〜三〇人ほどで、そのうちいつも会う仲間は七人ばかりだという。常連はお数珠をいただくために並ぶ参道の場所が決まっている。お茶を飲むのもこの仲間であり、いずれも東和田・西長野・箱清水など善光寺の近くの人々である。この人たちとは、朝の善光寺でのおつきあいだけで、昼間電話することはないという。

(2)　地域と信仰

オコツアゲなど

信徒会会員になるには、善光寺周辺に住んでいなければならないという規定はないから、必ずしも信徒会をもって、地域社会と善光寺との結びつきを図るもの、とはいえないかもしれない。信徒会の活動よりも、より直接的に地域の人々と関係しているのは、葬式の翌日にオコツアゲ（骨開帳）といって、親族がお骨を持って大本願もしくは大勧進と善光寺にお参りすることである。オコツアゲに来るのは、善光寺近辺を中心として犀川以北の人々が多く、芋井あたりの人はお骨がまだ熱いくらいのうちに善光寺へやってくるといわれる。

また、オカミソリとかオテードという行事がある。これは信徒が希望して、お上人様が信徒の髪にかみそりをあてて仏の弟子になったことをあらわし、法名を与えるものである。個人だとお朝事の後で、団体だと申し込んだ時におこなっている。法名は二字あり、亡くなった時は旦那寺へそれを持っていって、戒名の中に組み込んでもらうのだという。

また、西山方面の人たちは、盂蘭盆には新仏を迎えるためにお籠りにもやってくる。七月三一日の宵盂蘭盆には、西山の人たちが午後三時ころになると大勢歩いて仏さんのお迎えにやってきた。近所の人もお参りには行くが泊まることはない。お籠りをする人たちは、大勧進へは泊まり賃だといって米を持参し、自分の夜食用にはオヤキを持って来た。オヤキは他人の物をとって食べると、いいことがあるなどと言った。また、近所の子どもたちはこのオヤキを盗みに行ったという。

泊まる人たちは、回廊にござを敷いたり、賽銭箱の前の畳敷きの所などでざこねをし、翌朝のお朝事を聞いて帰った。お参りに来た人たちは、種屋で秋まきの種などを買って帰ったものだという。善光寺が国宝になってからは本堂に泊まることができなくなり、大勧進の一室でお籠りをしていたが、今はそうしたこともなくなった。

地域社会からの独立

このように善光寺とその周辺の人々との関係をみると、近世には善光寺領であったといっても、院・坊を除けば個々の信徒が直接に善光寺と結びついているだけで、地域が集団として善光寺に帰依する姿は窺えない。たとえていうならば通常にある菩提寺を地方区の寺とすれば、善光寺は全国区の寺だといえるだろう。

善光寺の周辺地域を「善光寺のお膝元」といってみても、あくまで全国の中の一地域にすぎないのである。事実、信徒の側から先祖の供養にと寄付を申し出ることはあっても、近くにいるからといって善光寺の側から信徒会へ寄付を募ったり、寺への労力奉仕を願ったりするようなことはない。

善光寺から少し離れると、「善光寺のお膝元には鬼がいる」などと善光寺近辺の人々の不信心ぶりがささやかれることもあるほど、地域社会と善光寺との結びつきは希薄である。とはいえ、地元の人々が皆不信心だというわけではない。なかには、毎朝善光寺へお参りするという熱心な人が何人もいる。ただ、地元であっても、それぞれが個として善光寺と向き合っているのである。院・坊に限らず、善光寺近辺の人々は何らかの形で善光寺に恩恵を受けて暮らしているにもかかわらず、集団としては希薄な関係だということは不思議なことである。しかし、考えてみれば地域社会というものに組織的に頼らなかったからこそ、時代が変わり地元の政治的経済的状況が大きく変化しようとも、今日に至るまで善光寺が生き残ってこられたともいえるだろう。

2　善光寺と周辺の空間構造

(1)　善光寺周辺の諸施設

往生寺と湯福神社

組織として地域社会が善光寺とかかわることはなかったとしても、千年以上にもわたって寺とともに生きてきた地域の人々の心の深層には、何らかの形で善光寺の影が落ちているに違いない。そこで、ここでは善光寺周辺と境内の空間構造を比較分析することで、人々の心の深層を垣間見てみたい。

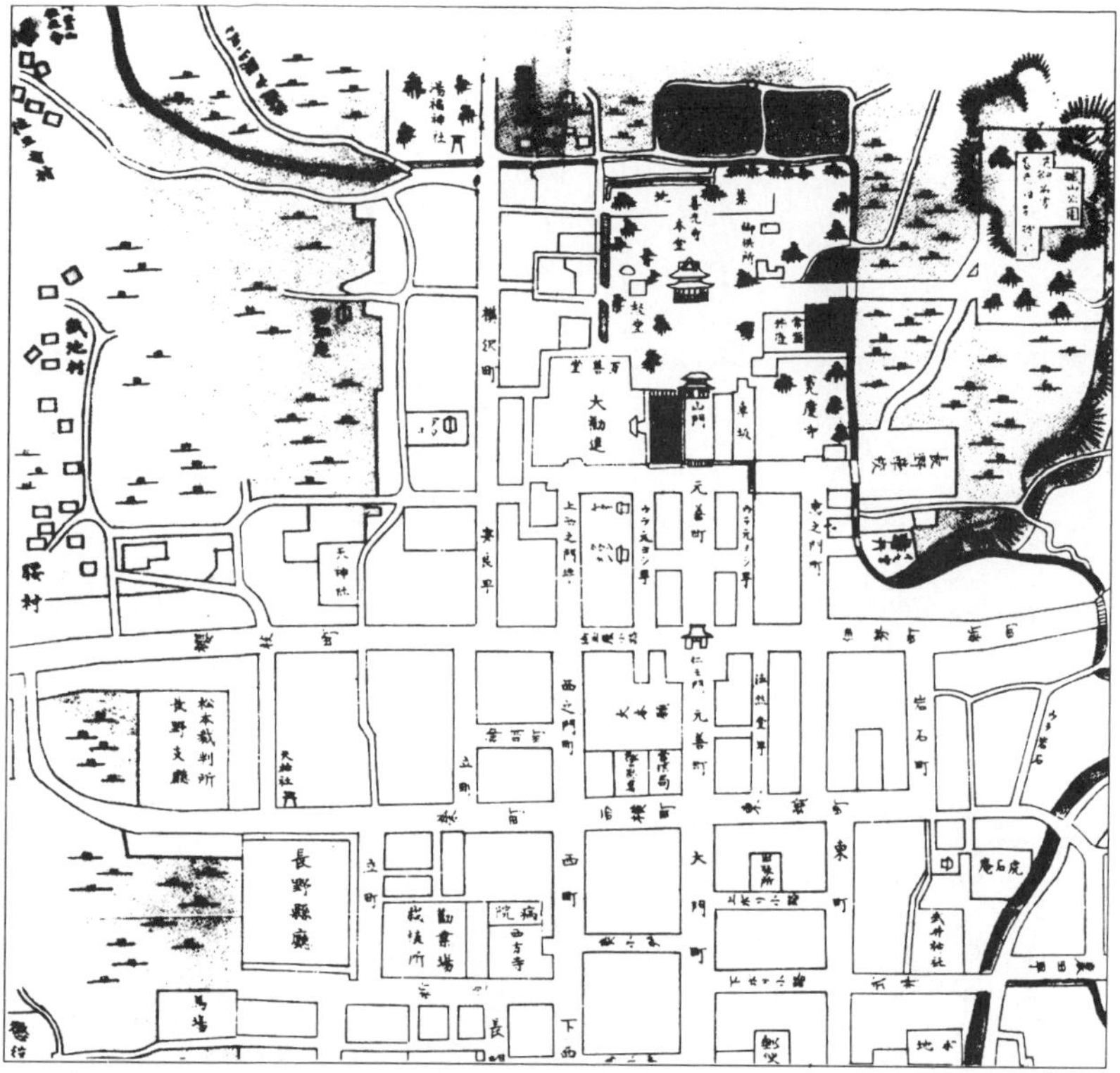

図2　長野町図（『長野市史民俗編』より）

まず、明治一二年出版の長野町図によって善光寺周辺の事物の配置を見てみよう。この地図は善光寺を北のはずれに描いており、善光寺がマチの北の境界に位置していたことがわかる、そして石堂町から新田町、下後町、後町、大門町、元善町を経て山門に至る南北の道路の東側と西側にマチが広がっている。この道路の東西の位置に着目してみたい。

善光寺の西、地図では北西の隅に位置しているのは往生《おうじょう》寺《じ》である。往生寺は、西光寺《さいこうじ》とともに刈萱道心《かるかやどうしん》ゆかりの寺として知られている。両寺は絵解きの寺として知られ、道心とその子石童丸《いしどうまる》との悲しい親子の物語が語られている。善光寺の西の出入口には、往生寺への石の道標が建ち、昔は善光寺へお参りした人は必ずといってよいほどお参りした。とくに中央線開通後は、非常にたくさんの団体の参拝客がきたものだという。今は絵解きを求める人が時々訪れるだけで、善光寺への参拝客がそのまま訪れることは少ないが、かつては行列を作って訪れるほど広く往生寺の存在は知られていたのである。

写真11　往生寺から見た善光寺（長野市往生寺）

江戸時代の旅行家菅江《すがえ》真澄《ますみ》も善光寺へ参った後「しばしくまぐまをがみめぐれば、来迎の松といふあり。ここに刈萱道心の庵して、むらさきの雲のむかえをまたれしといひ[1]」と記し、往生寺へおもむいたことがわかる。石童丸と刈萱の話の詳しい分析は後に譲るとして、ここでは往生寺は善光寺で修行していた道心が入滅した地として、古くから広く知られていたことを確認しておきたい。往生寺は善光寺を眼下に臨む、善光寺の西の高台にある。臨終の時を迎えた道

写真12　本田善光廟（長野市湯福神社）

心がここを選んだと伝承されていることは、この地がいかにも出家者の死にふさわしい地として人々に受け入れられていたからだろう。

善光寺を出て往生寺への参道の上り口のような場所にあるのが、湯福《ゆぶく》神社である。この神社は善光寺の西側の一五町内が氏子で、祭神は健御名方命である。この境内には大きな岩が本田善光の廟として祀られている。しかも、それは一方的に神社の側で主張しているのではなく、一〇月の例大祭には大勧進と大本願から正式にお参りに来るのである。これは大変興味深いことである。というのは、善光寺周辺の人々は、仏になったら真先に善光寺如来に会わないと極楽に行けない、といってお骨を持ってオコツアゲに訪れるのだが、当の善光寺内部に属する本田善光・刈萱道心という人々には善光寺から他界への道は開けず、更に西の地でなければならないと考えられていた。つまり、善光寺の外部からみれば死後の極楽への通路は善光寺からつながっているが、善光寺の内部ではさらに西方の地が極楽への道であったと考えられていたからである。

武井神社

善光寺の東側を氏子にしているのが、東町にある武井《たけい》神社である。祭神は健御名方命・八坂刀売命・彦神別命である。例大祭は八月二六、二七日で、二七日の朝にはミサヤマサンといって神前に供えた萱の箸で小豆飯を食べる。ミサヤマサンは諏訪信仰に基づくもので、この日祭りはしなくても、各家で萱の箸を使って小豆飯を食べる習俗は県下各地にみられる。

この武井神社は、諏訪大社下社の大祝家が武井氏であったことから、いつの時代にか武井氏の一族が諏訪社をこの地に祀ったものだといわれる。[2]諏訪大社下社は諏訪湖の北側にあり、祭神は一般的に八坂刀売命として知られている。八坂刀売命は、諏訪湖の南側にある諏訪大社上社に祀られる健御名方命の妻とされる。そこで、諏訪湖の御神渡は上社から下社へ、夫が妻を訪ねるものだといわれているのである。

武井神社を諏訪大社下社に模したものだとすれば、上社にあたるのは健御名方命を祀る湯福神社であろう。だとすると、諏訪大社の上社と下社が諏訪湖をはさんで南と北にあるのにならって旧善光寺町を大門町で東西に分け、西を湯福神社の氏子圏、東を武井神社の氏子圏と定めたみることができる。

善光寺の門前に諏訪信仰がどのように参入したかは定かではないが、いずれの時代にか善光寺信仰の上に諏訪信仰が重なったことは確かである。善光寺と諏訪社という長野県を代表する寺社の信仰がいずれかの時代にクロスしていたというのは不思議なことである。

(2) 境内の配置

東と西と

善光寺の境内をみてまず気がつくのは、善光寺住職である大勧進大本願のいずれもが、仲見世通りを中央とすれば西側に位置していることである。一般的に考えれば、善光寺を平等に担っている両者は、通りの両側に分かれて位置しているのが自然ではなかろうか。事実、西之門町の八坂神社の御祭礼では、古くは大門を中心に町を東西の二組に分けてそれぞれが行列や山車を出し、西方は大本願が東方は大勧進が祭りを支配した[3]という。

写真13　過去の回向柱（長野市善光寺）

ところが、双方とも西側にあるということは、東西に優劣の関係があって東側を嫌ったとみることができるだろう。そういう眼で境内を見てみると、西側の特異な性格が浮かび上がってくる。本堂裏の西側部分には善光寺にまつわる人々の墓所あるいは供養塔が建ち、西北の隅には昭和四五年に戦没者を祀る日本忠霊殿が建設されている。忠霊殿の北、善光寺の裏山にある納骨堂の西側には、五輪平といわれる土地があり、死者の供養のために古くから五輪塔が建てられていたようである。さらに経蔵裏の西口付近には、これまでの御開帳で使われた回向柱が林立し、さながら回向柱の墓地のごとき様相である。

そればかりではない。本堂西側の林立する回向柱の近くには、親鸞上人爪彫りと伝えられる阿弥陀仏碑、少し離れて経蔵そして仏足石碑など、多くの宗教的諸施設が見られるのである。こうして、境内および近辺の配置から、本堂西側に霊的世界との強い繋がりを見てとることができる。

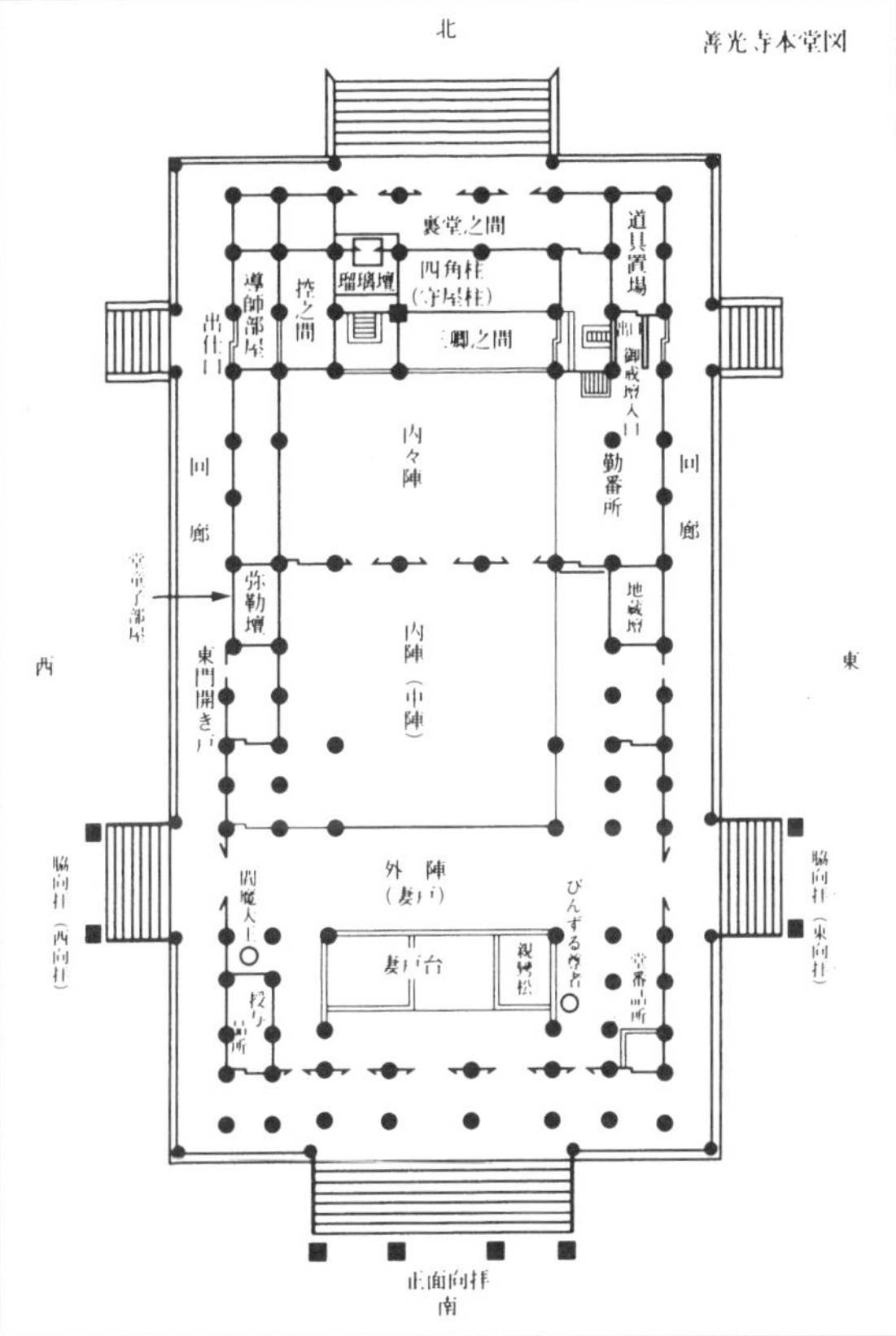

図3　善光寺本堂配置図（『長野市史民俗編』より）

聖と俗と

次に本堂内の空間配置を考察してみよう。本堂は縦長で、外陣・内陣（中陣）・内内陣（内陣）の三つの空間から成り立っている。外陣は一般の参拝者がだれでも自由にお参りできる場であり、中陣は畳敷きで下足を脱いで本尊の側近くで参拝できる場、内陣は本尊が祀られ、僧が毎日のお勤めをする場である。

中陣では、かつては参拝者のお籠もりがなされた。お籠もりこそが善光寺参詣の目的であった。如来とともに、一つ屋根の下で一夜を過ごすことは、信者にとってどんなにか至福の時間であったことだろう。中陣は俗人がそのままの形で如来の側近くに仕え、聖なる空間と時間を共有できる場である。いわば、聖的空間の内部にありながら俗をとりこむという、両義的性格を帯びた場所なのである。

内陣正面には、本田善光・その妻弥生・長子善佐がまつられており、善光間といわれている。本尊の如来は向かってその左にある瑠璃壇にまつられている。その結果、本尊は本堂正面ではなく正面西側に安置されることとなる。このことを承知しないで本堂にお参りすると、外陣からの参拝者は本田善光一家を拝することとなる。

本尊あっての寺にもかかわらず、本尊を正面中央に据えないのは不思議なことである。そのうえ、中央にまつられている本田善光は俗人であって、僧ですらない。そこで、内陣を寺とみなさないという発想の転換をしてみたらどうだろう。つまり、善光の像を中央にすえる内陣は、善光寺如来をまつった善光の私宅を現したものだとみなすのである。そうすると、善光寺という聖なる空間の中枢部である内陣に、もう一度俗なる空間をはめ込んで、その中に本尊を安置したと解釈できる。これは、次に善光寺縁起で考察する、寺にまつられようとした如来が善光の家の西側の庇を離れようとしなかったという由来にも合致するものである。

もう一つの見方としては、本堂内を外陣・中陣・内陣・本尊と進むにつれて段階的にしか高まらない聖性を変化させるため、内陣を俗的空間に模して聖性をいったん低下させ、瑠璃壇にまつられる本尊の聖性を際立たせたとみることもできるだろう。

こうした本堂内の空間配置を大きく見るならば、俗世間の中に善光寺を置けば丸ごと聖空間としてみることができるが、聖空間たる善光寺内部だけをとってみれば、外陣という俗的空間と内陣という聖的空間、中陣という両義的空間に分かれ、さらに内陣内が瑠璃壇という聖空間とそれ以外の俗的空間とに分割されるという、三重の入れ子構造になっていることがわかる。

3　説話の中の善光寺

(1)　善光寺縁起

縁起の概要

善光寺縁起は『扶桑略記』等にひかれてあり、歴史的形成過程や史実との対応を追うとすれば文献的批判検討が必要となろうが、ここではそうしたことには立ち入らず、縁起を物語として内容の分析をしてみたい。テキストとするのは、大正八年に大勧進が出版した『善光寺略御繪傳』である。資料としてなぜこのようなポピュラーなものを用いるかといえば、史実はともかく、これが善光寺（大勧進）に公認されて世間に流布したものであり、こうあってほしいという寺側の願いと、それを受け入れる民衆の側の心情が合致したものだと考えたからである。

『善光寺略御繪傳』では、善光寺の縁起をおよそ次のように述べている。
（1）昔、釈迦の在世中、インドの毘舎離国に月蓋という長者があった。初め月蓋は仏の教えを信じなかったが、一人娘の如是姫の病気を治してもらったのに感謝し、阿弥陀如来の仏像を造った。
（2）その後、この仏は漢土・百済の地を経て日本に渡った。百済王から渡された如来をどうするか協議したところ、物部氏・中臣氏は受け取るなと主張し、蘇我氏は受け取れと主張するので、蘇我氏がまつることとなった。
（3）その後悪病が流行すると、物部氏は如来のせいだといってまつってある寺を焼いたが、如来は少しも傷つかないので、仕方なく難波の堀江へ沈めた。すると都に凶事が続くので、帝は再び蘇我氏に如来をまつらせた。
（4）時を経てまた悪疫が流行し、これは仏法のせいだということになって、物部守屋に命じて、再び仏像を難波の堀江へ沈めさせた。数年後、物部守屋は反乱を起こし、聖徳太子がこれを討った。
（5）聖徳太子が水底に沈められた如来を迎えようとしたところ、自分はここで待つ者があるといって、如来はまた水底に沈んでしまう。
（6）信濃国伊那郡麻績の人善光が妻弥生を連れて堀江を通りかかったところ、水中から如来が姿を現して自分を連れていけという。善光は如来を背負って帰宅し、臼の上にまつった。その後草庵を建てて、そこへ三度までも如来を移したが、そのたびに善光の家の西の廂に帰ってきてしまうので、そのまま自分の家に安置することとした。（7）その後、如来のお告げにより信濃国水内郡芋井郷に移り、天皇の命により善光が建設したのが善光寺である。

西方の優位

さて、はじめに縁起で触れている方角に注目してみたい。縁起には「西」という方角が多くみられる。まず物語の端緒である娘の病を救おうと、月蓋長者が釈迦牟尼にお願いしたところ「西方に向かい罪障を懺悔すべし」といわれる。そして、月蓋が西方にむかって一心におまいりしたところ、阿弥陀三尊が西の楼門に来臨する。さらに、物語の終わり近く、善光が家に連れてきた如来を草庵を造って祀ったところ、三度までも善光の家の西の廂に帰ってきてしまい、汝等の心を西方に導かんがためにこのように西の廂に移るのだと、如来は善光に告げるのである。

西方浄土観の現れといえばそれまでだが、ここまで縁起で「西」にこだわり、人々がそれを受け入れているということは、現実の空間配置においてもそうした理念が反映されているのではないかと予想されるのである。

俗人としての本田善光

次は、本田善光である。善光は伊那郡麻績の人で国主参勤の時供奉して都へ上り、帰国する途上、難波の堀江を通りかかったものだという。そして、如来のいうには、天竺では月蓋長者、百済では王として如来を助けた者が、この国では善光として生まれたのだという。

如来と善光とは宿縁で結ばれているというのである。とはいえ、善光は長者ではなく、王侯貴族でもなく、もちろん僧でもない全くの俗人である。しかも、如来は聖徳太子がまつるというのを断って、あえて善光を選ぶのである。そして、善行が如来のために別に造った草庵をきらい、三度までも草庵から善光の家へ戻ってきてしまう。どうしても、俗人たる善光とともに在ることにこだわるのである。

また、善光にしても僧にはならず、あくまで世俗にあって尊い如来をまつろうとするのである。ここにきて、仏でありながら世俗の中でまつられようとする如来の姿と、世俗を離れず如来をまつろうとする善光の生き方が重なりあう。そして、このことが後に述べる善光寺そのものの性格に深くかかわるものと思われる。

(2) 石童丸・柏崎・土車

石童丸の背景

善光寺を舞台とする物語はいくつもみられるが、中でも石童丸の話は、ゆかりのある西光寺と往生寺のいずれもが絵解きをおこなっていることなどもあって、広く知られている。その内容は、一九五七年ころに往生寺が発行した一般向けの絵本によれば、概略次のようなものである。

なお、石童丸の話は中世の説教節から始まるものというが、ここでは話の系譜にはふれず、善光寺縁起と同様に寺と信者の両方が真実として願った話ということで、この絵本をテキストとした。

（1）筑前の領主松浦重氏は花見の席で、盃に桜の花が散り込むのを見て世の無情を感じ、えいくう上人の弟子となって髪をそり、坊さんとなった。時に二十一歳であった。

（2）ある日、箱崎の八幡様が重氏の夢の中に現れて、法然上人の所で修行しなさいと告げられ、その御告げのとおり法然上人のもとで十三年間修行をしたが、国元から妻子の尋ねてくるのを恐れて京都をたち、高野山に身を隠した。

（3）十四歳になった息子の石童丸は、まだ見ぬ父に会いたいと母に旅立ちを願った。母もその真心に動かされ、ともに京都へ旅立ち、法然上人に父のことをたずねると、父は既に京都を去った後であった。

（4）父は高野山へと聞かされ、石童丸と母親はふもとのかむろの宿にたどりついた。高野山は、女は登ってはいけないきまりであったので、石童丸は一人で山に登って父を尋ねまわった。

（5）蓮華谷の往生院で父重氏と会ったが、親だとは名乗られず、父は死んだと聞か

写真14　往生寺

された。やむなく宿に戻ってみれば、母は旅の疲れか亡くなっていた。
（6）石童丸は亡き父母をなぐさめようと、再び高野山へのぼっていった。そして、父とも知らず往生院の坊さん、とうあ（刈萱道心）の弟子となり、道然と名のった。
（7）お師匠さんの刈萱は、わが子と一緒にいるのは修行の妨げになるとして、高野山を下って信州の善光寺へやってきた。善光寺のお堂の前で、自分が安らかに眠れる所をお願いすると、善光寺如来が往生寺の所を授けてくれたので、そこで地蔵を刻み、八十二歳でなくなった。
（8）その後石童丸も善光寺へやってきて、父の刻んだ地蔵様を手本にして同じ地蔵様を造られたので、刈萱親子地蔵という。

手を変え品を変え、父子のすれ違いをあざとく語るこの物語りは、時をこえて人々に愛されてきた。父子の出会いと別れの場面を繰り返す物語りの構造は、どの場面から聞き始めても理解でき、この話が語られたものであることがよくわかる。

石童丸の父道心は、修行のためにこの世での肉親との縁を何としても断ち切ろうとする。逆に石童丸は、ひたすら会おうと追いすがる。父は筑前から高野山そして善光寺へとはるかに世俗を逃れていく。ところが、遠く離れたはずの善光寺で、死後ではあるがようやく父子としての出会いがかなうのである。このことから、通常ならば出会いが許されない者たちであっても、善光寺でならば認められるとする人々の意識がこの話の背景として想定される。

次にみる謡曲柏崎も、石童丸と同じように父子の別れと出会いが語られる物語りである。

謡曲柏崎

（1）越後の国柏崎殿は訴訟で鎌倉へでかけて、亡くなってしまう。子息の花若御前は父との別れを悲しみ、遁世してしまう。

（2）家来が柏崎に届けた花若の形見の手紙には、帰って母に会えば出家を止められると思って帰らない。命を長らえていたなら、三年の内には帰るとある。これを見て初めは恨んだ母親も、わが子の無事を神仏に祈る。

（3）夫を失った悲しみと子どもを案ずる余りに狂ってしまった母が、善光寺へお参りする。母が内陣へお参りしようとすると、女でそのうえ狂気の者が内陣へ入るのはもってのほかと、追い出されそうになる。女は罪深い者ほど阿弥陀如来にご縁があるはずだ。浄土は遠くではなく近くの内陣にあるといい、夜念仏をしようと内陣へ入る。

（4）これを見ていたのが、善光寺で修行をしていた花若である。母が形見の品を如来に捧げて祈る姿を見て、思わず名乗りをあげ、母子の再会を喜びあう。(4)

この柏崎でも、出家によって出会いがかなわなくなってしまった親子が、善光寺でなら許されて会うことができるのである。というよりも、善光寺でなら会うことが許されると主人公が判断し、そうした判断を妥当なものとして受け入れる観客側の感性があったというべきだろうか。悲しみに狂乱した母親は、「また唯心の浄土ならば、この善光寺の如来堂の、内陣こそは極楽の、九品上生の臺なるに、女人は参るまじきとの、ご誓願とはそもされば、如来の仰せありけるか」と、制止する人々を押し退け、「ここを去ること遠からぬ、これぞ西方極楽の、上品上生の、内陣にいざや参らん」と、内陣へお参りするのである。女であり狂っているという、二重の負い目を、だからこそ救われるのだと一気に逆転してしまうところに、これを創作した人々の願いや強さを読み取ることができるとともに、そうしたことが言い切れる場所、言い切ってしまっても観客に違和感を感じさせない場所が善光寺であったということもできるだろう。

謡曲土車

謡曲「土車」も、同様に親子の別れと出会いを語るものである。この話は概略、次のように展開する。

（1）深草の少将は妻に先立たれ、一子を残して出家し善光寺で修行している。そこへ母を亡くし父を失い狂ってしまった子が、物乞いをしながら父を探して諸国を巡り歩く途中に、家来のひく土車でやってくる。

（2）善光寺へ参った子を見て少将は一子であることに気づき、一度は名乗ろうと考えるものの、ここで会わないでおけば三界の絆を断ち切れると思いなおし、黙って行き過ぎる。

（3）善光寺へ行けば父に会えると考えたもののそれがかなわなかった主従は、一晩を如来堂で過ごし翌朝川に身を投げようとする。

（4）身投げしようとして川と門前の間で逡巡する主従を深草の少将が止め、父であることを告げて親子の対面がなる。(5)

先の「柏崎」は狂った母親と出家した子の出会いの物語りであり、「土車」は出家した父親と狂った子の出会いの物語りである。この場合の狂は、子（親）を失ったおかげで精神がこの世のものではなくなってしまった状態である。したがって、本人の体はこの世にいるかに見えて精神はこの世ならざる世界に存在するのである。柏崎と土車の話の構造は、左の図4からもわかるように、息子が娘に変わっていないだけで、完全にネガとポジの関係にあり、同じイメージのもとに作られたものであると想像される。

「土車」で、川に身を投げて死のうという主人公にたいして、家来には「……さりとても善光寺にては尋ね逢ひ参らせうずると存じ候へども、今ははや某も退屈仕りて候。……」と答えさせていることから、「柏崎」同様に、善光寺ならば許されない者も出会うことができるのだと受け取られていたことがわかるのである。

「柏崎」		
母	――善光寺――	息子
狂		出家
異界		聖界
「土車」		
父	――善光寺――	息子
出家		狂
聖界		異界

図4　二つの謡の構造

4　善光寺とは何か

(1)　出会いの場

生者の出会い　石童丸、柏崎、土車の三話は、いずれも中世に集団あるいは個人によって創作されたものであり、当時の人々の心情にそったものだといえるだろう。では、なぜ親子は離れ離れにならなければならず、そうした親子が善光寺ならば出会えると受け取られていたのだろうか。三話はいずれも出家した親あるいは子と、俗世間に残された肉親とが善光寺でめぐり会うというものである。これらの話が創作された中世は、戦の中で肉親との別れや出会いが現実に数多く繰り返されたことであろうから、モチーフとして人々にすんなり受け取られ好まれるものであっただろう。しかし、三話の場合の別離は戦が原因ではなく、出家である。出家者と俗世間に残された肉親とは、現実はともかく、会ってはならないものとされていたのだろう。そうした聖と俗に引き裂かれた肉親が、善光寺でならば出会うことを許された。あるいは、出会うことがあるかもしれないと期待されたのである。

ならば、出会いの場としての善光寺という心情が、今も続いているのかどうかが問題となる。これを物語る話が新聞に掲載された。

長野駅近くで信州の特産品店を営む商店主から、こんな話を聞いた。十月初めの夕刻、店で土産物を買った老夫婦と言葉を交わした。善光寺参りを兼ね戦友の消息を知る目的でやって来たのに、願いを果たせなかったという。ひどくがっかりして帰っていったので、何とか力になってあげたい、というのだ。一部始終を聞くと雲をつかむような話ではある。愛知県豊橋市に住むその人、八十一歳の吉川章さんは終戦時まで、旧陸軍の北支方面軍司令部副官部功績班に軍属として勤めた。人生も残り少なくなり、当時親しかった同僚にぜひもう一度会いたい。その友は長野市近辺の出身で、姓は「早川」だが名前は忘れてしまったという。(6)

状況は異なるものの、この吉川さんが善光寺の功徳に一縷の望みをかけていたことは否定できないだろう。善光寺へお参りするのだから何とかなる、そう思わせられる気持ちは今も人々のどこかに息づいているに違いない。ちなみにこの吉川さんは、新聞記事をきっかけとして、その後旧友とのめぐり会いを果すことができたというのである。

聖は来世、俗は現世としばしば読みかえることが可能である。そこで、善光寺での聖と俗との出会いは、来世と現世との出会いに通ずる。これをあらわす、次のような江戸時代の霊験譚がある。

死者との出会い

肥前の国長崎より、同行四人にて、善光寺へ参詣いたしける道中にて、女房わずらいつき、ついにむなしくなりにける。夫吉蔵というもの、よんどころなく、二歳になる男の子をふところにして、よろよろ善光寺へ着きける。不思議なりけるは、失せたる女房、形をあらわし、こり乳を含ませながら、如来前へ参り、伏し拝みける。そののち、小児を夫へかやし、形はそのまま消え失せにける。誠に不思議の事なり。これ、ひとえに如来をこころざし来たる一念の届きたる所なれば、聞く人袖を濡らしける。そののち、善光寺如来、長崎御開帳の時、吉蔵は妻のため如来のお弟子となり、髪をとりてぞまいりけるは、げにありがたき事なりける。(7)

善光寺では、生者ばかりでなく死者にも出会えるのである。参詣者が死者に出会うために設定された場所が、お戒壇であろう。参詣者はお戒壇を巡ることで、つかの間のあの世を体験することができた。それはまた、手軽な死と再生のドラマでもある。だから、お戒壇は現世に置かれた来世だといってもよいだろう。この世にあってあの世を垣間見ることも、善光寺へお参りする一つの理由であるに違いない。

死者であれ生者であれ、二人が出会うということは、二つの世界の接点がそこにあるということだろう。善光寺が出会いの場であるということは、異なる二つの世界の接点が善光寺だと考えられているからなのである。

	「石童丸」	「柏崎」	「土車」	内陣	本堂	境内	世界
聖	父	子	父	中陣 内陣	内陣	瑠璃壇	来世
境界	善光寺			外陣	中陣	内陣	戒壇
俗	子	母	子	外部	外陣	善光間	現世

図5　聖と俗から見た善光寺の空間

(2)　聖と俗のあわいに

善光寺の位置

これまでの考察を踏まえるならば、善光寺で接する二つの世界とは、一つには聖と俗であり、もう一つには現世と来世であろう。聖と俗とが接する場だからこそ、出家した肉親とも善光寺でならば出会うことができると受け取られたのだろう。聖世界にそびえる高野山では名のり合えなかった道心と石童丸が善光寺でなら、出会うことができるのである。そうした聖にある俗あるいは俗にある聖という善光寺の性格は、先にみた善光寺縁起の中で俗人である善光の側を離れようと

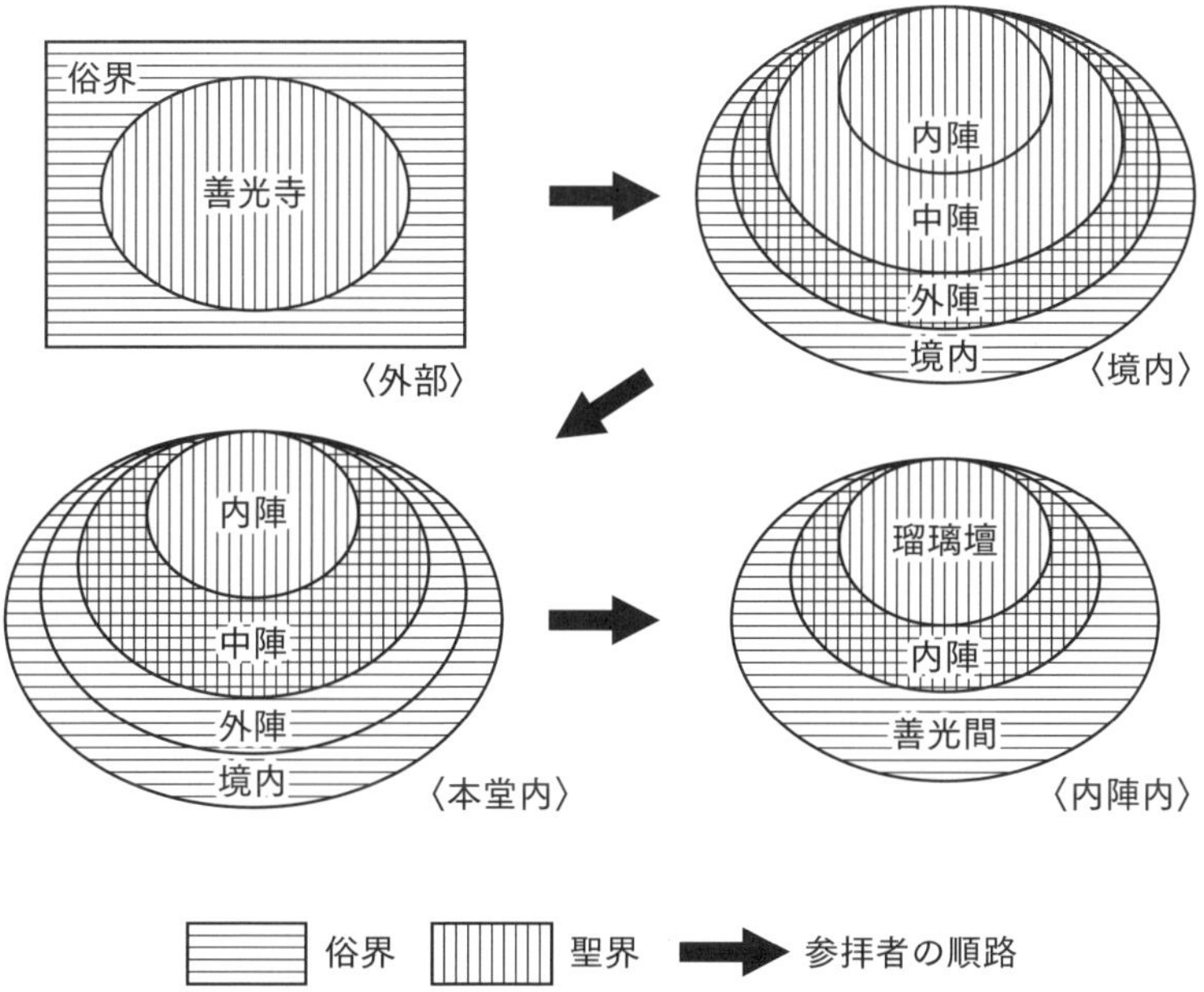

図6　善光寺の世界観

しなかった如来のまつられ方に象徴的にあらわれている。さらにそれは、聖と俗とが入れ替わりながら本尊へ進むという、善光寺本堂の空間的意味付けにも表現されている。そもそも、善光寺へ参詣する者の主目的は中陣あるいは内陣でのお籠もりにあり、そこは聖空間でありながら俗人に広く開放されてきた。本堂内はまさに聖であって、しかも俗なる世界であった。さらにそれは、内陣という聖空間に俗人である善光一家を正面におく、という配置にもよく現れている。

もう一つの接点としては、現世と来世とがあげられる。亡くなった肉親にも会えるのが善光寺であり、そのための仕掛けがお戒壇なのである。

これらの善光寺の性格を範疇別に示すと図6のようになる。一口でいってしまえば、聖と俗とをあわせもつことが、善光寺を善光寺たらしめてきたといえるだろう。厳しい戒律は善光寺には似合わない。そのことが、女性を受け入れたり、宗派を問わないことにあらわれたり、親鸞のような非僧非俗の宗教者をひきつけたりしたのだろう。

ボーダーレスの時代

現代はボーダーレスの時代、境界を失いつつある時代だといわれる。人々にそのまま受け入れられる共通の価値感が失われ、何につけてどっちつかずの状態が続いている。日常の中で聖と俗、ハレとケの区別が本当にはっきりしなくなってきている。世の中全体が善光寺化しているといってもよいだろう。こんな時代には、逆に極度に聖性を装って俗世間との縁を断ち切ろうとする宗教の萌芽と、それを受け入れようとする人々の危ない動きもある。ただ、善光寺が境界領域に存在し続けてきたといっても、俗世での弱者こそがここでは救われるというのが如来の仰せであると、俗世の負をそのまま丸ごと聖世界の正に転化してしまう仕掛けと強さをもっていたこと、そして今もそうした力があれだけの参詣者を集めているにちがいないことを、将来に向けて真摯に受け止めていきたい。

註

（1）菅江真澄「久米路の橋」『菅江真澄全集第一巻』未来社　一九七一年

（2）『長野県の地名』平凡社　一九七九年
（3）同右
（4）野村戒三編『謡曲二五〇番集』赤尾照文堂発行　一九七八年
（5）同右
（6）「信濃毎日新聞」一九九七年一一月二四日
（7）小林計一郎『善光寺さん』銀河書房　一九七三年

Ⅱ　変化する暮らし

一　上伊那郡中川村大草のダンナ様の暮らし

1　地主と小作

上伊那郡中川村辺りは所謂親方・被官制度が農地解放まで残っていた地域である。被官のことはシタといい、昔は縁組の際に問題とすることもあった。身分制度の名残である。Tさんはこの地区の山から天竜川までの田畑と四〇町歩の山を所有する地主の家に生まれた。

昭和の初めに生まれたTさんの幼いころ、六〇歳くらいの年寄りの人に外で会うと、子どもの自分に地面に膝をついて挨拶をされていやだったことを覚えているという。ムラの人が自分の家のことをよその地区の人に話すような時は、屋号でO様といい、頼み事などがあってこの家にきた時には、ダンナ様とかいっていた。

家族は九人で、住み込みの使用人が五人いた。男の使用人は二人いてオトコシュといった。お金を前借りして、年季奉公に来たのである。Tさんの母親が飯田市大鹿の出身であったことから、大鹿の人が来ることが多かった。子守・女中は三人いた。これは新潟ややはり大鹿の人だった。時には、近所で「通い」でいいからという人がいたこともあった。

農業の忙しい時は一日に八人くらい人を頼んだ。蚕種を製造したときには、三〇人くらいの人が働いていたことがあるというが、養蚕には近所の若い男の人を常時七人くらい頼んでいた。蚕の雌雄を見分ける鑑別士は特殊な技能をもった人たちで、五、六人でグループを作って、時期になるとスガク（蚕が繭を作る）のが早い伊那谷の南部の方から北部へと泊り込みで働き歩いていた。

小作の人たちは正月の一日から小正月くらいの間に、麻とか障子紙、くし柿などを少し持って年始の挨拶にきて、小作勘定をした。小作の人が来ると、お膳を出して酒を飲んでもらった。小作勘定は、米は暮れのうちに馬につけて蔵まで運んできた。山年貢はお金で払ってもらった。小作人の人は普段は現金を持っていないので、医者の支払いだとか何か食べ物を買うような時には、お金を借りにきた。そうした貸金は証文や大福帳につけておき、地代の他にそうしたものも小作勘定で清算した。お金を全部払いきれず、借金がたまりにたまっていくので、五年に一回くらいは悉皆勘定にしてあげたという。

また、墓も無償で使っていたので、そのかわりに盆には墓掃除をしてもらった。そのほか、こっちの仕事が忙しい時には、来て働いてもらうように頼ん

写真15　大草遠景（上伊那郡中川村大草　三石稔氏撮影）

だが、そうした時には自分の家の仕事がどんなに忙しくてもそっちは捨てておいて、働きに来なければならなかった。また、借金の埋め合わせに働きに来られるように、相場の日当で不公平がないように、できるだけ平均に働き手を割り振った。働きに来てもらったときには、必ず食事は用意した。借金のかたに働きにくる人たちには、主に桑園の管理をしてもらったが、その他に田仕事としては田起こし、苗作り、山仕事としては下草刈り、植林、薪作り、炭焼きなどをしてもらった。薪は自家用だったが販売用にもわずか作り、製糸工場などがほしいといってくれば売ってやった。

Tさんの家の台所は一～二尺の段差をつけて部屋が二つに分かれていた。高い方をオカミといい、Tさん家族の居間で小作の人がきても上までは上がれなかった。オカミにいる人という意味で、Tさんの家族は他の人からはオカミノシューと呼ばれた。オカミにはオカミノヒバタとコタツがあった。オカミノヒバタは炭を使い、五徳と鉄瓶があった。低い方の部屋は板の間でネコが敷いてあり、イロリがあった。ここでは薪をたき、カギヅツに鉄瓶を下げてあった。

2　T家の一年

Tさんの家では年中行事は丁寧におこなっていた。それは次の通りである。

一月一日　普段はチャブダイで食事をしているが、一日の朝だけはオゼンを作ってお雑煮を食べた。お雑煮には焼いた餅の他、ごぼう・にんじん・昆布・竹輪・大根などを短冊に切って入れ、醤油で味をつけてある。雑煮の他には、タツクリ・カズノコ・柿・尾頭つきとして鰯・きんぴらなど年取りの御馳走の残りを食べた。年取りに食べるぶりと鮭は地元の魚屋に注文して届けてもらったが、御歳暮にも届いた。

二日　とろろ汁とぶりの焼き物を必ず食べた。仕事始めで、暮れの内に近所の人が下準備に作って持ってきてあるフクナワの仕上げを、オトコシュウがする。古いフクナワは、暮れのうちにはずしておく。

三日　えびす様の棚にフクナワを飾り、円形に開く扇子に麻をたらして飾り、フクナワに結わえ付ける。これもオトコシュウの仕事である。この日のことをエビスビラキといい赤飯と竹輪、板付き、青菜などを入れたさっぱりしたオスマシ、秋刀魚か鰯、それに煮付けを食べた。

一二月三一日から三日までは、すべての門松のオヤスに毎日ご飯を進ぜた。松飾りは、流しのある場所に祀ってある水神様、ヒバタの近く大黒柱に祀るコージンサマ、台所に祀る恵比須・大黒様、玄関に祀る神棚、屋敷地の鬼門に祀るお稲荷さん、屋敷地の一番外側に天白と飯縄権現を祀る産土神に飾ってあった。

六日　ムイカドシというがありあわせの物を食べるだけである。

七日　ナノカショーガツで門松をおろした。

一一日　カガミビラキでお供えを下ろして食べた。

一四日　一二日ころ子どもが門松を集めにきて持っていって作ったホンヤリに、四時ころ火をつけた。竹の先を二つに割って餅をはさみ、この火で焼いて食べた。これを食べると無病息災だといった。皆が餅を焼いているころ、厄年の人は下着・着物・羽織などを道端におき、少し離れた場所で紙にくるんだ銭を後ろ向きに投げて、集まった人々に拾ってもらった。ここで拾ったお金は家の中に持って入ってはいけないといい、その日のうちに使える人は使ったが、使えない人は軒下の石の下などに置いておき、翌日に使った。

一五日　この日を小正月という。門松をはずした後に竹とソヨモを縛りつけ、根元を薪で囲み正面の一本には十二月と書き二十日正月まで飾っておく。米の粉でマイダマを作り、ソヨモにこれをつけ石臼の穴にさして立てて飾った。小さな竹へはアラレにした餅をさし、これも石臼に立てた。この日お膳は作らないが、正月に準ずる料理をした。お膳に干し鰯のお頭つきをつけて、神棚へ上げた。またこの日には、小作人の女の人が挨拶にきた。

一六日　ヤブイリ。使用人の人たちに、襦袢から下駄まで新しい物をそろえて渡した。家に帰る人には暮れのうちに渡した。裁縫を習いたい女中さんは、一〇月頃布を買ってもらい、自分で縫っていた。

二〇日　二十日正月という。小正月のソヨモ・竹をはずして集め、火をたいた。

三一日　ミソカショーガツといい、夕食に何か一品余分に作った。

二月三日　節分で大豆をいり、一升枡に入れて神棚に供えてから、「福は内、鬼は外」といって投げた。これは男の子やオトコシュウなど、男がやるものだった。また、カニカヤと紙に書い

て蔵、水回り、勝手口などに貼った

三月　三月になると初節供の家では雛飾りをし、四月三日ころまで飾るが、普通の家では四月一日に飾って四日には必ず片付けた。いつまでも飾っておくと、「行き遅れてしまう」（なかなか結婚できない）といって嫌った。前の年にとって干しておいた蓬を入れて、草餅をついた。

彼岸　墓地と仏壇の掃除を簡単にした。彼岸の間は、ご飯と味噌汁を仏様にあげた。彼岸の入りかその次の日には団子を作り、中日にはおはぎを作ってあげた。

四月三日　この日は八幡神社の宵祭りで、この日の夕食か四日の朝食に、赤飯にお頭つきを用意した。八幡神社の祭りにはソヨモに幣を付け、神棚とオヤシロ（産土様）にあげ、酒と洗米、塩を供えた。お宮では手踊りや芝居をした。芝居はたまには買い芝居をしたこともあった。親類縁者をお客に呼び、初嫁はきれいに着飾って祭りを見に行った。Tさんはオンナシュウやオトコシュウに連れていってもらって、祭りを見た。

五月五日　五月の節供は、雛祭りよりもきちんと祝った。幟をたてて祝ったが、一般には幟やお雛さまは嫁の実家から贈られるものだった。菖蒲と蓬とを束ねて玄関につるし、菖蒲湯をたてた。赤飯をたき、鰯のお頭つきをつけた。柏餅は家で作ったり買ってきたりしたが、チマキは母の在所から、オトコシュウがお使いで持ってきてくれた。

六月　田植えが始まると、オチューニン（オセワニン）を務めたムラの中の何軒かの家からは手伝いにきた。オチューニンをすると、オヤサマといわれ親密につきあったが、ムラの中のオチユーニンをすると、した家としない家とでつきあいが不公平になるので、できるだけしないようにしていた。田植えがすむと、オサナブリといって、植え残った苗を束ねて薄をさし、田の水口に置いて豊作を祈り一杯飲んだ。多くの家では、結いで仕事をした同士が、毎年順繰りで宿を決めて祝った。Tさんの家では、手伝いに頼んだ人をみんな呼んで、酒・肴・アンコロ餅をふるまった。この席で子どもができたとか、年寄りが弱ったとか、作物がとれたとかとれなかったなど、地域のコミュニケーションがはかられた。

七月　ドヨーウシノヒには天竜川で釣った川魚、鰻などを食べた。祇園があり、男の子が麦藁を束ねて山へ持っていき、夕方火をつけて振り回した。

八月七日　タナバタで六日の早朝、里芋の葉の露や蓮池の水で墨をすり、短冊に書いて竹に飾った。竹箕にとれた野菜を山のように積み上げ、軒下に置いた涼み台に七日に一日飾り、八日の早朝にはかたづけて田の用水へ流した。七日は墓掃除の日である。夕方六時ころ、新盆の家・公用のある人・単身者を除き、十五人ばかりの小作の人が墓の掃除にきてくれた。この日の日当はなく、ちょっとしたごちそうと酒を振る舞った。肴は佃煮などで、ごもくごはんとちらしずしを一年おきに出した。

一二日　一三日の早朝にオッサマがくることもあるので、盆の準備を済ませた。棚を出し、すすきを筵に編んで台の上に敷き、位牌を置いて供物を飾った。丼に里芋の葉を敷き、なすをさいの目に切って山盛りにし、ミソハギの穂がついた枝先を添えたものを必ず供えた。きゅうりとなすにすすきの茎を刺して足としたウマとウシは、一三日から一五日の間に作って供えた。

一三日　夕方少し早めにお墓へ行き、墓参りをして墓地で火をたき、家ではムカエビをたいた。ムカエビには、松の根を割ったショーコンでないとミヤマシクナイ（立派ではない）といった。ムカエビはカドビともいい、一三日から一五日の夕方には毎日たいた。家には風呂をわかしておいて、墓地から帰ると風呂のふたを取って、仏様に風呂に入ってもらった。この日はてんぷらとうどんを必ず作った。

一四日　おはぎを作った。

一五日　ごもくごはんを作った。

一六日　朝カドビをたくがこれをオクリビという。お墓参りをし、墓でも火をたいた。供え物は筵に包んで側の小川へ運び、流した。

九月　二百十日がすむと、二人ばかりの人を頼んで、方々の沢にあるくるみを採ってもらい、お酒とごはんをふるまった。

彼岸　墓を少しきれいにし、中日にはアンコロを作った。てんぷらは彼岸にはつきもので揚げた。

十月　十三夜の月見をした。米の粉で直径三センチくらいの大きさの団子を作り、三宝に三角に盛り上げてすすきと女郎花を添え、軒先の涼み台に供えた。里芋を掘ってきて皮のついたまま蒸かし、半分皮をむいたものをキヌカツギといい、味噌をつけて根元を絞り出して食べた。餅をついて、チューニンにはオリモチにして届けた。
一一月二〇日　恵比須講で赤飯をたき、秋刀魚を入れて大根を煮たアツニを作った。女中さんやオトコシュウには買い物に行かせた。売出しの時は人が多くてゆっくり見て買えないので、Tさんの家族が買い物に行くことはなかった。月末にはユイでする臼ひきが終わったころを見計らって、当番の家を宿として一品持ち寄りで一杯飲んだ。Tさんの家では、臼ひきに頼んだ人を呼んでふるまった。
一二月二二日　冬至で、かぼちゃを小豆で煮たイトコ煮を食べた。冬至が終わると正月準備にかかった。豆腐ひきやこんにゃく作りをしたり、掃除をしたり、使用人にあげる着る物の準備をした。
二五日　正月の買い物を始めた。
二八日　餅をつく人は残って男は松迎えに行き、女は餅をついた。
三〇日　注連縄とオヤスを作った。
三一日　使用人は掃除洗濯の残りをすませ、なますなどの料理を山ほど作って、半日ほどしてから自分の家に帰りたい人は帰っていき、正月三日くらいまで休んだ。帰る人には、着る物一式とわずかの小遣いを渡した。年取りに休めない人は、小正月や藪入りのあたりに三日ばかり休ませた。この日内外の神とお墓の石段の所に松飾りをし、神棚には御神酒とお供えを供えた。
年取りと正月には、神棚のある部屋に家族が集まってあいさつをし、当主からごくろうだったとねぎらいの言葉があって、食事を始めた。年取りには、焼き物としてぶりがつきものだった。こうした行事は、今では三分の一ほどしか行っていないという。何をやり、何をやらないかはその時の気分で特別な理由はないという。

3　若干の考察

この地域の大地主としてのTさん宅でも、大部分の地域の人々と違った行事をしているわけではない。ただ、ユイなどには加わっていないので、それに関わる行事はT家だけで別に行っていることがわかる。また、かなりていねいに年中行事を行っていたことがうかがえるが、経済的ゆとりとも関係しているかと思われる。しかし、では当時よりもはるかにどこの家も豊かになった現在、こうしたゆとり（生活上の遊びともいってよい）ある行事が、どこの家にもみられるかといえば、むしろ逆である。してみると、年中行事を支えてきたエネルギーは何だったのか、今後分析していかなければならないだろう。

経済上の苦労といえば、地主に比べれば小作の人々がどれだけ苦労したかは計り知れない。小作の人々の流す汗の上に地主はあぐらをかいていた、といわれればそれを否定することはできないだろう。しかし、経済上の苦労の他に、地主には地主の苦労もあった。地域の文化を支え、小作の人々の面倒をみなければならないという責任感もあった。私が調査にお邪魔したとき、T家は改築にとりかかる寸前だった。Tさんはここに暮らすことになる若い者に、古い物を感じさせないように新しい家を建てたいのだという。長い間その下の暮らしをみつめてきた庭の松の老木は、これから先の変化をどう見ていくのか。人の暮らしはそう簡単に変化しないというのが民俗学の前提ではあるが、自然に比べれば、生活ははるかに流動的であることを思うのである。

二　山の暮らしは貧しいか
――信州秋山郷の暮らしから――

はじめに

里のムラから人がいなくなっている以上に、山のムラからはどんどん人がいなくなっている。これは何とも致し方ない事実である。既成の価値観に従う限り、山が暮らしにくい場所であることは否めない。山では自分の体を動かさなければほとんどの物が調達できず、金さえあればすぐに何でも手に入る都会の便利さに及ぶべくもない。このままでは、日本中の山村という山村は無住となってしまう。だから山村を復興しなくてはならない、というのは乱暴な議論だろう。かつて歴史の流れの中で、いつのまにか姿を消してしまった村は数多い。発掘してみてこんなところに多くの集落があったと驚くのは、古代に限らない

新興住宅街が形成される一方で、山村が廃村になるのは冷たい言い方だが、ある面で仕方ないともいえる。しかし、ひたすら生産力をあげて物の豊かさを追求する、これまでのような暮らしぶりが今後も永遠に続くとは思われない。いったん立ち止まってギヤチェンジし、生活の質を見直す時期ではなかろうか。それは、山村を復興するというようなノスタルジアではない。都市か

山村かといった場所の問題ではなく、山の暮らしの在り方を問うてみたいのである。山の暮らしの中に、閉塞した時代を転換する古くて新しい価値観が隠されているのではないかと思われるからである。

1　物産にみる秋山郷の暮らし

信越県境の秋山郷は、つとに秘境として知られている。明治一三年の調査（『長野県町村誌』昭和一〇年　長野県）では、物産として次の物をあげている。

下等米　七〇四石八斗四升一合　自用費／下等糯米　一一五石五斗五升七合　自用費／下等大麦一石四斗　自用費／下等小麦三石五斗　自用費／中等粟八六二石五斗　自用費／下等稗九九九石　自用費／下等大豆八三石三斗五升　自用費／中等蕎麦一六六石五斗　自用費／下等馬鈴薯四五七斤　自用費／下等菜種三石八斗　自用費／下等荏十八石　隣村へ輸出す／中等楮皮八七五斤　隣村へ輸出す／下等藍葉五八〇斤　隣村へ輸出す／下等繭四三七斤半　隣村へ輸出す

（戸数は五四七戸　人口二七二六人である）

聞き取り調査の中で、話者の方々が生活程度を示す指標として話されるのは、米の飯が食べられたかどうかということがある。「この辺りは豊かで、昔から米の飯を食べていた」「白米を主食にしていた」などが豊かさの象徴として語られ、逆に「田が少なく、なかなか米を食べることができなかった」が、貧しさの象徴として語られる。水田があるか米を不自由なく食べることができたかが、いつのまにか一般的な豊かさの基準として定着した。もっとも、現在は当たり前すぎてそれは基準といえなくなってしまったが。

そうした観点で見る限り、物産によれば粟や稗を主食として暮らした秋山の暮らしは、決して豊かだとはいえない。作物のほとんどが自家用に費やされてしまい、換金作物も大してないとなれば、自給自足のかつかつの暮らししか想像できない。しかし、実際はどうなのだろうか。かつては生きるのに精一杯の厳しい暮らしと思われた縄文時代が、活発に交易をおこない豊かな精神生活を営んでいたことが発掘成果から明らかになりつつある現在、米がとれないことが貧しいことだったか、問い直してみる必要がある。

2　秋山の食物

水田が少ない秋山では、昭和三五年ころまでは、田圃をもっていれば旦那様といわれたという。旦那様というのは裕福な人という意味であろうか。秋山の田圃は、焼き畑の合間に一枚一枚共有林の木を伐り、石垣を積み、唐鍬で起こしてモッコで土を担いで作ったものだという。共有林は、どこを開田してもよかった。今はその田の多くに杉を植えて、山に戻っている。

米が足りなかったから、粟一升に米三合の割合で混ぜて炊いて食べた。また、朝は蕎麦や稗の粉をこねて中に野沢菜の味噌漬けなどを入れて焼いた、アッポという物を食べた。朝飯のことはチャナ（ノ）コといった。昼はアワメシを食べた。メンツのふたと両方に飯をつめて油でいためた味噌をおかずにして、山や畑に持っていった。夜はカテメシを食べた。それはアワメシに山菜や大根、菜っ葉などを入れたおじやで、子どもでも三杯から五杯は食べた。仕事をする者は五杯は食べないと腹がもたなかった。

冬の朝には、トチアッポを食べた。これは、栃の粉五合に稗の粉一升の割合で混ぜてこねて握り、蒸かしてから臼でつき丸く握ったものである。トチアッポは、五、六人家族で二〇日間食べられるほどの量を一度に作り、カマスに入れて保存しておいた。保存したトチアッポに赤かびがふくとその年陽気がよく、青かびがふくとその年の陽気が悪いといった。

トチアッポは正月から三月まで食べ、四月からは栃の粉を入れないアッポを食べた。栃の実は、秋の彼岸の二、三日後にヤマノクチが開くと拾いにいった。ヤマノクチが開くとは、共有林への入山許可をいう。ヤマノクチを開ける日は、オモダチ（村役）が決めて触れて歩いた。ヤマノクチが開くと栃の実は、朝暗いうちから一軒で三人ででも四人ででも、その家で拾える限り拾ってよかった。拾ってきた栃の実は、水を張った樽に三日間入れて虫を殺した後、干してから保存しておいた。

山菜は、共有地ならどこで採ってもよかった。蕗やミズナ、ウドなどはみんなが採ってしまうので山にないほどだった。また、子どものおやつも自然にある物で、スイコに塩をつけて食べたり、山葡萄のつるの先を食べたりした。また、梨や李は風で落ちた物なら自由に拾って食べてよかった。

こうしてみると、稗・粟・栃の実が食事の大きな比重を占めていたことがわかる。稗と粟は焼き畑に栽培した物、栃の実は山から拾ってきた物であるから、いずれもが山の恵みといってもよい。その他山菜なども含めれば、秋山の食は大きく山に依存していたのである。

3　秋山の生業

秋山では、夏は百姓冬は猟師で稼いだという人が多い。『長野県町村誌』の記述では、換金できる産物が少なく、食べるに精一杯の印象を受けるが、猟の獲物一つとってみても大きな現金収入となった。しかも、換金できるのはそればかりではなかった。ここでは、交易に着目しながら生業について述べてみよう。

焼き畑

焼き畑は主食の確保が目的で、交易の産物となったわけではないので、簡単に触れておく。春、五月末までに蒔き付けができるようにする焼き畑をハルガンノといい、七月末までに蒔き付けができるようにする焼き畑をナツガンノといった。共有林を焼き畑にするのだが、春に山を見てどこを焼くか焼く範囲を決め、ボヤの枝を結んでおくと、そこは誰かが焼くつもりだとわかって、ほかの人が焼かなかった。歩いて一時間くらいかかる奥山で、一反歩の山をウナウのに十人足必要だった。ハルガンノでは粟をまいたが、春の火はすぐ延焼してあぶなかった。ナツガンノでは一年目には蕎麦、二年目には粟か稗、三年目には豆をまいた。ナツガンノは草が繁っているので延焼しなくてよかった。焼き畑は三、四年続けると捨てたが、地味がよければ七、八年も作った。

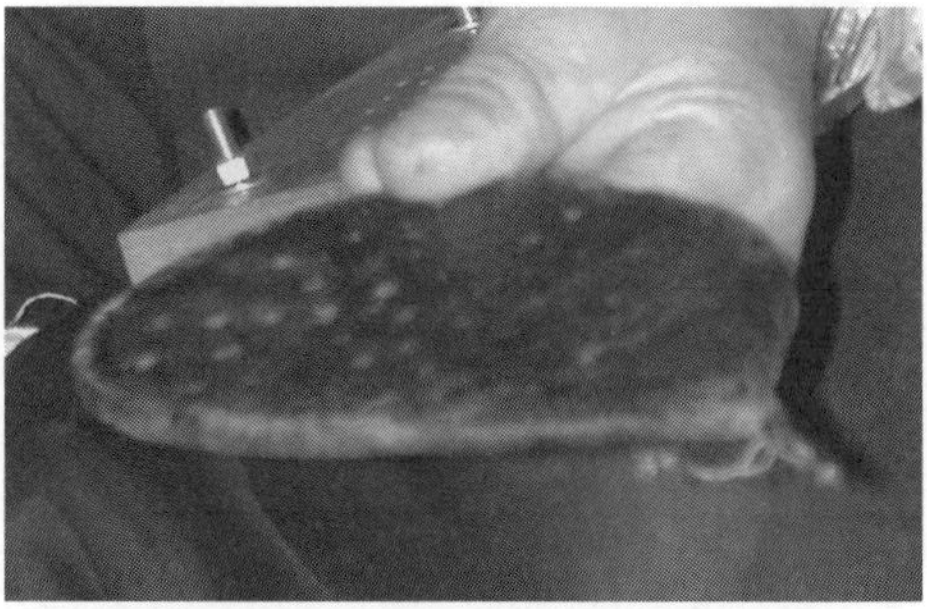

写真16　熊の胆（下水内郡栄村秋山）

狩猟

秋山での大きな収入源といえば、何といっても冬の猟であった。米一俵が四円の時、バンドリの皮一枚五円だったし、輸入皮が入るまでは兎の皮は一〇〇円もした。熊にいたっては、一頭一〇〇〇円もしたから冬仕事の猟で楽に暮らせたという。とはいえ、熊は小赤沢という集落に七五人の鉄砲打ちがいても、一冬で二頭くらいしかとれなかった。

熊猟はヤバという銃の打ち手が二～三人と、オイッコという勢子とで五、六人～一〇人くらいの組を組んでやった。銃の打ち手は、山を知り獣の道を知っている者がなった。猟に山へ入るときは、粟、味噌、塩を背負い兎をとったりしながら、獲物がとれるまで二週間でも帰らなかった。カマスを背負って行って山で小屋掛けをして暮らした。山へ入ったら幾つもの作法があった。歌をうたうな、口笛をふくな、「死」というな、山に入って仕事が長くなるから麺類は持っていくな、同時に出て別の方向へいくデワカレをするな、などといわれた。

バンドリは一晩で二〇羽もとれた。大正三年八月一四日、盆に新しい家に住むといって、住んで二日目の小赤沢の人が、鉄砲水が出て家を流されてしまった。その人が津南町の金貸しに家を再建するための金を借りにいくと、どうやって金を返すか説明できたら貸してやるといわれた。いわれた人は、月夜の晩にバンドリをとり、熊を打って金を返すといったら七〇円貸してくれて、後で記す。

それでまた家を建てたという。バンドリは、月夜の晩にブナの木にとまっているのが下から黒く点にみえるので、それをねらって撃つのだという。

猟師は釣りもした。川魚を釣って野沢や山ノ内へ売りにいった。魚釣りにまつわる逸話はまた後で記す。

木工とつる細工

鉄砲を打たない人は木工やつる細工をして稼いだ。昔は山からブナ・栃・楢などの木材を切り出して、松本や富山県や福井県などに運んでいた。富山ではそれを木鉢などに加工していた。それを見てまねをして木鉢を作り、背中に背負って信州中野へ売りに行き、米と交換してきた。一時アルミのボールにかわって売れなかったが、最近はまた本物志向で売れる。しかし、木鉢になるような栃の材木が不足している。

ブナ材では、コースキという雪かきのスコップを作った。コースキは直径二尺以上のブナの一等材でなければできなかった。ブナの伐採から自分でしたが、誰もがそんな技術をもっていた。コースキは新潟から買いにきた。十枚ずつ縛り、二〇〇丁くらいを一頭の馬や牛につけて運んでいった。コースキで財をなし、金貸しまでになった人があるという。

つるは、盆前にとって一貫目いくらで仲買人に売った。この金をオボンコヅカイといった。

その他の仕事

冬仕事に炭焼きをする人は少なかったが、炭を入れるスゴを編むのは年寄りの仕事だった。三月から四月にかけて一か月ほど、共有林のブナ・ナラ・カエデなどの木材を伐って雪の上をソリで引き出し、薪を作った。また、営林署に雇われて、通年山仕事をする人達がいた。その人達の中で腕の強い人（よく仕事ができる人たち）は、組を組んで営林署の下請けをし、普通の人の倍も金を稼いだ。

養蚕は昭和四五〜五〇年ころ盛んだった。春蚕、夏蚕、秋蚕の年に三回飼った。

4　交易と文化

ここまでみてくれれば、秘境といわれた秋山が決して孤立した集落ではなく、周辺地域との活発な交易の中で存在したことがわかるだろう。では文化という面ではどうだったろうか。それを表す象徴的な話をお聞きすることができた。

大正一三年生まれの話者が一六歳のとき、九〇歳で亡くなった祖父の若いころの経験談だと聞いた。秋山から沢づたいに岩魚を釣りながら草津まで行き、草津の旅館に獲った岩魚を売って、帰りに塩を買ってくるということをしていた。あるとき、滝壺に藤で編んだ網をしかけておいて、網にかかった鱒をとり、魚を担いで草津まで売りにいった。すると、途中のジュウ（リュウ）という岩穴で、髭をはやした人に呼び止められた。その人は魚を置いていけという。見ると、洞窟の中には洋書がたくさんあり「佐久間」と名前が書いてあった。それで、佐久間象山だとわかった。山に隠れて洋書を勉強していたのだという。酒を飲めと勧められて飲むと、もう一杯飲めといわれたが、飲むと帰れなくなるといって断って帰ったという。以来、祖父は勉強することに熱心になり、囲炉裏の灰に難しい字を書いて覚えた。読めない字がなく、学校の先生も教わりにきたという。

山の洞窟に髭の老人が住んでいて、知恵を授けてくれるというのはまるで昔話のパターンである。洞窟にいたのは佐久間象山で、洋書を読んでいたというのはできすぎた話である。こんな話が語られていたということは、この話を事実だと受け入れる土壌があったことを示している。それはどういうことかというと、佐久間象山がどんな人物か知られていたこと、魚を釣りながら草津に行く若者でも字が読めると普通に考えられていたことがあげられる。山の中だから文字が読めないどころではなく、時代の最先端の文化（洋書）が山の中にあるんだという自負だともいうことができるだろう。

なお、現在でも尾根を通る林道を車で走り、草津まで酒を飲みに行く豪快な若者がいるともきいた。

おわりに

米の収穫高を基準としたら、山村は確かに貧しい。米が食べられないことを惨めだと感じたら、惨めな暮らしであった。しかし、ひたすら貧しく、惨めな暮らしの連続で何十年も、時によっては何百年も、集落が存在し続けられるだろうか。そう考えて山の村を見直すと、米以外の、少量ながら多くの産物があったことに気付く。山が豊かな恵みを与えてくれたのである。さらに、現在の道路の距離感覚では非常に遠い場所であっても、尾根道を歩く気になれば予想以上に近くなり、車に載せるほどの大量の物資を一度に運べるわけではないが、人の背による活発な交易がおこなわれていたこともわかる。

してみると、もっと山の暮らしをトータルに捉えて、とりわけそこにおける生業複合を丹念に洗い出すことが、稲作中心主義を超える、もっといえば為政者側に刷り込まれた米中心の視点を解体していくことに繋がると思われる。そうすることが、改革といいながら生活の質的転換は微塵も唱えず、生産力の拡大志向から抜け出せない政治と国民に、こんな暮らし方もあるのだという一つのモデルを提供することになるだろう。

三　マチの暮らしと善光寺

はじめに

かつては、マチへ勤めに出ることが今ほど当たり前ではなかったから、その外に住まう人々にとって、マチは一般的に消費の場所であった。マチそのものが劇場として、束の間の夢を見させてくれたといってもよい。旧長野市周辺の人々は、マチへ行くことを善光寺へ行くともいった。長野市桜枝町で現在はインテリアセンターを営むＩさん宅は、かつて紙問屋だった。その商標の印鑑を見ると、信州善光寺桜小路　紙屋仁右エ門とある。マチに住む人々自身が、自らのイメージに善光寺を意識的に重ね合わせ、巧みに商売をしてきたことがわかる。

また、マチは人と人とが出会い、物と物とが交換される商いの場所である。言うまでもないが、商業は物を売買する仕事であるから、商品を供給する側と購入する側とがあって成り立つものであるが、忘れてならないのは、商業では自給自足をしようと思ってもできないことである。マチの暮らしには、それを支える地域がなければならなかったはずである。

ここでは、善光寺を中心としたマチの幾つかの生業の姿を見、次にマチの人々の生活を支えた周辺地域の人々を取り上げ、最後にマチの人々と善光寺との結びつきについて述べてみたい。

1　生業の姿

麻問屋からインテリアセンターへ

桜枝町では、西山とかヤマとか呼ぶ、旧鬼無里村・旧戸隠村・小川村で栽培する麻、麻を加工した畳糸、同じ地域で加工した和紙を農家から買い取って販売する問屋が多かった。西山の紙は内山紙に比べて少し黒っぽく、品質が劣ったので帳面にしたものだという。初めは同じ問屋が麻も紙も扱っていたようだが、昭和の初めころ紙屋と麻屋が別れた。そこで、麻商であったIさん宅の古い商標は、紙屋となっているのである。

麻屋と別れた紙屋の組合では権現講を作り、麻屋は隆盛講を作った。麻商組合というよりも、この隆盛講といった方が世間のとおりが良かったという。権現講も隆盛講も今でもあるが、講員は権現講は五〇人もいるかと思われるが、隆盛講はわずか一〇人ほどになってしまったという。

かつては、麻商は西長野で桜枝町を含めて、四〇～五〇軒もあった。麻商が盛んだったのは、大正時代から昭和時代の始めにかけてであった。盛んなころは、麻商組合から三人も四人も市会議員がでたものだという。戸隠が麻の産地であったから、麻商は戸隠神社を崇拝した。昭和一七年には、麻商組合で戸隠神社中社に狛犬を献納している。

麻の産地の農家では、夏は麻を作り、冬に畳糸に加工した。加工すれば、麻のまま売る値段の二～三倍の値段で売れたので、いい仕事だった。また、西山から長野へ来る道は道幅が狭く、人間が背負うか馬の背につけるかしかなかったから、かさばらない畳糸にして出荷するのは好都合だった。畳糸は、麻商がヤマへ買いに行ったり、農家が持って来たりした。麻商は夏はほとんど商品がなくて暇なので、細引きを扱った。

麻商は農家が畳糸を持ってくれば、いつでもすぐ現金を渡せるように、用意しておかなければならなかった。農家が畳糸を持ってくるので、すぐ金にならないと別の店へ持って行ってしまった。農家はお金が欲しくて畳糸を持ってくるので、すぐ金にならないと別の店へ持って行ってしまった。ただ、何軒もの麻屋を聞いて回って、少しでも値段の高い所へ売ろうとする農家の人もいた。こういう人は繰り返し来るのでわかるから、畳糸を持ってきても金がなくてだめだと断った。逆にいつも行ったり来たりしている農家の人には、物を持ってこなくても必要なら金を貸してやったりした。

畳糸の販売先は、関東から東北の東日本一帯で、信州の特産物になっていた。西日本には、また別の産地があって出荷していたようだ。製品は、汽車のないころには荷馬車をしたてて群馬県の倉賀野まで運び、船に積み替えて利根川を下って江戸（東京）まで運んだものだという。商売の相手は、各地の大きな畳表屋さんで、現金で取引をしたが、まれには為替の場合もあったようである。

桜枝町には、西山出身の次男・三男で、やはり西山出身の女性と結婚して住むようになった人が大勢いた。この人たちは、西山から麻を買ってきて、子どもの頃から習い覚えた技術で畳糸に加工して生活していた。麻問屋から工賃をもらって、内職に夜なべで畳糸を加工する人達も多かった。

第二次世界大戦後間もなく、南京麻を使って製麻会社が機械で畳糸を作るようになったことと、大麻取締り法による麻の栽培制限が重なり、麻栽培も畳糸作りの内職も共にだめになっていった。麻問屋も昭和三〇年頃からは転業か廃業を余儀なくされた。麻屋は転業してロープを扱うようになったが、これも化学繊維が出てきて直にだめになった。紙屋は和紙がだめになると、洋紙を扱うようになり、紙から転じて後には印刷を始めた。蔦友印刷さんなどはこうしてできた印刷屋だという。

種苗業

西之門町で種苗屋を営むHさんは、明治時代の創業で野菜と花の種を扱っている。

明治時代に種屋を始めた先祖は、冬季に種を背負って、各地の区長さんの家を泊まり歩き、義太夫や碁をして人を集め、種を売ったのだという。歩いたのは野尻・柏原・八幡の辺や、遠くは妙高の田口までも行ったようである。初代を清一郎さんといったことから、田口では「タネセー（種清）さんがきた」といって、宿の近所の人達が寄ってきてくれたという。そのうち、行商に行っていた家の人達が、善光寺へ来たついでなどに店に寄ってくれるようになり、行商には歩かなくなった。そうなっても、宿にしていた家の近所へ用事で行けば、挨拶に寄ったものだという。単なる商人と客との関係以上のものが、そこに生まれていたのである。

三代目は、農学校をでてその友達関係で商売を広げていった。また、近所に住んでいた宣教師のノルマンさんの教会で英語を習い、当時はまだ試験場にもなかったタイプライターを買って打ち、外国から直接種を取り寄せた。取り寄せた外国の種は、他の種屋へも分けてやったという。

今は種が一年中売れるが、昔は冬は売れず、彼岸から客がきた。彼岸に善光寺へお参りに来た帰りに、春まきの野菜の種を買っていった。昔は苗を売るということはなかったので、みんな種を買って行ってまいてしたてた。そこで種屋は、三月になれば小遣いになるといった。種の商売には時期があるので、商売がないときは菓子を、秋には柿を茂菅から買って来て売ったという。店に買いにくるのは、固定客が多かった。柏原には、外人が泊まっていたので、洋菜の種を買いに来たし、遠くは須坂や飯山あたりからも来てくれた。

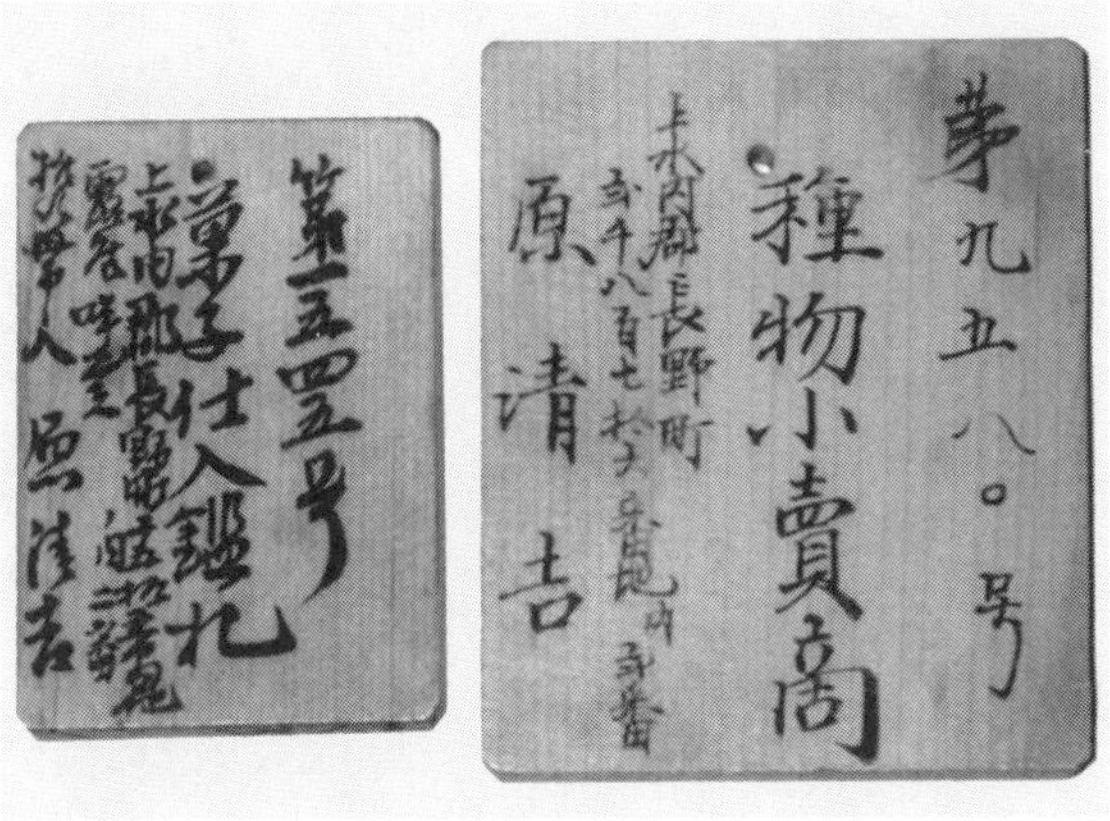

写真17　種物小売商鑑札（長野市西之門町）

商品は直接店で売る他に、春と秋の年に二回、カタログをお客に送って、カタログ販売をした。カタログを送ったのは、長野県内だという。満州（現在の中国東北区）から一時帰国した人が注文してくれて、それが縁で何年も満州まで種を送ったこともあった。

昔は種は品種によって、それぞれの産地があった。産地からは、春物なら秋口に来年の御利用はいかがか、といって注文を取りに来た。注文すると産地からはカマスに入ってきて、それを小袋に入れて売ったのである。戦後になって、種は一代交配雑種（F１）になったので、産地はなくなってしまった。昔、ゲンスケ大根という名前の総太大根の宣伝に、井上ゲンスケという愛知県の人が毎年やってきた。ゲンスケじいさんと呼んでいたが、毎年湯福神社のお祭り頃来た。このお爺さんは、夜遅く、はんこや袋などが入った大きな箱を背負ってきて泊まり、朝起きるともういなかった。「この大根うまいから買ってくれ」というようなことをいって、全国の種屋を泊まり歩いていたのだという。当時はミヤシゲ大根ばかりが売れて、総太大根は売れなかったが、今は逆に総太が一番売れている。ゲンスケ爺さんは、先見の明があった。

種は今、タキ・サカタ・マツシマなどの交配種となり、固定種として残っているものは少ない。

坊

善光寺の「坊」を形成する若麻績氏は、本田氏から分かれたものだといわれ、全て親戚関係にある。青面金剛を祀るツキナミという会議があり、全ての坊から出席して大本願の一部屋でやっている。

大本願は、念仏宗の行者の元締で、生きているうちに善光寺如来との縁ができれば、死んでから極楽に行けると説いた。また、高野山は女人禁制であるのに対して、善光寺は女でも罪人でも念仏さえできれば救ってくれるのだという。

「院」や「坊」は、信者にできる地域を割り振られている。それは、室町時代ころ「信徒地」といって、「院」「坊」に全国を旧郡で割り振ったのだという。ただ、江戸市中と北海道は割り振りがなかった。信者の側は割り振られた「坊」を、「縁故坊」と呼んだという。

ある坊では、記録によれば江戸時代には年間二〇〇人そこそこの信者しか来ていないという。

いずれの信者も一〇人前後の講で訪れたようだ。季節では、田植えの後や稲の収穫の後が多い。それに対して、現在訪れる信者の数は比較にならないほど多くなった。昔は講の人達ばかりが御参りに来たが、そのうち講元が信仰というより、商売で人を集めてくるようになった。そうした講元が大きくなって、旅行会社になったものもあるという。

講の人達は、毎年ほぼ同じ時期に参拝にくる。善光寺講は、灯明の油を奉納する組織なので、別名油講ともいった。最近は、お彼岸に善光寺参りをするということで、お彼岸講という講を作って御参りに来る人達がいる。講で参拝に来るのは、県外の人ばかりで、県内の信者は個人でやってくる。講も最近は、会費を流用しているのではないかと疑われるのがいやだといって、世話人のやり手がなくて困っているようだ。昭和二四、五年ころまでは物資が不足し、御参りにくる信者さんは米を持参したものだが、昭和三〇年ころからは米を持たないでくるようになった。そのころから、講以外で旅行会社を通じて個人、あるいは家族でくるお客さんが増えてきたという。

写真18　兄部坊（長野市元善町）

訪れる信者さんは、以前のモチゴーリセイ（持郡制）

のなごりで、院坊ごとに地域はだいたい決まっていた。A坊では、石川県・愛知県・岐阜県・東京都・茨城県などが多かったが、交通が便利になった現在は、大阪府・京都府・名古屋市・岡山県・愛媛県・高知県などからのお客も多いという。また、昔は年配の信者さんが多く、「一生に一度は善光寺さんへ来たいと思っていたが、やっと来られた」という人が多かったが、今はこういう人は少なく、個人や家族や一族で何度も訪れるという場合が多い。善光寺へ御参りすることで、家族や一族の絆を強めているようにも思われるという。

講の人達が来るのは、春は彼岸過ぎからで、多くなるのは桜の花が咲く四月中旬から六月中頃までである。秋は、九月の彼岸から一〇月の紅葉ころまでが多く、一一月のエビスコーころまでは来る。冬に訪れる信者は、ほとんど無いという。

旦那寺が本願寺関係の、信者さんや知り合いから紹介されたという人で、家では位牌を祀ることができないから、「坊」へあげて供養を頼むという人も多いという。こうしたことは、善光寺が全ての宗派を拒まないということからできるのだろう。

布団屋

東後町のK屋は江戸時代からは綿糸と綿を扱っていたというが、その後布団を売るようになった。店頭売りだけで、行商はしていない。布団は、昔は木綿ばかりだったが、今は羽毛や羊毛の布団がよく売れる。売れる時期としては、昔は農家の農産物収穫後のエビスコーが中心で、普段は暇だった。春の婚礼に必要な布団や座蒲団などもエビスコーで買ったので、よく売れたのである。今は年間平均して売れるが、売出しには昔の方がよく売れた。

売出しには次のようなものがあった。初売りといって一月二日には暗いうちから店を開き、お年玉袋を付けて売った。次は春蚕がとれたころ売出しをした。夏には、納涼売出しといって、盆前後に売出しをした。一一月のエビスコーの売出しは、一番大きなものだった。そして、歳の暮れには、年末売出しをした。

店の客は、西山・信州新町・松代・綿内・川田などの人たちだった。昭和三〇年ころまでは、遠くは高田や軽井沢のあたりから来るお客さんがいた。しかし、最近は郊外に商店ができたために、遠くのお客さんは来なくなった。従業員の多い時は六人くらいいたが、いずれも通いで、丁稚奉公の人はいなかった。

食料品屋　東之門町のTさんの家では、昭和五〇年ころまで、味噌・醤油・油などの食料品店をやっていた。食料品を扱う以前は、米と肥料を売っていたが、昭和一五年の秋、米が統制品になったので、扱う商品を変えたという。大正一三年生まれの話者の親の代に、中央通りから西側のお得意さんを分けてもらって、分家したという。

商売は、昭和三〇年前後ころは、一時期御用聞きに回ったこともあるという。隣近所には、ラーメン屋・洗濯屋・寿司屋などがあったが、スーパーマーケットができて段々客が来なくなったり、若い者がサラリーマンになって後を継ぐ者がいなくなったりして、大部分が商売をやめてしまった。Tさんの家でも、親は「スーパーなんていずれつぶれる」といっていたが、逆にこちらに来る客が少なくなり、親が亡くなると商売をやめてしまったのだという。

2　マチと結ばれる人々

麻が結ぶ縁

畳糸は、細い糸六〇〇シズ（本）を二四束ねて、これをイッソクあるいはイッパという。畳糸を送るには、三把で一行李とした。重さにすると、一五キログラムくらいあった。当時の値段でイッソクが一万円くらいになる時があった。働き手も多く、畳糸をよく作る農家では、一冬に一〇把も作った。

桜枝町の麻屋は、冬の雪のある最中ヤマノホウ（旧戸隠村や旧鬼無里村）へ出掛けて、三日も四日も畳糸を作っている大きな農家に泊まって、畳糸を買い付けて歩いた。農家ごとに、取引をする麻屋はだいたい決まっていた。そこで麻屋は、注文が多くて普段は買っていない農家からどうしても買いたい場合には、相場以上のお金をだした。

麻屋は自分でヤマに買いに行く他に、仲買を頼んで買い集めた。仲買には、普段は百姓をしている地元のまじめな人を頼んだ。仲買に一〇把くらいの金を渡しておいて、農家から買ってもらい、集めた量に応じて手数料を支払うのである。仲買は実際に畳糸を見て値段をつけ、ダチンツケという、ヤマから長野へ通ってくる馬方に頼んだり、自分で担いだりして買った畳糸を麻屋へ運んだ。

経済的に余裕のある農家では、一冬に作った畳糸を全部売ってしまわず、土蔵のはめ板の中にしまっておき、値段の上がる夏場に売った。中には、二年も三年も保存しておいて売る農家もあった。仲買人は、どこの家にはまだ畳糸があるか、近所できけばすぐわかるのでよく知っていた。そこで、夏場には麻商は仲買と一緒に歩いて、畳糸のありそうな家を探して買った。また、麻屋は夏場は暇だったし、お得意の農家との関係を保つ必要もあって、用事があってもなくてもヤマへ行って農家に泊まって遊んだ。

ヤマの人は、自分の家で畳糸に加工できる分以外の麻は、馬の背につけたり自分で背負ったりして、麻屋に持ち込んで売った。麻屋は買った麻を内職に出して、畳糸に加工したり、ロープや下駄の鼻緒にしたりした。小川村では加工しないで、麻のまま売るのが主だった。小川の麻は品質が良く、投網や弓のつるに加工するものだったという。

ヤマの農家では、長野のマチをゼンコージ（善光寺）と呼び、ゼンコージで買い物をしようと思ったら、現金の代わりに畳糸などを背負ったり、馬の背につけたりして出掛けてきた。ヤマの人は持ってきた畳糸や麻を行きつけの麻屋に売り、桜枝町で買い物をした。ヤマの人は来るついでに馬の背に野菜などをつけて、麻屋へお土産に持ってきてくれた。歳の暮れには、蕎麦を打って持ってきてくれる人もいた。桜枝町には、こうしてやってくるヤマの人たちを相手にする馬方茶屋や蹄鉄屋もあった。ヤマの人は、麻を売った金で魚屋で安い魚を見つくろって買い物などをして、馬方茶屋で一杯酒を飲み、麻屋へ戻ってきて二時か三時ころまで昼寝をして帰って行った。ヤマの人が麻屋で昼寝をして帰るのは、いつものことだったという。ヤマの人は、麻のない夏場は大根やねぎなどを馬の背につけてきて売った。また、ボヤという細い焚き物も馬の背に乗せてきて売り、飲み代の足しにしていた。

麻屋では薪や炭をまとめて買うと安いので、秋になるとヤマの心安い人に頼んで一年分買った。薪は人の背の高さ位の長さの木を、背の高さまで積み上げただけをヒトタナといい、ヒトタナいくらといって値段の交渉をしたという。

下肥と野菜が結ぶ縁

桜枝町へは安茂里あたりの人たちが、コヤシをくれといってやってきた。すでに約束ができていて、どこそこと約束してあるからだめだといえば、またよそへ聞きに行った。コヤシを持っていく家からは、盆暮れに大根やお菜などをお礼に持ってきてくれた。特定の農家と約束しておいて、定期的にくみにきてもらった。東後町でも安茂里の人たちがくみに来て、代わりに野菜を持ってきて置いていった。布団屋で端切れなんかをあげると、喜ばれたという。

マチの下肥を運んで利用したのは、農業が盛んな安茂里あたりの人が多かったようである。また、野菜を行商して歩いたのも安茂里、そして浅川あたりの人が多かったようで、西山方面の人が売りにくることはなかったという。

今は、農家が行商して歩くことはなくなったが、真島方面の農家の人が、農商ユニオンという組織を作り、毎週月曜日の午後には表参道の前、木曜の午後にはヨーカドーの前に店を出し、市場へ出せない野菜を持ってきて売っている。

善光寺のお籠もりが結ぶ縁

七月三一日の盂蘭盆には、山手（西山）の人達が大勢善光寺へ仏さんのお迎えにやって来て泊まった。これをお籠もりといった。泊まる場所は、回廊にござを敷いたり、お賽銭箱の前の畳の所などで、ゴロ寝をしたりした。お籠もりをした人達は、オアサジを聞いて帰っていった。近所の人も、泊まりはしないがお参りした。善光寺が国宝の指定を受けてからは、本堂に泊まることはできなくなったので、今はわずかの人が、大勧進でお籠もりをしている。

泊まった人達は、翌日茂菅にある老人憩いの家で遊んで帰るのが通例だという。桜枝町では、三一日の午後三時ころといえば、お籠もりに来た人達がゾロゾロと大勢歩いていた。泊まる人は大勧進へは泊まり賃だといって米を持参し、自分の夜食用にオヤキを持ってきた。夜食のオヤキは他人のものをとって食べると、いいことがあるといった。

善光寺の仁王門脇の種屋では、七月三一日の夜には、お籠もりに行くついでのお客が、黒山のようにきて夕食を食べる暇もなかった。翌一日にも、お籠もりの帰りの客が、朝早くからたくさん寄ってくれた。お客が買っていったのは、大根・白菜・菜っぱなど秋野菜の種だった。

今も習慣で、八月一日には朝の五時ころ起きて、店の前に水をまいてお客を待っている。今年（一九九四年）には、お客が二人きてくれた。善光寺が国宝になってからは、客が減る一方だという。

3　善光寺をめぐる暮らし

日常の中の善光寺

善光寺のすぐ近くに住む人々は、善光寺から遠い所に住む人達によって、「善光寺のお膝元には鬼がいる」などと、不信心ぶりを密かになじられることもあった。善光寺の近辺の子どもたちは、境内や回廊を鬼ごっこなどの遊び場にして育った。それどころか、下足番の人はいたが横から入れたので、たまには戒壇までが遊び場となったという。たまには悪いことをすると、善光寺にいる閻魔様に舌を抜かれるとおどされることはあっても、善光寺は日常の風景の中に完全に溶け込んでいた。善光寺の門前にしても、昔は今ほどにぎやかではなく、特に終戦ころは参詣客もなくて寂れていた。

近所の人たちは、今も昔も日常的にはそんなにお参りに行かない。たまに、困ったことや悲しいことがあった時には、お参りにいく程度である。ただ、だいたいの家が店をやっているので、家族そろって出かけるということはできないという。

善光寺へ、お百度参りをすることがある。普通ならば、病気の平癒を祈ってするものだが、善光寺の場合には、病人があまりにも苦しんでいるから、早く浄土へ連れていってほしいという意味なのだという。お百度参りには、できるだけ参加する人数が多ければ、回数が少なくて済むので、子供まで誘われて行ったものだという。

善光寺近辺の人達が、組織的に善光寺の維持・管理に携わるということはなく、周辺住民が直接善光寺と結びついているのは、善光寺信徒会だけである。善光寺信徒会は、昔は善光寺婦人会といい、各家でだいたいおばあさんが加入している。信徒会には、個人的に加入したり地域の世話人が加入を勧めて会員を増やしたりしている。遠くは東京などでも加入している人がいる。活動としては、春秋の彼岸に善光寺で総会を開き、信徒会物故者の法要をして法話を聞き、食事をして帰るというものである。会費は年に一回徴収している。

昔は毎日お参りをする人はいなかったが、今は毎朝お参りに行くお年寄りもいる。

年中行事と善光寺

西之門町のHさんが、善光寺へお参りをすると決めているのは、およそ次のような日である。まず、一二月三一日の夜にはお参りに行く。この時女性や子どもは善光寺へ行き、男性は氏神である湯福神社へ行くという家もある。一月一日には、新年のお参りをする。一月六日の夜には、夜七時からオビンズルさんがあり、善光寺さんのしゃもじをもらってくる。一月七日の早朝には七草法要があるので、たまにはお参りにいくこともある。一月七日から一五日の間に一度は、ゴハンチョーダイにお参りする。特に赤子が生まれると、背負って連れていき、必ずゴハンを額に押してもらう。昔は、こうすると、山へ行っても蛇に食われないといった。一月一五日には、八坂神社と善光寺さんでドンドンヤキをやり、その帰りにお参りをすることが多い。節分の豆まきは、今は盛大に行うが昔はそんなに派手にやらなかった。昔は善光寺よりも、権堂のアキヤ（秋葉）さんの豆まきの方が盛んだった。五月八日は花祭りで、釈迦堂でお祀りし、お釈迦さんに甘茶をかけてもらってきた。八月二三日は地蔵盆で、地蔵が大勧進・大本願・松屋さんの前の三カ所にあるので、子どもが大きくなりますようにと願って、子どもたちはそれぞれにお参りしてお菓子をもらった。

春秋の彼岸には、お墓と善光寺とへお参りする。また、盂蘭盆と盆には必ずお参りする。盆のお参りは菩提寺への行き帰りに寄ってくる。

人の一生と善光寺

東之門町のTさんは赤子のお宮参りには、まず町内のお宮である大神宮さんに参り、次に善光寺を経由して地区の氏神である湯福神社へお参りする。西之門町のHさんは、氏神である湯福神社へまず参り、次に善光寺をお参りして、近くの親類を尋ねて回る。すると、親類では、女の子なら赤で男の子なら黒で、オホシサンを筆の裏側で赤子の額につけてくれた。

人が亡くなると、葬式の翌日にオテラマイリといって、菩提寺へお参りに行くほかに、オコツアゲといって、お骨などを持って善光寺へお参りする。桜枝町のIさん宅では、お骨を持って大本願へ行って法要してもらう。昔は羽織袴でお骨を持ってお上人さんに拝謁し、執事がどこの誰かを伝えると、お上人さんは「御愁傷様でございます」と、お悔やみの言葉を述べてくれ、お布施の具合で戒名を書いてもらったり、色紙や数珠などをもらったりしたという。その後、善光寺へ行ってまたお経をよんでもらって帰り、お墓へ納めるという。西之門町のHさんは、大本願で法要してもらってから善光寺で法要してもらい、その後菩提寺へ行き、近所のそば屋などで昼食を食べて解散になるという。菩提寺へ行くようになったのはこのごろのことで、菩提寺の和尚さんは、善光寺へなど行かなくてよいから自分の所へ来るようにと言っているという。

坊の方によれば、仏になったら真先に如来さんに会わないと極楽に行けないと言っていることから、善光寺へお参りに来るのだという。オコツアゲに来るのは、西山の人が多いが、まれには木曽からもやって来ることがあるという。芋井あたりの人は、お骨がまだ熱いうちに善光寺へやって来るという。

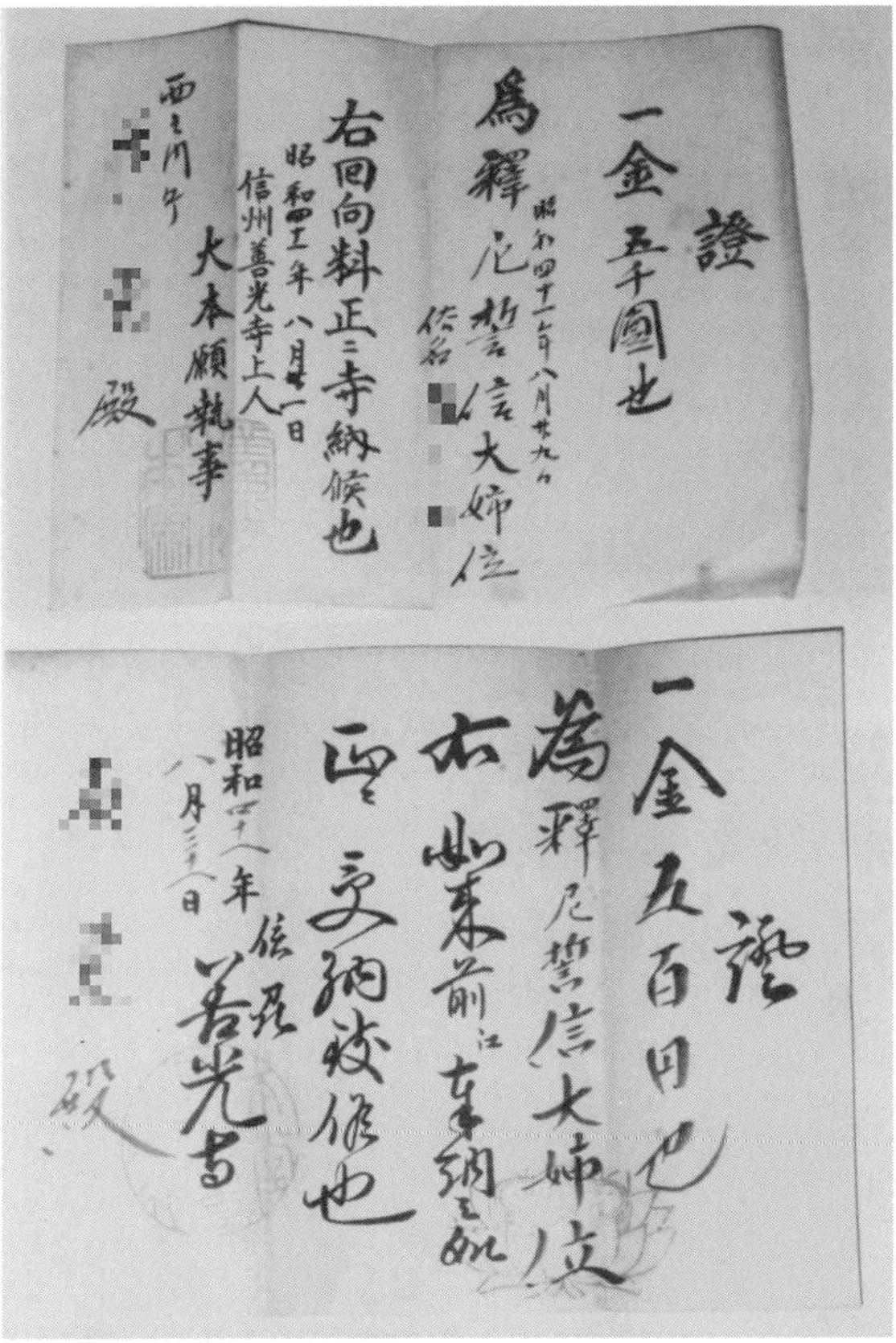
證
一金五千圓也
為釋尼誓信大姉位
俗名 [redacted]
右回向料正ニ寺納候也
信州善光寺上人
大本願執事
西之門町 [redacted] 殿

證
一金五百円也
為釋尼誓信大姉位
右如来前江奉納之処
正ニ受納候也
信州善光寺
[redacted] 殿

写真19　オコツアゲの證書（長野市西之門町）

庵主さん

善光寺の近辺には庵が一四、五軒もありそれぞれに庵主さんがいる。マチでは毎月決まった日に庵主さんを呼んで、読経してもらっている家が多い。東ノ門町のTさん宅では、正月・三月・五月・八月・九月・一一月に庵主さんを頼んでいる。

このうち、一番新しい仏さんの命日をショーツキメーニチといい、その日に合わせてどの月にもきてもらっている。ショーツキメーニチには三千円、普段は二千円を払っている。法事には法上さんを頼むが、その日に庵主さんがあいていたら庵主さんもお願いする。法上さんは法事には来てもらえるが、普段は檀家が多すぎて回りきれないので、庵主さんを頼むのだという。どこの庵主さんを頼むかは、家ごとに異なり地区で決まってはいない。多くが、代々頼んでいる所だが、新しく頼むには口コミが多いようである。庵主さんは毎日あちこちの家を回っているが、回る順番が決まっているので、だいたい同じ時間にやってくる。

四　長野市松代町の武家と商家のくらし

はじめに

ムラを農業を主体とした生産で成り立つ社会だとすれば、マチは商品の流通・販売・消費を主体として成り立つ社会だといえる。もちろん、近代以降には大規模な工場による商品生産という色彩を濃くしていくとしても、それは限られた大都市のことであった。松代町は、近代以降六甲社・久保田館などの製糸工場が設けられてにぎわうが、昭和一〇年ころには養蚕不況によってつぶれてしまうのである。製糸工場の最盛期には、近所の娘たちはみんな製糸場に通っていた。また、各家庭では糸とりの内職をしていて、やらない家の方が少ないくらいだったという。

ムラとマチは、一見独立して存在するかのように思われるが、マチの存在自体が広大な消費地であり、食料を中心とする生活材の供給地でもあるムラを前提としたものであり、またムラにとってもマチは農産物の販売先として重要であったから、相互に依存していた。ここでは、そうしたマチとムラの性格を踏まえながら、マチの暮らしを描いてみたい。

松代のマチの暮らしを見るとき、そこが城下町であったことは見逃すことはできない。なぜなら、同じマチに暮らす者といっても武家と商家とでは、生活のスタイルや意識に何らかの違いがあることが予想されるからである。そこで、マチの暮らしを祖先が武家だという家と、現在あるいはかつて商家だという家とに分けて記述してみたい。

1　旧士族の暮らし

Nさん

Nさんのおじいさんは判事をしていた。かつては真田家に仕える武士であったが、廃藩置県で禄を失い、横浜に出て勉強して判事の資格をとった。この話は自分の母親から、父親の事としてよく聞いたという。

Nさんの家では、Nさんの小さい時に母親の体が弱かったので、バーヤを頼んでいた。頼んだのは、松代町の中の人で、あまり裕福ではないような人だった。親はNさんのために使うように毎日バーヤにお金をくれたので、近所の菓子屋でいろいろ買って食べた。よく食べたほしぶどうが五〇銭、当て物が一つ一銭くらいだった。同じ町内には菓子屋が二軒、餅屋が一軒あった。その他町内には、黄金焼き屋・床屋・八百屋・お茶屋・呉服屋・酒屋・下駄屋などがあった。また、魚屋は毎日その日のお勧め品のような物を紙に書き、御用聞きにやってきた。さけ・ます・ぼーざめ・にしんなど、ほとんど毎日魚は食べていた。

近くにいくらも店があったが、母親に連れられて長野へ着物を買いにでかけた。長野の方が品物が豊富で、自分の好きな物が買えて良かった。

月に一回くらい、川田から川魚やれんこんなど、その日その日にとれた物を箱に入れて売りにくる人たちがいた。ハコショイバーチャンといって、来ればNさんの家で必ずお弁当を食べていった。「今日は六、七軒回って箱せ空にしていけばいいんだ」、などと話していた。

田畑はみんな貸していた。日常生活に必要な様々な物が、その借り手から届けられた。まず、炭や薪は畑を借りている西条の人に任せきりにして、手配してもらった。台所で使った灰は、まとめて置いておくと畑を借りている人達が持っていった。下肥は、貸してある人に順番にくんでもらった。貴重な肥料だったので、自分にくれと奪い合うほどだった。漬物の大根は、土地を借りている人に本数を割り振って持って来てもらった。

松代には、士族だとか平民だとかいって区別しようとする気風がみられた。小さいときに、金に困っているような人とは遊ぶなと、親からいわれた記憶がある。そのせいか、みんな見栄っぱりで、金はなくてもあるようなふりをしたがり、人前で自分が自分がと主張したがる傾向があったという。

Kさん

Kさんの名前は、四代目と六代目に同じ名前の人があり、真田家に仕えていずれも出世したので、それにあやかろうと親が付けたものだという。先祖は越前の柴田勝家に仕えていて長野へ逃れ、土着して真田家に仕えるようになった。ある時、徳川の間者を切ったほうびとして、高い禄高を得たと語り伝えられている。この町に住んでいた士族の一般的な禄高は百石だったが、三百石の家がありA町の加賀さんと呼ばれていた。禄は知行所でもらう家と、お蔵米をもらう家との二種類があった。婚姻は、禄高の同じくらいの同格の家とのやりとりということで、同じ家との場合が多くなり、親戚はあまりふえなかった。

Kさんの祖父は江戸時代の弘化生まれで、明治になっても丁髷を結っていたという。漢学を教えており、この地の名士といわれるような人達が習いにきていたという。明治になってからは、政府からもらった公債で銀行を始めた。銀行をやっているころは、一二月三一日の晩が一番忙しいので、三〇日に年取りをしていたという。その銀行は後に、六三銀行に吸収された。

松代では、武家の氏神は白鳥神社、町人の氏神は祝神社（お諏訪さん）と決まっていて、今もそれを受け継いでいる。お諏訪さんの氏子は、博労町・紙屋町・紺屋町の上三町と伊勢町・中町・荒神町・肴町・鍛冶町の下五町だった。また白鳥さんの氏子は、殿町・清州町・下田町・田町・松山町・袋町・十五区・柴町・馬場町・代官町・竹山町・裏町だった。この町内は全て武家だったから、白鳥神社の氏子のはずだが、よそから来て家を建てた人は、近くの諏訪神社の氏子になっている。引っ越してきて、新たに氏子になる場合は、町内の小さなお宮さんの祭りにお酒を出して仲間に入れてもらった。

白鳥神社の春祭りは四月二〇日、秋祭りは一〇月三日だった。昔は相撲をやったり、弓を射たり火縄銃を打ったりしたが、今は神主が祝詞をあげて役員がお参りするだけになってしまった。また、春祭りには氏子は必ず草餅をついて親戚に配った。かつては祭りにお参りに行っても、禄高によってお参りする位置が違っていたという。

お諏訪さんでは、本社にならって御柱祭がおこなわれている。里びきには町内ごとに山車がでたりして、盛大な祭である。また、一一月九日、一〇日は恵比須講で、昔はお諏訪さんの境内に穂高人形が飾られた。

Kさんによれば、先祖が武士だったからといって、よそと特別変わった年中行事をしているわけではないという。Kさんが年中行事の中で必ず食べる物として意識している料理の一つに、年取りに食べるツブツブがある。これは大根・こんにゃく・油揚げ・しいたけなど、いろいろな物を二《センチ》角くらいに切って煮た煮物であり、三日間ずうっと食べる。また、一四日年取りにもツブツブを食べるものだという。

大きな買い物をするときには、長野まで出かけた。しかし、バスは昭和通りが終点だったから、買い物のついでに善光寺へお参りに行くということはなかった。また、葬式のあとに善光寺へお骨納めに行くということもなかった。善光寺へお参りしたのは、お彼岸やお花見、御開帳で、主に女の人が行った。

2　商家の暮らし

造り酒屋のMさん

Mさんの家は二五〇年続く酒造業で、明治までは西条におり、父親の代に蔵を松代に造ってから、こっちへ移ってきたという。トージは七、八人越後の長岡の近くから一一月にやってきて、四月の初めころ帰って行った。酒は、年に八〇〇石くらいを造った。

酒にする米は、新潟や富山から買った。酒用の米は、一毛作の場所から買わないと品質が良くないという。戦時中は韓国の米を使ったこともあるが、いい酒はできなかった。昭和三〇年ころからは、延徳田圃の米を県の酒造協会で一括して買ってそれを使うようになったが、それで間に合わないわずかな物は自分でみつけて買った。

昔は大きな釜を薪や石炭でたいて、その上にセイロをのせて米を蒸して酒を造っていたが、昭和三八年からは自家では造らなくなった。それは、町中では精米の音がうるさいこと、米を洗った濁り水が環境によくないことなどを周りから指摘されたためである。そこで、他の二社と共同製造で、川中島の屋島酒造に造ってもらうことにした。醸した酒のタンクの味をみて三月にヒイレをして持ってくる。ヒイレは、熱した管の中を原酒を通すのである。持ってきた酒を六〇度くらいに温め、瓶も温めて酒を入れ王冠をし、自家のラベルを貼って売出した。

酒屋にとって、トージは会社の重役のようなものである。Mさんの所では越後からトージを頼んだが、以前は小谷からきていた。酒屋に働きに来た者は、その年数に応じてハタラキ・カッテ・カマヤ・モトヤ・コージヤ・トージ・カシラと役割を上っていく。ハタラキはお勝手の雑役、カッテは食事作り、カマヤは釜炊きを専門にする仕事、モトヤは蒸した米と麹、水、酵母を小さなタンクでまぜて酒の元を造る、トージは全てを監督し、カシラはトージの長である。トージの権限は強く、たとえ雇い主であっても勝手に蔵に入ってモロミやタンクの酒の味をみるわけにはいかなかった。酒に雑菌が入るのを防ぐために、許可無く蔵には入れなかったのである。

トージの朝は早い、四時か五時には起きて仕事を始める。夜も醱酵の様子を時々みなければいけないので、しっかり眠るわけにはいかない。それで、昼寝をしたものである。トージが食べる野菜、米、味噌は蔵元で用意し、肉や魚は一冬分の副食代をまとめて渡しておいて、自分たちで買ってもらった。副食代を浮かすために、千曲川へ投網を打って魚をとってきて食べていた人もある。

酒の神様は松尾大明神で、蔵の二階に祀ってあった。酒造りを始める前に神主を呼んでお祭をし、料理をとって皆で食べた。また、酒の仕込みが終わるとドーコロバシノオイワイといって、蔵で宴会をした。仕事が一切終わって、トージたちが帰るときにも、簡単に一杯飲んだ。トージたちの給料は一二月、二月、三月の三回くらいに分けて支払った。給料は一日いくらと、役によって決まっていた。はじめに連れてくるときは、トージが給料幾らと決めて連れてきた。トージの給料は、トージ会で決めたのでそれを参考に支払った。いい酒ができると、いくらか余分にみんなに給料をくれてくれるようにトージがいった。

ムラに帰ったトージやカシラは、夏の間に酒の造り方について勉強していた。酒屋へ何年も勤めて役が上がらないような人は、村へ帰ってもうだつが上がらないような風があった。酒屋にくる人はトージが世話して自分の村から連れてきたので、酒造りの間、夜になると酒の造り方について いろいろ教えていた。トージは知識も技術も必要となる大事な仕事だが、長期の出稼ぎとなるために嫌われ、今は会社勤めを選んでトージになろうとする人はいなくなってしまった。

八百屋のSさん

Sさんは繭買いの家に生まれた。昭和一五年に松代商業を卒業すると、いったん東京の会社に勤めて兵隊に行き、帰ってくると青果商の家に婿入りした。そこでは、リヤカーをひいて西寺尾・若穂・川田の小出あたりの農家をまわり、長芋・ゴボー・ニンジンなどの野菜を買い集めた。その野菜をまとめて、木曽福島・上松・佐久方面の小売店へ貨車や自動車で送ったのである。商売のやり方については、義父に厳しくしつけられた。

昭和二八年に別家した。そのころは物が売れず、寺尾のN商会の下テコをして、西寺尾あたりのゴボーを買いつけ、荷造りをして仲買の人に渡していた。ゴボーを昼間買ってきて、夜なべに荷造りをした。在の人に頼んで筵を編んでもらい、等級別に分けて十貫を一包みにして、四、五カ所を縛った。

昭和三五年ころは、カシャッパトリが盛んだった。東条の山には柏の木がたくさんあり、その山の柏の葉を一山いくらで買い、人を頼んでその葉をとってきて売るのである。朝の四時ころ、五、六人のおばさん達をオート三輪に乗せて山に連れていき、一二時ころ山に迎えに行って、とってきた人は午後その葉を五〇枚で一束に作った。夕方、お金を持って一軒一軒集めて回り、夜になるとフカシ屋さんが現金を持って集めにきた。この仕事は五月二〇日過ぎから、七月の初め頃まであった。

このころは、カシャッパ取りが始まると、松代の町の景気が良くなるといった。それは、おばさん達が多い時には一日五千円もの日銭をとり、それを使ったからである。昔はそんなに仕事が無かったから、カシャッパ取りに行く人も多かった。大きいトラックで一日に五〇人も運んだことがあるという。そのうち葉をとりすぎて木が荒れ、あまりとれなくなったので、業者が青森の方へ行き、さらには朝鮮から買い付けたという。また、人足は少しでも高い業者の方へと流れていった。

その後、りんごを大宮へ運んで振り売りさせている青果商があり、そこのりんごの買い付けをした。真島・西寺尾・東福寺・大室あたりのりんごの産地から、国光・紅玉・インドリンゴなどをオート三輪で買い付けて回った。りんごの振り売りはもうかりそうなので、自分で三人ばかり人足を頼み、九月から三月ころまで東京方面で振り売りをさせた。

買い付けるりんご農家は、自分で開拓した。農家へチャカゴを持っていき、等級に分けてりんご箱に入れて買ってきた。農家へのりんごの代金の支払いは、新しい農家へは現金で、何度か取引をして慣れてくると帳面につけておいてまとめて払った。現金を持っていくと強く、すぐ売ってくれた。まじめに商売をしていると農家から信用され、まじめに固い商売をしてくれるからと、他の農家を紹介してくれるようになった。紅玉やデリシャスは日もちが悪く、振り売りで売り切れるかどうか気が気ではなかった。売れないときは、東京の方に倉庫のような家を借りて、置いてもらった。

東京オリンピックのころは、本当によく売れたが、流通がよくなるとこんな仕事はできなくなり、青果の小売り専門になった。それ以前には、町に店を出しても実績がないので人が信用してくれなかったということもあったという。

青果は値段をみて、三か所の市場から仕入れる。寺尾の市場は、六時半から開きキャベツや白菜などが主力である。農協でやっている像山口市場は八時半に開き、キュウリ・ナス・トマトが主である。七時から開く長野の市場では、主に果物を仕入れる。概して長野の市場は、値段が高い。せりに参加するには、松代青果商組合に加入しないといけない。この組合には三百人ばかり加入しており、長野や遠くは軽井沢あたりからも加入している人がいるという

青果市場のAさん

Aさん宅では、昭和八年、寺尾に青果市場を始め、最近までやっていた。

セリオヤは、松代町で八百屋をやっている人をセリの時間だけ頼んできてやってもらった。市場では毎日のセリで誰が、誰の物を競り落としたかをチョーツケしておき、売上の合計から八《パーセント》の手数料を生産者からもらった。市場への支払いは随時だったが、盆暮れの勘定が多かった。後にだんだん月ごとの勘定にかわっていった。

市場を始めたのは、そのころ農家に車がなく、農産物を長野まで運ぶのが大変だから、産地に近ければ商売になると思ったからだという。市場を始めたころには、農家は畑から直接市場に農産物を持ち込んできた。大根など、五〇本一〇〇本単位で並べて山を作り、新聞紙やわらを敷いた上に置いた。市場は五月から一二月二七、八日ころまでで、寺尾でとれた物だけを扱っていた。すいか、夏野菜全般、長芋、ごぼう、にんじんなどであった。

市場のセリは六時から始まった。農家の人が農産物を持ち寄り、商人が集まってセリをした。

商人は、多くが青木島、旧長野市、川中島あたりをヒキウリして歩く人達で、男女ともに一〇人ずつくらいいいた。それぞれの人が競り落とした農産物をリヤカーに載せ、仕分けして散っていった。この人たちは、市場で競り落とした日には代金を払わず、その日の売り上げで翌日支払った。

セリに参加するためには、松代青果商組合に入会金を払って組合員になった。加入すると、セリのための屋号もみんなに紹介してもらった。

リヤカーでヒキウリをして歩く女性は、ほとんどが寺尾近辺の既婚の人で、終戦後には旦那さんが戦争で死亡したり働けなくなった人が多かった。女性が独立して働くことが珍しかった時代である。

五　松本市近郊の暮らしの変化
——台所を中心にして——

はじめに

一般に民家といわれる伝統的家屋には文化財としての価値はもちろん、私たちの郷愁を誘う何物かがあり、そのたたずまいを見たりいろり端に座ったりすると、ほっとさせられるものである。しかし、実際にその中で暮らした人々にとって、日々の暮らしはそれほど心休まるものではなかったようである。いろりの煙で家が煤ける、遠くの井戸まで毎日水をくみにいかなければならない、部屋には押入れがなく、障子で仕切られるだけなのでプライバシーがないなど、不便なことは多かった。

それでも、第二次世界大戦以前はイエを守り続けるのは当たり前だとして、不平を言うわけにはいかなかったが、戦後になってある程度自由に物がいえるようになると、お金さえあればいろりのあるような家は早く建て直したい、と考える人は少なくなかった。ところが、家を建て直すには多くのお金がかかる。そこで、そこまでしなくてもできるところから生活を改善しようとする動きが、行政を中心として出てきた。

ここではそうした生活改善の動きとからめながら、生活の向上を願った人々の暮らしの変化を、松本市郊外の台所の変化を中心にして述べてみたい。

1　『広報』にみる生活改善

生活改善のねらい　昭和二九年一月の『里山邊村報』（現松本市里山辺）では、時の農業改良専門委員長が、当時盛んに唱えられ実践されていた生活改善の動きを手際よくまとめている。これによれば生活改善運動は全国的に指導されているもので、農業委員会から町村に下ろされ、具体的に生活改善を推進しているのは、農業改良委員と女性の生活改善委員、それに農業改良普及員とであるという。これらの人々が推進した生活改善は次のとおりである。

1婚礼、葬式、節句等の諸行事の簡素化。これは趣旨を生かして行事そのものを簡素にすること。

2改良かまどの設置、この趣旨は昔の建築は多くの場合家族の居間が日当たりが悪く勝手場も甚だしく現在の文化施設より置き去りになっているのでこれ等の点を衛生的、経済的、能率的のものにしようとするものです。

3食生活の改善、これは経済的でしかも栄養価のあるものを適当に組み合わせて新しい献立を考案してゆくことです。（『里山邊村報』第五九号　昭和二九年一月三一日）

これらの改良点は山辺に限らず、どこの村でもほぼ共通したものであったと思われる。同時期

表10　川東東村の台所実態調査結果

方　位	北	12
	北西	3
	北東	7
明　暗	明るい台所	20
	暗い台所	2
面　積	３坪	8
	９坪	14
	平均が５坪	
煙　突	有	9
	無	10
かまど	古くからの竈	18
	ぬかくど	3
	ハッピー竈	9
	改良くど	1
流　し	内流し	20
	外流し	1
	ない	1
水がめ	桶	14
	かめ	7
	ポンプ	1
囲炉裏	有	19
	無	3
湯　殿	有	19
	無	3
火消つぼ	有	17
	無	5

『神林村広報』第３号より

の『神林村廣報』（現松本市神林）では、こうした改善点のうち台所の改善が特に大事だとして、次のように述べている。

生活改善は台所から、と口ぐせのようにいわれている様に、女性に対しては台所はつきものであります。今迄の広い勝手場においては一日にどれだけの労力を費やしているかはだれしもが痛感されていることと思います。改善さえすればいくらでも女性に対して余裕が見出されます。（『神林村廣報』第3号　昭和二六年五月三〇日）

こうしたねらいに基づき、廣報編集委員会が川東東村地区の実態調査をおこなった結果は表10のとおりだが、この調査に基づき今までの台所の悪い条件として次の表11のように五点をあげ、それに対する理想的な台所の条件として七点をあげている。

また、同じころの『中山村廣報』（現松本市中山）でも台所の改善が大切だとして、次のように

表11　川東東村の今までの台所と理想的な台所

今までの台所の悪い条件	理想的な台所の条件
1　雑然と広いばかりであったこと 2　採光、通風、換気、乾燥、排水等が不完全であったこと 3　台所用具の配置がよくなかったこと 4　文化的色彩がなかったこと 5　さらに煙とほこりの生産場所であること	1　明るいこと 2　給水、排水の設備が完全であること 3　採光、通風、換気を充分にとる 4　台所用具の配置 5　掃除に便利で塵や煙をなくすこと 6　広さが適当であること 7　耐火耐水性があること

『神林村広報』第３号より

述べている。

主婦と絶対に切りはなすことの出来ない仕事、これは家族の労力の供給源である台所の仕事ではないでせうか、先日ナトコ映写機による映画会に「ＣＩＥフィルム明るい家庭」を観覧された主婦も男子も台所の改善は何故やらなければならないか、認識をあらたにしたことでせう。明日といわず今日直ぐやろうと思った事でありませう。水を汲む薪を遠くから運ぶ座ったり立ったりする時間、労力の多い事に気がつきませんか、日本の主婦の台所仕事の一生には地球を三周すると言われて居ります。生活改善の第一歩は台所の改善からであります。（『中山村廣報』第一一号　昭和二五年一一月三〇日）

台所改善の問題点　新しい目からすれば、旧来の台所には改善すべき点はたくさんあった。そこで多くの時間を過ごす女性にしてみれば、すぐにでも改善したいことばかりである。ところが、先に紹介した『里山邊村報』では、生活改善の基本方針を紹介した後で次のようにも述べているのである。

勝手場の改造やかまどの新設は特に農家等ではやりたいこ

とですし、やった方がよいのですが、各家になってみればいろいろの制約があってか実現が遅々としているのも歴史的には必然のことでしょう。やった方がよいこと、やりたいがやれないという位置にある家々も相当あることでしょう。このような面を想いますと先ずこれ等の農家は経済的によくなることです。

つまり、いくら改善しようと思っても経済力がないために実現できないでいる農家が多いから、生活改善にはまず経済力をつけることだというのである。たしかに、いくらわずかな台所の改善といっても、お金がないことには何一つできない。心掛けだけでは実際の生活は向上しないのである。お金さえあれば、合理的な生活が実現できるといっているかのようであるが、「いろいろの制約」という内容は、経済力だけではないようである。

というのは、同じころの『神林広報』第六号（昭和二七年七月）掲載の村民九九四人に行った世論調査の集計では、五〇《パーセント》の人が今までの生活改善運動は悪かったと答え、そのうち男性の一〇《パーセント》、女性の一七《パーセント》の人が今後はやめてもらいたいと答えているのである。これは生活改善運動への重い問いかけであり、深刻に受け止められている。そしてこの結果を踏まえて台所の改善について、「合理的な台所を作るのは殆どの人が喜ぶことと思う。然かしここに不合理な旧来の台所を人間修養の修練場と考える旧きを尊ぶ人があったとしたら、文化的な台所を説き不合理な台所の非をさらけだしたのみでは逆に反感を買う結果となりはしないか」、「ハッピーコンロは金も小額で足りるがタイル張りの文化的台所では手も足も出ない馬耳東風と成らざるを得ないこととなる」と述べている。

　合理性ばかり説いても、古いものが良いと信じている人は説得できないこと、一挙に理想的な姿を求めても実現不可能で拒否されてしまうことをあげて、それまでの運動の問題点を指摘している と思われる。

写真20　囲炉裏に置いたハッピーコンロ（松本市内田）

　古いものにこだわって改善が進まないという点では、『中山村廣報』第一一号（昭和二五年一一月）では、「昔からいろりを移転したりつぶしたりすると荒神様に叱られる等といって相変わらず炭焼きの様な大きい焚火をして居る状態であります。中山村にもだんだん台所改善に目覚めて来ては居るが真先実行した人は宮の上の山本真一郎氏であります」と述べている。興味深いことに同じ紙面に、図7のような東筑摩郡生活改良研究会で研究したという台所の図が示してあるが、点線で炉が書いてあり、注に「爐は事情によって点線の場所に作る」とある。

　生活改善を推進する立場からは、囲炉裏は何としても無くしてしまいたいものであったろうが、台所には

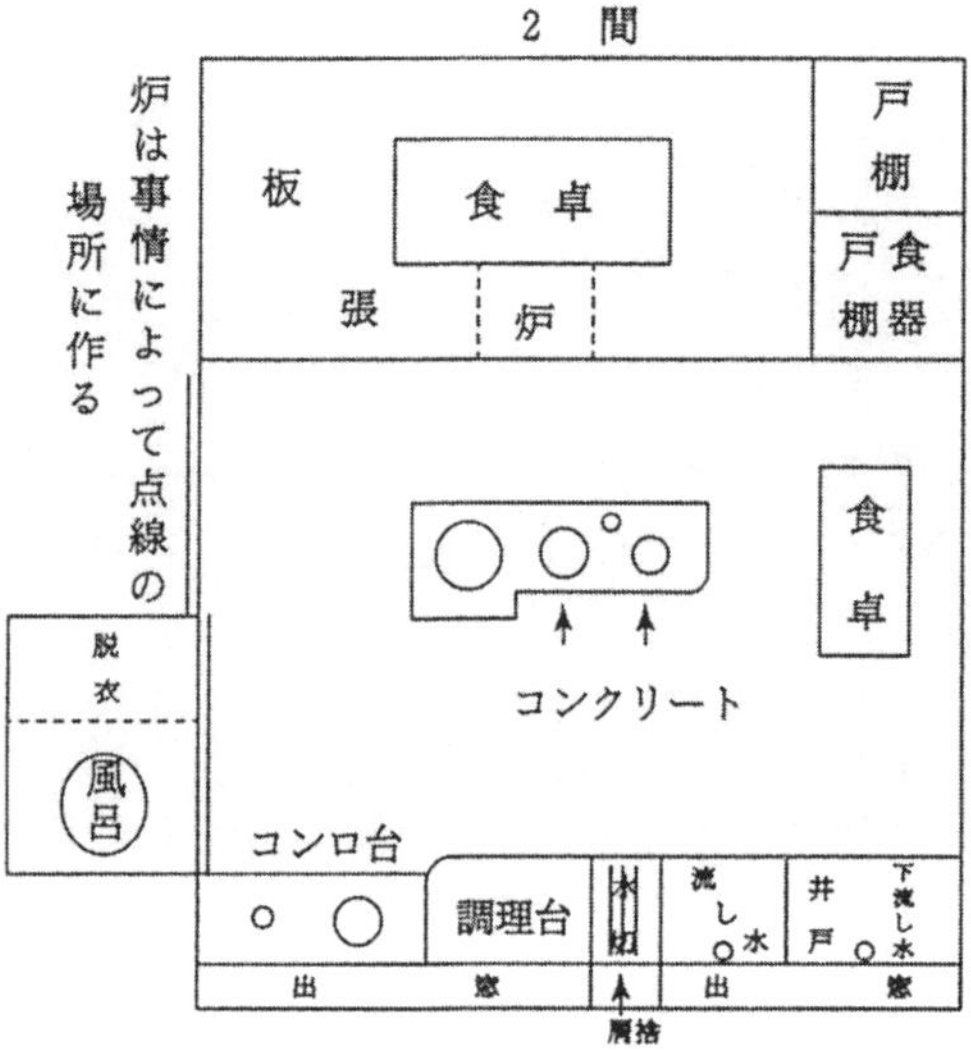

図7　台所改良図　（『中山村廣報』第11号）

どうしても囲炉裏がないといけないという当時の人々の考えを無視することもできない。そんな苦渋の選択が、この図から窺えるのである。

第二次世界大戦後の生活の変化はめざましいものであり、あたかもそれは天と地をひっくりかえすような急激な勢いでおこなわれたかの印象を与える。確かに生活の変化は急激ではあったが、当事者にしてみればそうではなかった。古い価値観や生活様式とのいくつもの葛藤を経て、ゆるやかにあるいは段階的に生活を変化させてきたのである。以下ではそうした段階的な生活の変化を、台所を中心とする実際の生活の場から述べることとする。

2　台所をめぐって

燃料の確保

かつては農山村ならばどの家の台所にも囲炉裏とその脇に小さなかまどがあり、囲炉裏には鍋をかけて煮たきをし、かまどでは釜で飯をたいた。囲炉裏は暖房を兼ねて屋内でたき火をしているようなものなので、かまどに比べてたくさんの薪を必要とした。松本市域では、東山山麓の比較的山に近いムラでは、そんなに薪に不自由することはなかったが、山から遠い平坦地の村では薪の調達に苦労した所もある。

山麓の村といっても、どの家でも自分の山を持っていたわけではない。そこで、松本市内田のような山に近いムラであっても、家の軒下に薪をうず高く積んである家は裕福だといった。また、嫁にくれるには焚き物のある家でないといけないとも言った。それは、焚き物のない家では毎食ごとに火をたく苦労が嫁にあったからである。

内田では、松葉や枯れ枝はどこの山からとってきてもよかった。山のない家では、秋から冬にかけて山へ拾いに行ったものである。女衆が二人くらいで背板を背負い、一日に二度くらい話し山へ行って二把ばかりつけてくるのがよく見られたという。山のある家では、山で大きな木を伐ってきて家で焚き物を作った。松本市中山では、大部分が共同ヤマや神社の山で、私有林は山裾にわずかあるだけだった。他人の山で勝手に木を切るのはいけなかったが、枯れた物は誰の山のものでも取ってよかった。その代わり、他人の山へ入るときにはキレモノ（刃物）を持たないようにした。また、たきつけに使う松葉も、どこの山からさらって来てもよかった。神社の山を分けて借り、そこから切って来る人もいた。さらに、中山では、養蚕が盛んだったから、ふだんのタキモノは、棒ごと切ってきて春蚕に葉をくれた残りのクワボヤで十分間に合ったという。

松本市神林では、囲炉裏でワリギの他にクワボーや、桑の木の根であるクワドッコなどをたいた。クワボーやクワドッコがある家はまだいい方で、そんな薪も用意できず、アワガラ・ムイカラ・マメガラなどの作物の殻をたかなければならない家も多かった。こたつに入れる炭にしても、地面に穴を掘って雑木やクワボーを焼いて、消し炭にしたボヤズミを買えればいいが、買えなければクワドッコでおきを作り、もみぬかの炭をかぶせて灰をかけて使った。もみぬかの炭はもちが悪く、時には夜中に炭をつぎ足さないといけないこともあった。ワリギは朝日村あたりから売りにきたが、買える余裕のある家は少なかった。

また、現在の飛行場のあたりが松林となっていて、そこに林を持っている家は林の木を切って薪とし、ない家ではよその家のソーヤクを請けて枝おろしや間伐をして、おろした枝などをもらって自分の薪とした。たきつけにする松葉は地主にみつからないように、朝早くさらってくる人もいたという。

マチのある商家では、クドでたく薪は一年分をまとめて春先から夏にかけて、松本市山辺・岡田・波田あたりから丸太で買った。丸太は人を頼んで四つに割ってもらい、土蔵の軒下に積んだ。たきつけ用に細かく割るには、昔の刀を使った。なたの代わりに刀を使っている家はよくあった。炭も一年分まとめて買い、炭蔵や味噌部屋に入れておいた。クドの灰は、屋敷の中に畑のある家では畑にまいたが、畑のない家ではリヤカーよりもう少し大きな四方を囲った荷車で集めて歩く人に持っていってもらった。第二次世界大戦後には、市で灰を集めるようになり、町の一角にコンクリートの箱があってためておいたが、風が吹くと灰が舞い上がって困ったものだったという。また、博労町には早くから都市ガスがひかれたが、Cさんの家ではそれでも薪を使うことが多かった。居間には長火鉢があり、炭で一日中お湯がわいていた。この火鉢は昭和三七年ころまで使っていたという。家が密集するマチでは火事をおそれ、大きな板に「火の用心」と書いた板が順に回ってきて、夜の一二時と三時に二軒ずつで拍子木を叩いて町内の見回りをした。

囲炉裏から竈へ

神林では昭和二〇年代から三〇年代にかけて、役場の生活改良普及員が台所の改良などを指導した。その結果家が煤で汚れたり熱効率が悪い囲炉裏をなくして竈を設置すること、洗い場と竈の周り三畳位は床板をはいでコンクリートをうつこと、外から土足のまま直接お勝手に出入りできる、ダイドコグチをつけることなどが普及した。中山でも同じころ、婦人会が率先して、レンガでクドを造ることを勧めた。

クドが普及していくと、調理にも変化がみられた。それまでは、普段の食事といえばみそ汁と漬物に粟や麦を二、三割混ぜた飯と副食には煮物で、油といえばお盆にてんぷらを揚げる程度でほとんど使わなかった。魚にしてもたまに干物を食べる程度で、客がくると松本までわざわざ買いにいくようなものだったから、栄養価は大変に低かった。これも生活改善で取り上げたことで、一日に二四〇〇カロリーとるようにいわれた。しかし、料理の工夫をしようにも、いろりでは火力の調節がむずかしかった。ところが、クドを使えばそれまでに比べて少ない燃料で、手軽に調理をすることが可能になったことから、調理の講習会があり、それまで知らなかったような料理が工夫されるようになった。

囲炉裏をなくしてクドへという生活改善の動きは、薪の節約や家が煤けたりほこりになるのを防ぐという点で合理的ではあったが、人々の囲炉裏への執着や灰を使っての調理という囲炉裏のもつもう一つの調理機能などのため、簡単には普及しない面があり、ガスの普及を待って囲炉裏は姿を消すこととなった。また、ガスが登場しても囲炉裏の中にガスコンロを置くという形で、しばらくは共存している家もあった。

内田のある家では、ヒジロではクワボーをたいて鍋をかけ、竈には薪を使っていた。ヒジロでは、オキが灰になったところへ地粉をこねて中に味噌やナスを入れ、桑の葉でくるんで入れておくと丁度良く焼けて食べられた。これをオヤキといった。昭和三〇年代の中頃に、ヒジロをつぶしてガスをいれた。どうしてもお勝手のそばに部屋がほしかったので、ヒジロをつぶして、そこを自分たち若夫婦の部屋にし、流しやガス台を置く場所は庇を出して増築した。増築した流しとガス台の前の床はコンクリートにして、外から土足ですぐ入れるようにした。ところが、コンクリートは仕事をしていると足が冷えていけないので、その後床を張った。台所を改造したころ、風呂も新しく造ったという。

中山のある家では、昭和四〇年代ころ、囲炉裏の中へガスコンロを置いて使うようになり、昭和四九年になってやっと囲炉裏を壊したという。また、ある家では昭和三〇年ころには囲炉裏をつぶして、ガスを使うようにし、ご飯もガスにかけて炊いたという。そのころには、近所の家々でガスや石油コンロを使うようになり、夕方になると石油コンロに使うために一升瓶を持って、店へ石油を買いにいく人の姿が何人も見られたという。その後、ガスでご飯を炊くことをやめて電気釜を使うようになった。これは、ガスが不便だったわけではなく、隣近所のみんなで電気釜を買ったので、見栄で買ったようなものだという。

ここにみられるような、囲炉裏からカマドへ、そして石油やガスへといった設備や燃料の変化は、調理方法の変化にとどまらず、次にみる水道の敷設とともに、台所の構造あるいは生活様式にまで変化を迫るものであった。

水の確保　火とともに水は、台所になくてはならないものである。今はどこへ行っても水道の蛇口をひねれば、きれいな水を使えるのがあたりまえのように思われているが、つい最近まではそうでなかった。

松本市内田上組には昭和二九年に簡易水道が設置された。これは内田では早い方だった。簡易水道とは、山の清水や井戸などを利用して一つの集落程度に水を供給する水道で、浄化や消毒などはせず、地下水をそのまま利用するものが多かった。

水道敷設以前は、朝早く汚れないうちに、川の水をバケツで台所に置いた瓶にくみこんだ。鍋や釜は川で洗い、瓶の水は茶碗を洗ったりみそ汁を作ったりするのに使うだけなので、一日一回瓶にくめば一日分は足りた。朝瓶にくみこむ時に、下にたまった砂などを流して瓶を洗った。流しの排水は外に桶を埋めておき、そこへ流れ込むようにして、桶に一杯になるとくみだして、肥料になるといって畑にまいた。

瓶に水をくむのは嫁の仕事で、Aさんは嫁いでくるとすぐ水をくんだ。普通の日の水くみはまだましだったが、雨降りは川の水が濁って使えず、家から離れた公民館の井戸からくんでこなければならなかった。バケツに二つずつ三回運んでこないと、瓶が一杯にならなかったので、朝起きて雨が降っていると暗い気持ちになったという。

水道が入り、蛇口をひねると水が出たときは夢のように感じた。水道が入ると、茶碗の洗い方も変わった。瓶の水で洗う時は、水を大事にして洗い桶にためた水で洗い、二回目にためた水でゆすぐ程度だったが、水道がはいると、水を流しっぱなしで洗うようになった。そうすると、排水の量も増え、桶に溜めていたのではくみ出しきれなくなったので、畑まで水をひいていって垂れ流しにしたという。

中山では市の水道が敷設されたのは昭和五〇年と遅く、山裾で水が無かったわけではないが、台所で水を使うには苦労した。Bさん宅では、昭和二〇年代末に近所の三軒で一万円ずつ出し合って、簡易水道を敷いた。家の上の畑の出水の所に、コンクリートの枠を造って水をため、そこからパイプで水を引き、台所のミズコガの上に蛇口を設けた。

水が出るとみんなうらやましがり、近所の人達が大勢見にきた。水道を敷くと、以前はそんなに洗わなかった食器を一食ごとに洗うようになった。その後、電気のポンプが普及して井戸からポンプで水をひき、そして市の水道へと変わった。市の水道がはいると、どの家でも台所を改造した。壁をぬいて中窓を作り、その前に流しを移動した。天井をはり、土間と台所の境に壁をつけた。

やはり中山のBさん宅では、地下水の水位が浅く一間も掘ればすぐに水が湧きだしてきた。そこで、井戸の湧き水で屋敷に池が三つあった。わき出た水で鍋や釜を洗いその水を溜めた池には、台所の屑をたべさせるように鯉や金魚を飼った。そこから流れ出た二つ目の池では、網やボテなどの蚕道具を洗った。そこから流れ出た水を溜めた三つ目の池は、何も使わずただ水を漉すだけのもので、そこから流れ出た水はセンゲへ注いでいた。生理の汚れ物などは池の側に水をくんで洗い、それは畑にあけた。また、お勝手の排水や風呂水などのシタミズは、集めておいて畑にかけた。かつては川の水を汚すと罰が当たるといわれ、このようにしてきたない水は、直接川に流さないように工夫していたのである。昭和三〇年代の始めころになると、ポンプで水をくみあげて使うようになったが、昭和四五、六年ころ宮入川を改修して川床を掘り下げたところ、地下水位が下がって井戸は枯れてしまったという。

神林では水位が低いので、昔は川の水を朝早くコガ（桶）にくんで使っている家が多かった。その後だんだん川の水が汚れてきたので、昭和一〇年代ころにはどの家でもコシイドを作って、川の水をこしてからコガにくんで使うようになった。

外の水を台所のコガにいったんくんで使う経験が長かったためか、昭和三〇年ころ水道が設置された時も蛇口はまず水瓶の上に設けて、水道の水をいったん水瓶に溜めてからひしゃくでくんで使うようにしたという。この水を流しに直接流れるようにしたのは、後に台所を改良してからのことだという。水道を敷くと同時に台所を改造した家も多く、流しの前を半窓にしてお勝手を明るくした。

これまで述べてきたのはムラのことであるが、マチでは大正時代には水道が設置され、水に苦労したということはなく、内風呂のある家では一日おきに風呂をたてていた。

食器の変化

昭和二〇年前後ころまで、食事には各自のオゼンあるいはオゼンバコというものを使った。オゼンバコは木製でふたのある四角な箱で、中には各自専用の茶碗・おわん・オテショ（小皿）・はし・ふきんが入れてあった。食事時には各自でオゼンバコの中から食器をとりだし、蓋を裏返して箱の上に置いて食台とした。食べおわると食器にお湯を注いで軽くゆすいで飲んでしまい、あとをふきんでふいてまた箱の中にもどして保管した。

副食の漬物などはどんぶりに入れて取り回したが、どんぶりには竹で作ったトリバシが必ずついており、うっかり自分のはしを入れようものなら、ゲタバキで入るなと戒められたものである。オゼンバコを使っての食事では、かならずオックベ（正座）をしていただくようしつけられ、ヨコッツワリ（横座り）などをしているとしかられたものだという。オゼンバコは後にハンダイ、チャボダイそしてテーブルへと変化していく。

ハンダイとは個人専用のひきだしがついた座卓で、オゼンバコと同じようにひきだしには個人の食器を入れておいた。ハンダイからテーブルへの変化は、椅子を使うか使わないかの違いでさほど大きな変化とも思われないが、永い間親しんだ一人用のオゼンバコから台を共有するハンダイへの変化は、食事の場の形式まで変える大きなものだったと思われる。このオゼンバコからハンダイへの変化の契機は、次のようなものである。

中山のある人は、昭和一一年に結婚したがその時、親が夫婦のオゼンを新しく用意してくれた。しかし、毎日洗わないような食器を使っているのはいやで、昭和一四年に舅がなくなるとハンダイに変えた。ハンダイになっても食事をする場所は決まっていたし、自分の食器は自分で洗った。自分の家はハンダイになっても、近所では遅くまでオゼンを使っていたという。

内田のある人は、昭和二五年に結婚したが、嫁のオゼンバコは婚家で用意しておいた。しかし、結婚するとなると、いつまでもオゼンバコを使っていては、嫁いでくる者に対して夫として恥ずかしいような思いがして、じきにチャボダイに変えた。昔のチャボダイは真四角で、木曽から家具屋が紺の風呂敷に包んで背負って売りにきた。チャボダイは、ヒジロの横に置いた。座る場所は女衆は流しに近い場所に、男は遠い場所だった。それは、ヒジロで座る場所がチャボダイの回りに移行したものだった。

家庭の中では上座だ下座だとやかましいことはいわなかったが、集会所では「キタリモンのくせに上座にばかり行ってる」と陰口をいうようなことはあった。そのころ、風呂へ入る順番は舅、夫、姑、子ども、妻の順だったが舅の健康がすぐれなくなると、この順番もくずれた。オゼンバコからチャボダイになると、みんな同じ茶碗にして使うたびに洗ってイザルに干しておいたという。子どもが生まれて家族が増えると、もっと大きなチャボダイに変え、昭和四二年ころには養蚕の景気が良く、生活にゆとりができたので台所にテーブルを入れたり流し台を新しくしたりできたという。

また、中山のある人は昭和二〇年に新宅として独立したが、その時に兄弟たちが鍋や釜と一緒にオゼンバコもそろえてくれた。一、二年はオゼンバコを使ったが、子どもにご飯を食べさせるには、ハンダイの方が便利だったし、子どもにオゼンバコを買ってやろうにも売っていなかったので、ケヤキの板に各自用の引出しをつけて、自分でハンダイを造った。昭和四〇年ころまでハンダイを使っていたが、簡易水道を敷くころにテーブルを使うようになったという。

同じ中山の別の人は、昭和の初めに婿を迎えた。この時に、親が夫婦のオゼンバコを新調してくれた。このころ家には常雇いの男の人がいたが、この人は家族とは違った丈の低いオゼンバコを使っていた。オゼンバコは昭和七、八年ころまで使いハンダイに変えた。家族がハンダイを使うようになっても、雇いの人は相変わらずオゼンで食べていたという。

これらの例にみられるように、オゼンバコからハンダイ（チャボダイ）への変化は、多くが世代の交替と結びついている。年寄りが実権を握っている間は、生活様式を変えるのは難しいということだろう。もう一つ注目されるのは、雇い人は家族と同じ食台にはつけなかったということである。家族と使用人の食事の場を別にすることによって、立場の違いを明確にしようとしたものだろうが、逆にいえば台を同じくして食事をとることは、オゼンバコに比べればある種の平等感覚を伴うものであったことを意味している。

Ⅲ　変わる視点と変わらぬ視点

一　地域研究の方法

はじめに

民俗学で「地域研究」というときの「地域」は、二重の意味を負わされている。一つは字義どおりのある範囲の場所をさしており、他の一つは、地域研究といって一般に都市研究をささないことが示しているように、地域を中央に対する「地方」とほぼ同義語とみなすことである。よって、地域研究は、地方のある範囲の民俗を対象としての研究を意味することになる。

それならば、地方に住む者が自分の居住する地域を研究すれば全てが地域研究であり、ことさら地域研究などといいつのることもない。ところが、あえて「地域研究」とは何かを問わねばならないところに、民俗学の病があると私は考える。

小論では、民俗学の地域研究に関する足跡をたどり、地域にあって「地域研究」をすることの意味を明らかにしてみたい。

1　柳田国男と一志茂樹

私の住む長野県は、地方史研究が全国でも盛んな地域に属する。長野県内だけをみても地方史の研究団体は数多いが、全県をカバーして歴史学にこだわらず研究分野を越えて地域のトータルな姿を明らかにすることを標榜しているのは信濃史学会である。信濃史学会がこれだけ発展したのは、長く会長を務めた一志茂樹の力に負うところが大きい。一志は古代史を主たる専門領域としていたが、文献史料に乏しい地方の歴史を明らかにするには、実際に自分でその地に赴いて遺物や地名、民俗資料などを収集して利用しなければならないと説いた。

地方史研究を通じて多くの研究分野に目配りを働かせていた一志は、「民俗資料を（市町村史誌の）添加物式にアクセサリーとして最後に添えておけといふ堕性的な風潮は、その地域社会の過去の人生を究明する重要な役割を担ってゐる民俗学の立場にかへりみた場合、あまりにも人を嘗めた、情けない仕儀といはざるを得ない」[1]と、民俗学の学問的意義を高く評価していた。しかし、一志の民俗学へのスタンスは、いたずらに柳田に追随する当時の民俗学者とは異なっていたので、ほぼ同時代を生きた柳田[2]との間に確執を生むこととなった。

信濃史学会の機関誌『信濃』の編集も一志が健在な間は自らがおこない、毎回長文の編集後記を寄せた。『信濃』は、毎年一月号（時には八月号）を民俗特集号として刊行していたので、その編集後記にはその時々の民俗学に対する歯に衣を着せない苦言が登場することとなった。一志と柳田との確執は、この編集後期の中で明らかにされたものである。二人の対立は、地域研究に対する後に述べるような二つの立場の違いを際立たせることになるので、やや長くなるが引用してみたい。

去る昭和六年から七年にかけて、わたくしは、当時長野県北安曇郡陸郷小学校長であった丸山光治君とともに北安曇郡内において習俗とされてゐた俗信と俚諺とにつき、郡内各町村の委員を煩はして隈なく採訪したことがあった。当時集まったカード数およそ一万五千枚、重複したものを削除して、俗信二七二六、俚諺一八四二を得たので、その整理方法に関し、以前から指導者としてお願ひしてゐた柳田國男氏にはかったところ、同氏は、そのやうな夥しい数量のものを、たとへ何等かの方法によって分類してみたところで爾後の研究の煩に堪へないだろう、少くも俚諺については、すでに藤井乙男氏の諺語大辞典もあることだから、それに所載されてゐるものは排除して、その余を採るようにしてはとのお話だった。

民俗学的立場からすれば、さうすべきが当然のことで、氏の意見に従ふべきであるが、帰来、委員の諸君と打ち合はせたところ、柳田先生は民俗学者の立場からさういはれるのであって、その点何の異論はないが、北安曇地方としては、昭和六、七年当時どのやうな、また、どれだけの俚諺が言語技術として農村の人々の間に用ゐられてゐたかを明らかにしておくことは、将来この地方の文化史的究明の上に大事な意味をもつことであるし、藤井氏の辞典に載ってゐるものと重複したものを除いてしまっては、そこに載ってゐる全部がこの地方に用ゐられてゐない以上、除いたものの行衛はわからないことになるから、われわれは、先生に叱られても、われわれの立場で考へて整理するの外ないと一決し、採訪した全部を採録して、『北安曇郷土誌稿』第四輯（俗信俚諺篇）として、昭和七年九月に出版したのである。(3)

ここにみられる一志と柳田との対立は、郷土に対する見解の相違にあった。広く知られているように、柳田にとっての郷土研究とは、「郷土を研究しようとしたのではなく、郷土で或るものを研究しようとして居た」のであり、個々の郷土の生活を知ることは「或る物」つまり「この民族の一團としての過去の經歴[4]」を知るための手段であった。ところが、一志にとっての郷土研究とは、「ある地域におけるある民俗的事実が、どんな歴史的推移をたどってきたか」を明らかにすることであり、ある地域の民俗の変貌、変質を「縦のつながりにおいて、これを見るといふことは、その郷土自体として十分に意味があるばかりでなく、更にそれを全国的に比較検討した場合、そこに民俗学の新生面を期待し得る[5]」ことであった。

端的にいえば郷土を研究の目的とするか手段とするかによって、得られる資料の扱いが大きく異なってくるのである。一志はあくまで北安曇という地域にこだわり、その地域の民俗を細大漏らさず総体として記録保存しようとした。ところが柳田は日本全国の民俗は一元的に変化するという前提のもとに地域性を捨象し、全国の中における地域を記録しようとした。民俗学の学としての形成期にあたっていたとはいえ、地域は「手段」に過ぎないといいきってしまった時から、柳田に追随する民俗学徒が根無し草になることは明白であった。民俗学者となるためには、特定地域からの呪縛を断ち切って、日本全体を郷土として軽やかに調査地を巡らねばならなかった。

柳田のこうした姿勢は後に述べるように福田アジオらによって、既に批判的に検討されているものである。では、一志にとっての郷土研究は全面的に継承されるべきものだろうか。一志は、別の箇所で「地方における民俗学徒は、従来のやうな、資料の採訪集積、乃至は中央学界への報告といった、旧態依然たる方向の中にのみ安易の夢をむさぼってゐてよいか[6]」と民俗学徒の奮起を促しているのだが、『北安曇郷土誌稿』を指導してまとめあげた一志自身、この資料集を用いて該当地域の民俗文化の特質なり全体性なりを述べることはなかった。

その結果、一志が批判しているにもかかわらず、『北安曇郷土誌稿』は一部の研究者のために極めて良質ではあるが、単に資料を提供するだけに終わってしまったのである。一志がいかに民俗を深く理解しているとはいっても、専門外であることには違いない。「地域社会のひとびとの中に、この学問構成の主体になり得た人がない[7]」と嘆いた一志も、この学問の構成主体とはなりえなかった。

2 桜田勝徳から福田アジオへ

信濃史学会を大きく育てた一志は、常に信濃にこだわり信濃の地から外を見ていた。だから、民俗学に当然のように地域研究を持ち込んだのである。ところが、いわゆる中央にいながら早くから地域研究の重要性を唱えたのは、桜田勝徳であった。桜田は『日本民俗学大系第三巻[8]』の「地域と社会」の「総説―村と町」において、柳田健在中であることからして慎重ではあるが大胆に、単一の民俗事象のみをムラからすくいとって比較検討してきたそれまでの民俗学に批判を加えた。

桜田は、それまでの民俗学が「民俗資料をそれを継承してきた村や家の事情から無造作に切りはなして、各地における同類資料の比較操作などのみに頼り、それによって一足とびに日本人全体の伝統的な生き方を明らかにしようと」していたことから、「特定の村の社会的な統一体としての仕組みを理解するために、多面にわたる資料を結集して、じゅうぶんにこれを活用する方途を得ることはできなかった」とし、「民俗研究がその基礎的な作業の場である村を、全体的に構造的にとらえようとする領域をもつとすれば、村を社会的な統一性をもった民俗継承の一単位とみなすなかに求めえられるだろう」と提起した。

さらに、それに続く「村とは何か」の論文においてはより具体的に、「同類資料の比較研究だけでは、異類資料間の相互関係やそれにもとづく個々の民俗の序列、また文化複合の形で問題をとらえようとする民俗研究を大きく展開せしめることが困難であった」り、「いままで集められた民俗資料の多くが、その民俗の生きてきた場の条件が明らかでないために、隣接科学の資料とはなしがたいものが多い」と述べている。

桜田の主張の眼目は、民俗の全体性の把握[9]にあったが、日本全体を一つの郷土とみなすという民俗学の前提に疑義をはさんでいる点も、見逃すことはできない。

桜田の主張は現在からみれば柳田批判の中で繰り返されるものであり、格別目新しいものではない。しかし、桜田がこれを発表したのは、柳田の言が絶対的な権威をもち大部分の研究者が彼に追随していた時代である。それだけに桜田の提起した問題は衝撃的で、以後の若い研究者の一つの指針[10]となっていった。

桜田の問題提起を正面から受け止め、より理論的にそして全面的にそれまでの民俗学を批判したのは福田アジオである。福田は民俗を「超世代的に存在している社会組織が構成員に対し一定の規制力を持って保持させている事象[11]」と定義し、この「社会組織」を「伝承母体」と呼んだ。そして、「あるべき民俗学は伝承母体において相互関連している民俗事象を分析し、歴史的展開過程についての仮説を提示する個別分析法を方法とすべき[12]」だと説き、そのためには「民俗調査は民俗語彙中心に項目羅列式に記述し、民俗学の研究は各地からの資料を類型化して比較することのみでなされるという考えを打破[13]」して、「第一に民俗学の研究を全国からの資料集積が可能なごく少数の研究者の独占から解放」し、「第二に特定の民俗事象を特定の地点の人々が保持伝承していることの条件・理由・意味を歴史的に明らかにすることで「郷土」研究としての民俗学に立ちもどらせること[14]」だとしている。

福田のいうところの「個別分析法」は、桜田と同じように同類資料の比較研究（重出立証法）を退けた所から導かれたものであり、より一般的には地域研究と呼んでよいものと思われる。福田が展開した重出立証法批判は鋭く、以後民俗学はある問題意識のもとにおこなった特定地域のインテンシブな調査に基づく研究が大勢を占めるようになる[15]のである。

3　地域研究と郷土研究

私も地域民俗学（個別分析法）が、民俗学として本来とるべき方法だと考えているが、一つ気になるのは、福田が、民俗学を「「郷土」研究としての民俗学に立ちもどらせること」だと述べ、また小川直之が「「郷土」は「地域」に置き換えることができる[16]」と同様のことを述べている点である。

ここでいう郷土が、柳田の、「郷土を研究するのではなく郷土である物を研究する」のだといった事を意識し、民俗学の手段ではなく目的として郷土をすえなければならないとする意図は理解できるものの、「郷土」は「地域」と一致するものではない。なぜなら、郷土も地域もあるエリアを示すには違いないが、郷土は生まれ育った場所という意味をもっているからである。

つまり、郷土研究は研究に携わるのが郷土人・地元の人間でなければならないが、地域研究は必ずしもそうではない。なんらかの指標によってある範囲を地域と定め、その範囲内について民俗を総合的に研究すれば地域研究となるのである。

では調査者が該当する地域の出身か否かで、研究の内容に違いがみられるのかどうかが問題となる。柳田國男は、民間伝承を生活外形、生活解説、生活意識の三部に分類しそれぞれの採集を採集する主体の側からは、「旅人の採集」「寄寓者の採集」「同郷人の採集」と名付けた。そして、第三部・生活意識・同郷人の採集を、「僅かな例外を除き外人は最早之に參與する能はず。地方研究の必ず起こらねばならぬ所以[17]」と述べて、最上のものとした。

また柳田は、郷土人による郷土研究の必要性を随所で[18]説いているのである。もっとも、福田アジオによれば、柳田の唱えた民俗学の方法とその研究体制は、まじめに真剣にそれぞれの地域において民俗事象に取り組む人々に、「地域で地域を研究することを禁じて[19]」いたのだが。

柳田はこの問題についてより具体的に、「他所から入込んだ者が仕事をしやすいか、はた又土地の人が自ら手を下す方がよいか[20]」考察を加えている。まず外来の調査者は、外の村々での経験を利用することができ、個人的利害や感情にとらわれずに判断することができるが、村人の気分が改まってしまったり、調査の時間的制約が大きいことに欠点がある。それに対して、土地の者が調査した場合には、顔見知りで方言なども良く分かっている上に、はしたの時間を自在に使って自由に生活上の私事までも調査できるが、「世間の振合ひを知らぬ故に、随分變った村の状態を何でも無い事に思ひ、親代代見馴れ聞馴れて居る為に、村の存立に拘はる程の重要な現象を忘れてしまふこともある」と、その欠点をあげた。そして、結論として「一利一害は互にありますが、つまり村を調べて見たいと云ふ心掛けが要素です。此態度さへ決すれば他は方法の問題で、方法は何の學問に由らず、熱心な研究者の數さへ増加すれば、いつとなく獨りでに立って来るものであります[21]」と述べている。

柳田独特の持って回った物言いで、真意を図りかねる部分もあるが、調査者が外来者であれ地元の人であれ、それぞれ一長一短があるからどちらがいいともいえず、要は村を調べてみたいという強い気持ちさえあればいいといっているように、この部分からは読みとれる。

しかし、郷土人による郷土研究を称揚しているかにみせて、実は結論では「調査者」を「研究者」と巧みに区別していることからも明らかなように、資料の価値判断をする「中央」の研究者の数が増えれば、調査者が誰であるかは問題にならないというあたりが本音だったのだろう。

では、調査者が外来者であろうが地元のものであろうが、「村を調べてみたい」という気持ちは本当に一致するものだろうか。私は民俗誌とその調査者について、調査する者の意識と対象とのズレが生活の中から「民俗」を立ち上がらせるものだと規定した上で、「在地の方の書かれた民俗誌は、上すべりな研究者の書いたものよりも、はるかに生活に密着したおもしろいものである。私はこの差を「志」の違いとみる。「志とは地域に対する「思い」をいう[21]」と述べたことがある。村を知りたいといっても、在地の者かそうでないかでは、おのずと「志」は異ならざるをえないのではないか。

『国立歴史民俗博物館研究報告第四三集[22]』は、特定研究「日本歴史における地域性の総合的研究」の課題C「民俗の地域差と地域性」の研究調査報告の第一集として刊行された。これは一線で活躍する民俗学者が実地調査によって地域研究をおこなった論文集であり、外来者の地域研究としてはこれ以上のスタッフも研究条件も望めない中で行われた研究成果だと思われる。

ところが、序論で研究代表である小島美子が苦渋に満ちた研究経過を述べているように、研究途上で当初の代表であった坪井洋文が急逝してしまったこともあり、共同研究というには誠に不統一で学際的共同作業によるスリリングな展開など一切感じられない形ばかりの報告書となっている。この間の事情について、小島は研究参加者に調査を重ねる中で地域性・地域差についての共通認識が生まれる前に、坪井という核を失ってしまったからだと述べている。

岩本通弥は、より具体的に研究会内の不統一について整理し、「地域性」理解の二つの立場が派生、交錯、混乱したからだとしている。二つの立場とは、一つはある文化要素の地域的な広がりを確定しようとするものであり、他の一つは、特定地域の文化の体系的性格を総体的に把握しようとするものであるという。前者は日本文化を均一のものと見る考え方であり、後者は日本文化の多様性を認めようとするものであろう。翌年には『その2』が刊行されて(23)この研究報告は完結するが、岩本の指摘した問題点に対して、研究会として統一見解が出されることはなかった。

ともかく、坪井の構想による日本民俗学始まって以来の壮大なプロジェクトは空中分解し、民俗学者といわれる者がいかにディスカッションに不向きか、民俗学がいかに方法的共通認識を欠いたまま流通しているかを世間に晒して終わった。それはそれでよいにしても、このプロジェクトのために資料を提供することを求められたいくつかの調査地点にとって、この外来者による調査は何程の意味を持ちえたのだろうか。

方法的厳密さはまちまちだとしても、共同研究の参加者は中央からサンプル資料を求めて地方に散り、それを持ち帰って議論の材料にしていたことは同じである。即ち、こうした研究の参加者にとってみれば、「村を知りたい」というよりも、自分の仮説を実証する場として「村」があり、条件があえばどの「村」でもよかったはずである。ところが、郷土はどこでもよいというわけではない。ここしかない、この場所を知りたいという「思い」と、素材としての「地域」への思いとが同じだとは私にはどうしても思われない。

4　地域へ

地域への思い、「志」をもった在地の者の郷土研究が必要だと述べた。では、地域への「思い」とは何を意味するのかを示さなければなるまい。私はそれを、自己と対象との間の抜き差しならない関係だと考える。

民俗調査は、たとえフィールドで話者との間にどのようなコミュニケーションが生じたとしても、活字にすることで一挙に現実の温もりはかき消され、調査者と被調査者という立場が固定されてしまうものである。そのような固定した対象との関係を突き崩す営為を迫ってくるのが、郷土という場ではなかろうか。だとすれば、矛盾するようだが、私がここでいう「地域」は、必ずしも研究主体にとって郷土でなくてもよいし、郷土であっても地域ではない場合もあり得る。研究主体にとって志をもつ地域とは、常に活字からフィードバックして、民俗が生身の人間の生き方を問うものであることをつきつけてくる場だといえるのである。

そうした意味で、アメリカの人類学者J・Bコーネルと三十年前に彼がフィールドにした岡山県阿哲郡草間村馬繋の人々との再会を記した篠原徹の一文(24)は感動的であるし、コーネルにとって馬繋が「郷土」であることを感じさせるものである。それと同時にこの再会をみつめる篠原自身も、抜き差しならない「地域」をもつ、あるいは指向する民俗学者であることを教えてくれる。

その理由は二つある。一つは、対象である調査地との関係を一回こっきりのものとせず、長期にわたって見つづけていこうとする篠原の姿勢であり、もう一つは「自然に対する人々の知識が今崩壊しつつある現実の前で、何が失われていこうとしているのかを観念的ではなく、できる限り手で触り、匂いを嗅ぎそれを復元しておきたいと思う」という篠原の対象とのスタンスのとりかたによる。

ここで、ささやかな私の調査とその内在化の経験を記して小論のまとめとしたい。

長野県下伊那郡天竜村坂部は、国の重要無形民俗文化財である冬祭りを伝える村として広く知られている。長野県の南の端に位置し、愛知県とは山を境にして富山村と接し、静岡県とは天竜川をはさんで水窪町と接している。この地域は、谷が深く切れ込み平地があまりみられない、三信遠の国境地帯である。坂部、古く読めばさかんべのムラの沿革は古く、中世以来だという様々な伝承を保持し、それらは『熊谷家伝記』にも多くが記されている。

一〇数年程前、食生活を中心に私はここを調査させていただいたが、近時まで水田耕作を行わなかったムラの調査は初めてであり、大きな衝撃を受けた。坂部の生業は農業だが、水田は少なく、かつては畑作・焼き畑による稗・麦・とうもろこしなどの雑穀やじゃがいも・里芋などの芋類をそのとれる時期時期に主食としていた。

当時、畑には稗などの雑穀も作られていたし、山畑にはたくさんの里芋が育っていた。この時区長をしていた関福盛さんには大変にお世話になり、冬祭りの見学では泊めていただいて、地元の里芋やこんにゃくの料理をごちそうしていただいた。関さんには、特産物を開発し、村起こしに情熱を傾けておられた奥さんの京子さん共々、坂部へ寄せる思いを報告書に綴っていただいたりもした。(25)

写真21　ヤツガシラの収穫（下伊那郡天龍村坂部）

坂部は総戸数三〇数戸という小さなムラであり、参与観察などとかしこまらずともさして長期の調査ではなかったにもかかわらず、私たち調査団（長野県史民俗編編纂委員会）はムラ全体とかかわることができたと思う。

その後坂部とは半分は意図的半分は偶然の縁が重なり、関わりを持ち続けることとなった。調査後何年かして関さんをお訪ねした折り、調査当時から感じていたことではあったが、若者がムラに定着できないこととムラ全体の高齢化を嘆かれていたのが、ずっと心にひっかかっていた。そして過日、私の関係する長野県民俗の会の飯田市での例会で、坂部についてお話する機会を得た。これも南信地区の委員から依頼されたもので、能動的に動いたものではなかったが、何かそこに坂部について話さねばならない責任のようなものを感じたのである。

私は先の調査の経験から、これから坂部を調査するとしたら、稲作に特化される以前の、稲作・畑作・焼き畑・山菜採取といったかつての複合的生業の姿をつぶさに調査してまとめ、時にそれを再現して、自然を利用して暮らす山村のトータルな生活の姿を、生活暦と食生活とを組み合わせて記録したらどうか、と話すつもりでいた。ところが、当日の研究会の場には、関さんご夫婦がおみえになっていた。関さんは、他の発表される方との関係で参加されたのだったが、予想外のことに私は狼狽してしまった。

地元の人を前にして、いったいどんな話しができるのだろうか。迷いながらレジュメに沿って話していったものの、結論の部分では複合的生業を記録し、それを利用した雑穀の直売や山村体験ツアーによる村起こしをしたらどうかと、話しはスライドしていった(26)。大きくうなずいて熱心に耳を傾けて下さる関さんの姿をみながらお話すると、自然にそうなってしまったのである。

村起こしのために民俗があるべきではないが、かといって民俗学者の仮説を検証する場としてムラがあり続けるわけはない。見る者と見られる者とを固定的に捉えなければ、ムラと民俗学との双方が生き延びる道があるはずである。そう信じたい。

おわりに

都市民俗などといっても、社会学や社会心理学ほどの成果を未だあげ得ていない。いつの日にか方法論が確立して、都市の人々の暮らしを民俗的に取り上げられる日が来るのかもしれないが、今日明日というほど早いことではないだろう。

そんな日まで民俗学がエネルギーを保つとして、少なくともそれまでは民俗学に携わる誰もが地域にこだわらざるを得ないだろう。ましてや、自ら地域に住む者ならば、なお更である。

にもかかわらず、地域に住む者から民俗学が起こっていない。福田アジオの批判にもかかわらず、民俗学における中央―地方の関係には一向に変化がみられない。中央在住の真摯な研究者の多くが、地域からの伝承の収奪という難問をかかえて簡単にはフィールドに出られない今、地域在住の研究者こそが、自らの足下を研究の俎上に載せていかなければならない。

註

（1）『信濃』二四-八　一九七二年　信濃史学会
（2）一志茂樹は一八九三年長野県北安曇郡社村（現大町市）に生まれ、長野県師範学校を卒業して、長野県内の小学校に勤めるかたわら地方史研究に従事するとともに、信濃史学会を大きく育てた。また長野県史刊行会を組織し、全国にも類をみない壮大な長野県史刊行の基礎を築き、一九八五年に没した。一方、柳田國男は一八七五年に生まれ、一九六二年に没している。

（3）一志茂樹『信濃』六‐一の後記（一九五四年）。なお、同様の事情を「民俗学と地方史研究」『信濃』二二‐五（一九六九年）でも述べているが、こちらは柳田没後であることから内容はかなり赤裸々である。「また、その翌年、『民謡童言葉篇』を出したのです。毎年一冊ずつ出したのです。そのとき集まった民謡・手毬唄・童言葉が五、六四五種ありました。同じのが多いので、結局、一、五一五種となりました。このときも。柳田氏のお宅へ伺ったのですが、前と同じやうに怒られてしまったのです。またかといふわけです。「僕があれほど君にいったのに、君は少しも僕のいふことを聞かうとしない。君は僕の弟子じゃない」といふのです。かういふ種類のものは明治の末年近くに文部省から出された『俚謡集』とか大和田建樹氏の『歌謡類聚』とか、高野・大竹両氏による『俚謡集拾遺』のやうな有名な著書が出てゐるから、それに載ってゐないものだけ君らの『郷土誌稿』に載すべきだといふのです。けれども、わたくしどもからすれば、さっき申したと同じ理由から、北安曇地方だけで歌っている歌などありっこない、よその民謡がどのやうに流れ込んでいるか、また、その流れ込んでゐる民謡が使はれてゐる姿を、昭和七年といふ時点においてつかむところに分化史的な意味があるのだから、柳田氏が何といはれようと載せようじゃないかといふことで載せてしまったのです。それっきり、僕のところへ来る必要はないから破門だといふわけです。わたくしはいまでもそのときの手紙を記念に持ってをります。」

（4）柳田國男「郷土研究と郷土教育」（『定本柳田國男集』第二十四巻　筑摩書房　一九七〇年）

（5）註3に同じ

（6）一志茂樹『信濃』七‐一　後記（一九五五年）

（7）同『信濃』二四‐八　後記（一九七二年）

（8）『日本民俗学大系』第三巻（平凡社　一九五八年）

（9）福田アジオ「解説」（『桜田勝徳著作集』5　名著出版社　一九八一年）

（10）福田アジオ　同右
（11）福田アジオ『日本村落の民俗的構造』（弘文堂　一九八二年）
（12）福田アジオ『民俗学方法序説―柳田国男と民俗学―』（弘文堂　一九八四年）
（13）註11に同じ
（14）同右
（15）最近では小川直之が地域民俗論を唱え、その目的は「民俗の地域差を認識し、その要因を求めていくことによって、民俗形成の経緯やシステムとでもいえることを解明していくことである」と述べている。（小川直之『地域民俗論の展開』岩田書院　一九九三年）
（16）小川直之　同右
（17）柳田國男「民間伝承論」（『定本柳田國男集』第二五巻　筑摩書房　一九七〇年）
（18）たとえば「郷土生活の研究法」（『定本柳田國男集』第二五巻）など。
（19）福田アジオ　註12に同じ　この該当する論文の初出が『地方史の思想と視点』という地方史関係の論文集だけあって、地方史に携わる研究者を高く評価し、「地域の歴史を究明する地方史研究者と地域の民俗事象を「中央」に報告するために調査する民俗学者とは別の存在だといわねばならない」と述べている。しかし、当時の動向とはいえ、地方史の研究者が必ずしも問題意識をもって地域の歴史を明らかにしていたとは私には思われない。中央史の影を地域に追ったり、あるいは在地の文書史料を紹介することでよしとする傾向が大勢であり、民俗学の抱える状況と大きな差はなかったのではなかろうか。
（20）柳田國男「郷土誌論」（『定本柳田國男集』第二五巻）
（21）拙稿「民俗誌のゆくへ」（『日本民俗誌集成』第九巻　三一書房　一九九六年）
（22）第一法規出版　一九九二年

(23)『国立歴史民俗博物館研究報告第五二集』(第一法規出版　一九九三年)
(24)篠原徹『自然と民俗』(日本エディタースクール出版部　一九九〇年)
(25)長野県史民俗編編纂委員会『坂部民俗誌稿』(一九八五年)
(26)拙稿「地域研究と民俗誌—天竜村坂部に寄せて—」(『伊那民俗』第二六号　柳田國男記念伊那民俗研究所　一九九六年)参照

二　日本民俗学会「年会」での学び

1　第四五回年会参加記

松本から栃木へは、いったいどうやって行ったらいいんだろう。まずは、時刻表でルートを調べることから始めなければならなかった。松本から真っ直ぐの線で結んでしまえば近いのだが、東京へ出ていくとなるとちょうど三角形の二辺をたどることとなり、本当に遠い。かくして、翌日の十時半からの評議員会に出席するため、前日の午後から休みをとって行くこととなった。東京より北へ向かうに従い不安になる。本当に着けるんだろうか。しっかり調べてあるのに不安になる。初めての地とはこんなものであろうか。一九九三年一〇月二日〜三日に、國學院大學栃木短大で開催された学会の年会参加報告をしたい。

日程としては、二日の午前中に理事会・評議員会があり、午後はシンポジウムと会員総会、翌日は研究発表会という例年のものであった。評議員会については学会誌に報告されると思われるが、きっとずっと後になることだろうから、義務としてまず報告したい。会務報告・決算報告などありきたりなことは除いて、検討課題だけを列挙しよう。（1）学会名簿の発行は、現行の理事改選の一年目では不慣れで大変だから、理事の任期の二年目にかえたい。（2）常任理事は実務上の問題として、現行では慣例として中央の理事だけが行っているが、地方からも参加するよう次回の改選時から考える。それにともない旅費の措置も講じる。（3）学会誌が来年二〇〇号を迎えるがそれを記念して何か特集を組みたい、というものであった。

（2）について、中央理事・地方理事という言い回しを限定なく使っていたのが、「地方評議員」としてはあまりよい印象を与えるものではなかったが、方向としてはもっともなことであるし、もっと早く考えるべき問題だったと思う。このままでいくと学会はほんの一部の首都圏在住の人々が、たらいまわしで動かすことで固定してしまい、会の活性化など望むべくもない。（3）については会員の特集への希望をどうやって吸い上げていくのか、大きな学会だから具体的方策はむずかしいことと感ずる。特集というからには、なにか案のある人は編集部へどうぞだけでは、あまりではないか。原原案でも提出してもらえればと思った次第である。

さて、問題のシンポジウムである。今回のシンポジウムは、我会の主要メンバーでもある倉石あつ子氏が仕掛け人の一人となり、「民俗社会における『女性像』」というテーマでおこなわれた。演者は〔司会者〕中込睦子・中村ひろ子〔基調報告〕倉石あつ子〔報告者〕波平恵美子・藤井せい子・美江明子〔コメンテーター〕福田アジオ・宮田登の面々である。

初めに中込氏から企画者としてシンポジウムを企画した意図について説明があった。それは、民俗学における女性研究と女性研究者自身の問題意識との間に違和感があり、従来の研究の枠組をはずして民俗学的女性像を追究したいというものであった。民俗学における女性研究とは、主婦権に象徴される女性の日常的な役割の究明とその評価、と言い換えてよいと思われるが、そうした男性の研究者の見方では、当事者としては納得できないというものだろう。

次いで基調報告では倉石あつ子氏が、これまでの民俗学が庶民の女の生活を明らかにしてきたという大きな成果はあるものの、男性研究者（主として柳田）の創りだした類型化された女性観から研究者（このときは矛先は男性研究者に向いていたと思われるが、後の討論の中では自分を含めた女性研究者をその中にあっさりと含めてしまい、おもしろくなかったのだが）が抜け出していないとし、いくつかのその原因を語った。

その後、民族学・民俗学・古代史を主フィールドとする「女性研究者」が女をどうとらえるかについて研究発表をし、それについて「男性研究者」である福田、宮田の両氏がコメントを加えた。

福田氏は、女性研究者に女性としての特有の視点と成果があったのか、という大きな問い掛けをまずし、それぞれについてコメントした。宮田氏は特有のレトリックを用いて話されたため、私のように単純で直截なものいいしかできない人間にはわかりずらかったが、男女の性差を越える視点が可能かというような話をされたと思われる。

かつて私は長野県民俗の会『通信』七六号で『軌跡と変容―瀬川清子の足あとを追う―』（女性民俗研究会）に関して、「それらはいずれも、柔らかで細やかなまなざしに包まれている。これこそが女性の民俗学なのだとする見方もあると思われるが、細やかであるのは調査の技術の一つでもあるし、女性の問題を扱うことは研究の分野であるから、研究者の性差が即自的に研究の特質を表すとは考えられない」「女が女を対象とするだけでは、女性民俗学とはいえないのではないか。男がとりこぼした資料を男と同じ方法で分析しても、展望は開けてこない」と述べたことがある。これについて大藤ゆき氏から若干のコメントがあったが、私としてはシンポジウムを経た六年後の現在も、基本的にこの考えに変化はない。

フェミニズムについてほとんど目配りのない私でさえそう考えるのだから、女性の地位は今でこそ低いがかつては高かったかどうかなどと、ありもしない夢を見ていたのでは、現在の女性の在り方について、実感としての不満を感じている研究者の卵は、武器として民俗学など選び取るわけがないと思われる。

子どもを産まないことを選んだ女性を主婦というのか、家事労働の外部化が進行したとき主婦など存在するのか、子育ての伝承がとぎれたときに人はどう育つのかなど（もっともこれは自分が男であることを判断停止して導いた問題ではないから、しょせんは男の役割を演じてきた者からの視点に過ぎないが）、家族をめぐる現在が大きく変動している今、必要なのは怒る女の視点ではないのか。

2　第四九回年会参加記

一九九七年の年会は一〇月四日〜五日、町田市の東京家政学院大学を会場として開催された。初日は「柳田國男と平田篤胤」と題する芳賀登氏の講演の後、「『近代』と民俗」をテーマにシンポジウムがもたれた。パネラーは、岩田重則・岩本通弥・川村邦光の各氏、コメンテーターは井桁碧・真野俊和氏、司会は谷口貢・門間幸夫の両氏が務めた。

谷口氏からのシンポジウムの意図の説明にもあったが、七〇年代の民俗学高揚期には、近代における民衆の抵抗の歴史が、民俗の中から探れるのではないかという、周辺諸学からの好意的誤解に当の民俗学内部の人間も意識的（無意識的?）に酔っていれば事足りたが、熱がさめてみればとんでもないことである。民俗学と近代の関係は、複雑にねじれている。まず、民俗学の学としての成立が近代と深く関わっているのである。前近代から近代への移行の中でこそ、「伝承」が認識の対象として「地」の風景の中から切り取られたのであるが、そうして形成されつつあった民俗学が逆に事例を柳田の下に集積することで、国民国家の形成という近代化の一翼を担うこととともなる。この事は更に進めば、植民地政策にどのように民俗学が関わったのかという問題にも通ずる。もう一つの視点としては、現在の民俗学が近代化という時代を学問の対象として、どう捉えるかという問題となる。

岩田氏は、民俗学の形成過程をトレースし、学として形成される中で排除されてきたものを指摘した。岩本氏は、民俗学が近代を研究対象としない理由について、柳田によって形成された民俗「学」という枠の中に、研究者がとらわれすぎている。もう一度、「学」以前に立ち戻って、「当たり前のものとして見過ごされる文化それ自体」に帰るべきだと述べた。最後に川村氏は、戦時下の人々の行為の分析から、人々の心意を追求する道もあることを訴えた。

これらについて近代史専攻の井桁氏の質問は鋭く、岩本氏には、「あたりまえ」を主題として研究する研究者のモチベーションはどこから来るのか、川村氏には、戦前と戦後で民俗学は学として断絶があるのかと質問された。これらについて、二人とも満足には答えられなかったように私には思われた。

フロアからの質問ということで、私は民俗学の戦争責任の問題はこれまで誰もが避けてきた問題であるから、誰かに答えてもらいたかったので提出した。これについて川村氏が、民俗学者は民族学者のように植民地支配のために積極的に動いたことはなく、大部分は地道な調査を続けていた（ので問うほどの責任はない）、と答えられた。どうも私の意図は十分に伝わらなかったらしく、国策には関与しなかったと言われても、草の根のファシズムとしてどうなのだろうか。この点は私自身の問題として、この学の根底的なあり方を問うていきたい（それは、移りゆく現実を是として認めるか、現実を仮の姿として過去へと志向するかという、この学問への研究者個々の姿勢と大きく関わるものと私には思われる）。

二日目は研究発表会であった。過去最高と言えるほどの研究発表の数ではあったが、発表要旨で見る限り、つまらないものが多かった。シンポジウムに倣って言うならば、それぞれの研究者のモチベーションの不足を感じさせるものであった。一体こんなことをして、本当に面白いと思っているのかなと思わせられた。当たり前のことを、やたらと難しくして言っているだけではないかと私には思われた。

3　第五七回年会参加記

はじめに

二〇〇五年一〇月八日～九日に東大駒場教養部で開催された、第五七回日本民俗学会年会に参加してきました。その様子を報告したい。自分としては、ともかく物がなくなる二日間でありました。一日目には、途中で食べれば何のことはないのに、意味もなく事前に頼んだ昼食券を弁当引き換え所で出すと、これは明日のものですといわれ、あせって封筒を探して当日の券を出す。夕方には、懇親会の参加券を出すと、これは明日の昼食券といわれ、またまた捜しまくって宴会の参加券を渡す。いやな予感はしたのだが、翌日の昼、弁当引き換え券を捜すが、今度はどうしても見つからない。仕方なく、紛失を告げて許してもらう。そしてまた、シンポジウムのレジュメのメモを見ながら、シンポについて論評しようと捜すがみつからない。どこかの研究発表会場に置いてきてしまったようです。ウームこいつはどういうことなのでしょう。

とまあ、いつも、しまったはずの書類を捜すことにあけくれる自分の整理能力のなさというか、疲労困憊したこの精神状況に、我ながらあきれてしまったのです。

一　日　目

シンポジウム

さて、本題のシンポです。「野の学問とアカデミズム」といいながら、というか東大で野（の・や）の学問を語ること自体が矛盾なのか、やたらと英語の用語が飛交い、野の研究者はパネラーには一人もおらず、結局は「アカデムズムが語る野の学問」

だったのです。そういえば、これに似た会がありました。一週間ほど前に地元で子育てと子どもの安全に関するフォーラムがありました。ところが発表者は教員のなれのはての方ばかりで、現役の子育てをしているパネラーは、たった一名母親がいたのみで、父親の発表はありませんでした。「年寄りの語る子育て」フォーラムだったのです。当事者をぬきにして、そのことについて語るというのは、よくあることかもしれません。

シンポの企画者の発想では、野の学問をする人と理論化する人とは一致していなかったようです。柳田が、調査する人と、まとめて考察する人を分けて考えたのと同じです。パネラーの誰かが、柳田が民間伝承論を語った時、郷土人による調査と研究を真剣に考えていた、とかいっていましたが、多分それは間違いで、調査は求めていたが研究者としての郷土人を求めていたわけではありません。

少しシンポの内容に立ち入ってみましょう。基調講演は文化人類学の伊藤亜人氏による、「民俗学の周縁性と実践」。レジュメもなく分かりにくかったが、アカデミズムの伝統＝朱子学・仏教＝論理性：野の学＝民俗学＝論理性の欠如といった枠組みの中で民俗学は個別具体的な知識だとした。そして、この反科学主義の民俗学が、行き詰まった近代合理主義を超えるものだ、というのは、あまりにステレオタイプの理解でしょうか。自分は、民俗知にも論理があって、それを無秩序に思えるのは、現代を生きる私たちの側に論理を理解できるコードを持ち合わせていないだけのことだという立場をとりますが、いかがでしょうか。

続いて、菅豊氏による趣旨説明がなされ、その中で民俗学に関わる人々を分類して、それぞれの立場を踏まえて議論をしたらどうかと提案されました。それは、Ⅰアマチュアのフォークロリスト、Ⅱアカデミック・フォークロリスト、Ⅲパブリック・フォークロリスト、Ⅳアプライド・フォークロリストの4分類です。こうすることで、上下関係をつけようとするものではないと、何度も説明されたがどうもよくわかりません。ならば、いったい何のための分類でしょう。自分には、「民俗」そのものを研究対象とする人と、「民俗」を所与のものとして、つまり聖域として手をつけることを禁じられ、もっぱら与えられたものの操作性について関わる人とを分類するもののように思われました。だとすれば、「柳田民俗学」への逆行にほかならず、意識せずともアカデミズムの権威化を図ろうとするものではないかと思われるのです。

パネリストは、佐藤健二・小国喜弘・鬼頭秀一の三氏、コメンテイターは刀根卓代・佐藤雅也・伊藤亜人の三氏です。

さて、いよいよシンポの内容です。パネリストの中には民俗学者はいない。思想史・教育学・哲学といった顔ぶれです。これは好みの問題だと思いますが、最も納得できたのは佐藤健二氏でした。それは、民俗学に関わる人々の四分類を、意味のないものは相手にしないと切り捨てたことに自分の気持ちがフィットしたからなのです。

しかし、一点納得しがたい論点がありました。佐藤氏は、民俗学が野の学問たる所以は、研究対象が野であることと、研究者が野にあることの二点でいわれるが、本当はもう一点ありそれこそが「野」たるものである。それは、方法としての野だと説明しました。

この、方法としての野の説明の中で、自分の聞き間違いでなければ、民間伝承論の三分類を取り上げ、柳田は同郷人による郷土研究を真剣に望んで、長野県の教員に語りかけたのだとしながら、柳田が「郷土を研究の対象とするのでなく」「郷土であるものを研究するのだ」というときの、後者の郷土は実態の郷土でなく郷土人の感覚でという方法論をさしているのだ、と読み込んだのです。ここで私は、佐藤氏が三分類の郷土人による採集と研究を実態として理解しながら、「郷土で」という時は実態としての郷土ではなく方法だとするのは、ご都合主義の読みではないかと感じました。詳しくは、佐藤氏の『読書空間の近代』を読み直してみないといけないとも思いました。（当日のメモを紛失し、うろ覚えの理解であることお許し下さい。つまり、自分は「郷土を」「郷土で」にこだわり、「郷土を」という地域社会の全体性にこだわってきたのだから、方法としての郷土などとは気安く規定して欲しくないという思いなのです。）

二日目研究発表

一日目の懇親会、そして、我県の面々に加えて群馬のI氏、横浜のY氏、京都のA氏らを加えた二次会の熱い議論を経て、二日目の研究発表となりました。前日の議論で腹いっぱいの観があり、研究発表はもうよいかという思いもありましたが、勉強勉強と言い聞かせ、会場に足を運んだのです。

さて、二日目の研究発表は一一会場に分かれて、一一八名の発表がありました。ものすごい発表数であり、これだけみれば民俗学は多くの研究者をかかえて安泰です。本当かな？　発表の内容を、要旨から私が勝手に分類してみました。社会生活9、人の一生6、生産生業9、年中行事8、民俗誌15、住居1、信仰35、口頭伝承8、民俗知識5、民俗芸能4、方法論3、学史2、フォークロリズム21です。

分類のしようがなく、つまり私なりに「これは民俗学ではない」と思われるものは除外しましたが、大方の傾向はわかっていただけるでしょう。信仰が多いのはわかるとして、今回の研究の流れとして、便宜的に私がフォークロリズムと名づけたものが多くありました。どんなものかといえば、例えば「民俗と行政」「地方行政政策の展開と民俗芸能」「国策旅行ブームと宮崎観光」といった、「民俗」を所与のものとして、どう利用するか、関わるか、といった内容のものを分類してみたら、信仰に次いで多かったのです。

新たな調査による報告がこれからはあまり期待できないことから、既存のデータをどう生かすかに学生が走るのも仕方ない事かもしれません。しかし、それって民俗学か。そんなことが面白いの、と古い民俗学徒は思ってしまいます。何を面白がろうが、余計なお世話だといわれれば、確かにそうですが、行政がいかに利用したら民俗学を有効に生かせるかは、役に立つ民俗学かもしれないが行政学であって、民俗学の面白さではないでしょう。

学生がこれからどうやって飯を食べていくかは、大学における指導者の切実な課題でしょうが、メタ民俗学のようなことをしていては、ますます民俗学の源泉は枯れてしまいます。民俗学は、少なくとも私にとって民俗学は、生身の人間のトータルな生活をこそ聞き書きで明らかにしようとしたものです。それが、「野の学問」といわれる所以ではないでしょうか。対象への熱い思いがあって、方法が後からついていく。だからこそ、私はこの学問と一緒に生きてゆこうと思ったのだし、これからも生きていくつもりなのです。

おわりに

民俗学を行政でどう利用するかを考えていた学生は、卒業したらおそらく研究からはきっぱり足を洗うことでしょう。直に民俗に触れる必要はないのですから。民俗そのものは、大学の研究室でだけ扱うことができるものとなり、この学問は、アカデミズムに属する者だけが担う秘儀として、細々と続いていくことになります。

4　第五九回年会参加記

「柳田先生は、民俗学は皆が幸せになるための学問だとおっしゃっていました。どうか皆さん、皆が幸せになるために益々この学問を盛んにしていってください。」という、最後まで柳田に仕えられ、今回久しぶりに年会に参加された鎌田久子氏の懇親会でのスピーチが、いつまでも耳に残っている。

晩年の柳田は、本当のところこの学問というものをどう考えていたのだろうか。鎌田氏のいうように、学問によって皆が幸せになるためだと考えていたとしたら、民俗伝承を資源ととらえ、その有効活用方法や資源化の過程を研究しようとする現在の民俗学の方向は、私の感ずる違和感とは違って、柳田の望んでいた一つの方向かもしれないとも思われてくる。

日本民俗学会の第五九回年会は、「仏教と民俗」をメインテーマに、二〇〇七年一〇月六日～七日、京都の大谷大学で開催された。参加者の一人として、その報告をしたいと思う。シンポジウムは、豊島修氏の「仏教と民俗の交渉」という基調講演から始まり、パネリスト、小嶋博巳・小栗栖健治・坂本要、座長鈴木正崇、コメンテーター西海賢二・上別府茂の各氏によるシンポジウムと続いた。

もともと仏教に対する関心の薄い者にとっては、かなり専門に分け入ったそれぞれの話であり、個々のパネリストの発表を理解するのもおぼつかず、ましてパネリスト相互の発表をクロスオーバーさせることなどおよそ不可能に思われた。自分の能力のなさもあるが、それぞれの発表は、修験道の起源、巡礼の意味、地獄絵に見る供養と救済、念仏と踊りといったもので、会場からの意見にもあったが、そもそも、「仏教と民俗」をどうとらえるのかといった、基本的概念の了解がなされないままの発表では、問題の収斂させようもなく、盛り上がりに欠けたシンポジウムとならざるを得なかった。思うに、仏教が日本に伝来し根付いていくためには固有信仰をとりいれ、本来の仏教にはないものへと変容をとげたはずで、その変容を促した力こそが固有信仰のコアになるものといってよいだろう。仏教の変容を突き止めるには、本来の仏教（それがあるとして）と日本の仏教との比較研究が必要で、多分それは仏教学を専門とする人の仕事である。今回のパネリストが、歴史・民俗・文化人類学を専門とする方々で、仏教の専門化がいなかったことが議論の深まりを欠いた原因のようにも思われた。

自分は今年七月に父を亡くした。新盆をいつやるかというのは気なることであったが、親戚などに尋ねてみると四九日が盆より後になり、仏はまだあの世へ行ってしまっていないから、来年が新盆だという。ところが、お寺に尋ねてみると、教学的には人はなくなると十万億土のかなたへすぐ行かれるから、今年新盆でも来年新盆でも施主さんの考えでどちらでもいいといわれた。

考えてみれば、仏となった人が時を定めてこの世に帰ってくるというのは、本来の仏教からいうならば教理に合わない習俗のはずなのに、寺が盆を大事な商売の時期としているのはおかしな事である。そのくせ、寺が主導して習俗を規定する場合もあり、仏教と私たちの習俗とは、相互に干渉しあっているのである。

シンポジウムに続く総会には、多くの案件が提案された。今年度事業報告、決算報告、来年度事業案、予算案はもちろんのこと、『日本民俗学』の電子ジャーナル化の件、会則改正、会費納入規定、倫理綱領策定などの案件を審議承認の後、評議員会において次期会長として、篠原　徹氏が選出されたと報告があった。

翌日は研究発表である。午後は帰る予定にしたので、発表要旨を見ながら午前の部に回る研究発表会場の計画を立てようとするが、なかなか聞きたい発表がみつからない。つまり、自分の興味を刺激しない、有り体にいえば、失礼ながら要旨を読む限りどれもつまらなそうなのである。そんなら自分で発表してみろといわれれば、正にその通りなのだが。

具体的にどの発表を聞いて面白くないと思ったかは、私が勝手にここで評しても場外から物を投げ入れるようで気が引けるからよすとして、総じて感じられた点について述べたい。まずいえるのは、(当然ながら自分が聞いた範囲での受け止めだとご理解いただきたい)研究者の強い問題意識が感じられなかった事である。民俗学でも他の人文科学であっても、研究者の問題意識に基づいて研究対象は選択されるものであるが、民俗学の場合には、研究者自身の生活世界が対象の中に含まれる点が大きく異なる。つまり、自らの生活世界をも含めて対象化できる鋭い問題意識がないと、研究対象を切り取ってくることが難しいのである。そうでなければ、たとえ研究らしきものができたとしても、単なる事例の羅列にすぎないと私は思う。

先にも記したが、私は今年一月には義父を七月には実父を亡くした。それに伴い、死者と同じ部屋で幾日も過ごす経験をした。親族とはいいながら、死者と過ごしたのは異常な経験であり、哲学的にというより感覚的に死について考えさせられた。それは、亡くなった直後はともかく、既にして死者となっている者に対してそう思うのも変だが、血の気が失せたまるで死者のような顔になった父親と、自分一人だけで同じ部屋で寝るのは怖いというのが正直な感想である。

怖い理由を考えると、生き返ってほしいと思いながら、死んだまま死者が起き上がってきて自分も死後の世界に連れて行かれるかもしれないという不安であった。だから通夜には大勢で起きていようとするのだし、線香を絶やすなというのは、今はドライアイスを使うがかつてはそんなものはなかったから、死臭をごまかすためだと納得がいった。ともかく、死者の肉体と共に同じ屋根の下で過ごすというのは、時に死者との生前の思い出がこみあげてきたり死への恐怖に襲われたりで、かなりな緊張を強いられるものであった。死者がそこにいるということが、なんといっても原因である。

そこで考えたのは、いつ死者を火葬にするかという問題である。かつて私は、土葬から火葬に移行するに際して、葬送儀礼のどの段階で火葬にするか考察したが、今回は実感のなかで改めて疑問となった。

義父も実父も葬式の日取りを考えるについて、まずは火葬場の都合を問い合わせ、次に坊さんの都合に合わせた。火葬の後に葬式という順番を崩せないから、もし火葬場が午後しかあいていないとなれば、葬式の時間は遅くならざるをえないのである。葬式の後に火葬にするならそんな不都合は生じないにもかかわらず、火葬の後に葬式という順番は崩されることはない。しかし、土葬の当時ならば葬式の後に野送りをして埋葬したのであり、会葬者は祭壇の前に置かれた棺の中の死者とお別れをするのが通常であった。それを引き継ぐとしたら、葬式の後に出棺して火葬するというのが自然な流れといえるだろう。事実、長野県以外の地域ではそうした流れが一般的であり、棺のない葬式を奇異なものと感ずるらしい。してみると、何としても葬式の前に火葬を済ますという長野県人の感覚は、どこからきているのか問題となる。今回の経験をして、自分は葬式とはいえ会葬者が死者と同じ屋根の下で過ごす緊張感と関係がありはしないかと思っている。では、他の地域の人々はそうした緊張感を感じていないのか。この疑問についてまだまだ考察が必要であるが、問題意識とはこのような内なる経験と呼応するものでなければならないと私は考えている。内なる問題を表に出すかは別として、発表している研究者の問題意識に必要感がなければならない。ところが、今回の発表者の皆さんには、それが感じられなかった。必要感は、研究に対する面白味といいかえてもよいかもしれない。研究発表する方々を見ていても、淡々と発表するばかりで自分の研究がこんなに面白いといった風や研究への情熱を感じとれなかった。あなたは何が面白くてこんなつまらないことを研究しているのですか、と聞いてみたくなったのである。

さて、民俗学に将来はあるのか、今年も何人かの研究者に訊ねてみたが、はかばかしい返事はもらえなかった。こんな方向へ進めばといった処方箋などないとわかっていながら、聞いてみたくなる。多くの日本民俗学会会員がいたとしても、まともに論文書いているのは百人ちょっと程度かという話もした。ともあれ、大学教育に属していない地方の普通の人が、その学問で飯を食べる人と同じ土俵で議論できるのは、そしてそれを奇異な事と感じないのは民俗学くらいのものと思われる。それが、自分の生活世界をも研究対象とする民俗学の特質であろう。だとすれば、私たち一人一人が自分を見つめ、確固たる問題意識をもって研究を進める以外に、この学問の未来はないと思われる。

5　第六五回年会参加記
——民俗学会の転換点か——

日程概略

第六五回年会が新潟大学で二〇一三年一〇月一二日～一三日に開催され、何人かの仲間と参加しました。一日目はシンポジウムと総会、二日目は研究発表でした。一日目がどんな会であったか、その雰囲気をお伝えします。

新潟という、東京からは新幹線に乗ればいいのですが、西からは便利とは言えない地理上の位置からか、参加者は若干少ないように感じました。それでも、例年お会いする方たちの何人かと、ご挨拶することはできました。一日目のシンポジウムは、「川―水をめぐる対立と融和―」をテーマにして、赤羽正春氏・加藤幸治氏・金子祥之氏・湯川洋司氏をパネラーに菅豊氏をコメンテーター、司会を飯島康夫氏としておこなわれました。

川をめぐる治水と利水の対立に水をめぐる公共の成立をからめて、発表や議論が進んだように思いますが、だから民俗学として「何を問題にすればいいの？」と聞きたくなるような話が多く、菅氏のコメントでようやく民俗学に引き寄せられたような感がありました。何をやっても、これが民俗学だと担当者がいえばそれが民俗学だというところがあり、パネリストが口にする「民俗学」の内容がすれ違っていて、かみ合わなかったような気もします。

シンポジウムよりも、しっかり報告しなければならないのは、その後に行われた総会です。というのは、予定した時間をはるかにオーバーして紛糾し、七時までかかってようやく閉会できたものだったからです。件の総会の次第は左記のとおりでした。

一　開会の辞
二　物故者への黙禱
三　研究奨励賞授与式
四　議長選出
五　会長挨拶
六　中国民俗学会代表挨拶
七　二〇一三年度事業に関する件
八　二〇一三年度会計決算および会計監査報告に関する件
九　二〇一四年度事業に関する件
十　二〇一四年度予算に関する件
一一　名誉会員の推挙に関する件
一二　第六六回年会の開催について
一三　日本民俗学会著作権規定について
一四　理事選出方法の改正について

一五　法人化への移行について
一六　その他
一七　閉会の辞

次第を並べただけでも議題は多く、時間内におさめる（四時三〇分～六時だったか）ことは無理だったとも思われます。議題の中で例年には無いものは、六・一三・一四・一五でした。新しい議事について詳述したいと思います。

新しい議題

中国民俗学会代表挨拶は、翌日の午後の一会場を使って、「日本民俗学会国際シンポジウム　無形文化遺産政策のホットスポット・中国」という発表を、中国から複数の研究者を招いて開催することに付随したものでした。これで見る限り、年会では二つの学会がシンポジウムをやるような形となっています。それは、日本民俗学会と仮称国際ミンゾク学会とでもいえるものです。前者は主として伝承を研究するのに対して、後者は民俗資源を利用した公共政策を研究対象としたものです。

今やアメリカでは民俗学は公共民俗学が主流を占め、「民俗」そのものを研究するアカデミック民俗学は、背後に押しやられているようです。もっとも、民俗を研究しようにも研究対象があまりにも少なくなってしまい、学としてそれでは成立しなくなることからの方向転換だともいえます。（菅豊「現代アメリカ民俗学の現状と課題―公共民俗学（Public Folklore）を中心に―」『日本民俗学』

二六〇二）例えていうならば、同じレストランの中にいる料理担当のシェフと、できあがった料理とワインとの組み合わせを考えるソムリエとの関係といえばいいでしょうか。両方大事だとはわかりますが、だから日本民俗学も国際化（＝アメリカ化）を図らなければならないというのは、飛躍があるようで、自分にはいま一つ納得できないことです。料理の素材がなくなったから出来合いの料理を出して、ワインとの組み合わせだけ考えろといわれても、それは料理人の仕事ではありませんといいたくなります。

とはいえ、現在の学会の動き（大学に籍を置き民俗学を専門として飯を食べている方たちの方針）を見ていますと、早急に民俗学を公共民俗学化したいようです。そうしないことには、アカデミズムにおける民俗学の位置が日に日に狭まっていってしまうようなのです。つまり、行政の役に立つ民俗学をアピールしないと学生の就職先もないし、科研のお金もとれないと考えられているようです。

確かに民俗学は、「学問救世」「経世済民」を願う実学の側面をもっています。というより、農民はなぜ貧しいのかという初発の問いを、暮らしを遡ることで追究し、今の生活をよりよくするための学問として始まったのだといえるかもしれません。そうした志が最も強かったのは離島振興など、積極的に行政にコミットしていった宮本常一だと思われますが、全ての民俗学者が宮本常一だったら現在の日本民俗学はないでしょう。フィールドから得た富はフィールドに返していかなければなりませんが、返し方にはいくつものスタイルがあっていいはずです。

書斎での真摯な思索だけではいけませんが、それも一つの大事な方法です。現実生活の改善、町おこし村おこしを目的にフィールドに関わるという民俗学があってもよいでしょうが、それが全てではありません。私たちは、民俗学者が都合のよいようにある時点の民俗を作り上げあるいは固定し、あたかもそれが伝統であるかのように語られてきたいくつかの例を知っています。民俗を資源化して利用するとは、多かれ少なかれそうした面が必ずあります。地域社会の今の暮らしに利するものならそれもよしとするのか、まがい物の民俗としてそうした関与は拒否していくのか、簡単には答えの出せない難しい問題です。

民俗を資源化して利用方法を考えるという行政サイドに立った民俗学も役に立つ民俗学でしょうが、合併した周辺部の町村の生活文化が置き去りにされ、廃村とともに人が生きてきた記録さえもが失われてしまうことに異議申し立てをすることも、役に立つ民俗学だといえるでしょう。私たちは、「役に立つ」という言葉にだまされ、その前につく「誰のために」なのかを忘れてしまってはなりません。

民俗学はアマチュアから出発したものです。「長野県民俗の会」を含めた数多くの地方民俗学会の下支えがあって、日本民俗学会も成立してきたと私は思っています。少なくともこれまではそうだったはずです。しかし、日本民俗学会が公共民俗学会へと大きく舵を切ったとするならば、同じ民俗学を標榜していますが、地方民俗学会と日本民俗学会は別のものとなっていくでしょう。失われたとはいいながらも、まだまだ伝承された素材が残る地方では、「民俗学」はこれまでの民俗学であり続けると思われるからです。

話を総会に戻します。次に私が問題だと思ったのは、会計報告でした。本年度の会費収入は予算を三百万程下回り、会費積立金から借入せざるを得なかったのです。わかりやすくいえば、会費納入率が悪いということなのです。監査報告では、地元へ帰ったら身近なところで納入が済んでいない会員には納入を呼びかけてほしいという話がありました。会員が帰属意識を失ってきていることは問題にならなかったのですが、会費納入が滞るとはそういうことでしょう。来年度の年会開催地は岩手県で、期日は一〇月第二週の土日と発表されました。

著作権の規定については、電子書籍化に伴う著作権問題の解決のためだと思いますが、学会誌に掲載された論文の著作権は日本民俗学会に属し、著者は（1）翻訳及びこれに伴う改変（2）電子的配布に伴う改変には学会と学会が許諾する者に対して著作者人格権を行使しないことが認められました。これにともない、将来的には『日本民俗学』掲載論文がＷＥＢ上で読めるようになると思います。その前にＰＤＦ化して、ディスクで日本民俗学会会員に届くでしょう。

次に本当に時間がかかったのは、理事選出方法の改定についてでした。日本民俗学会の理事は、新しく選ばれた評議員の内から、評議員会で二五名が選出されていましたが、「評議員から二〇名、理事会推薦者五名以内とする」と変更したいというものでした。その理由は、評議員の中には必ずしも理事会で割り振られる仕事に精通した人がいるとはいえないので、その仕事に適した人材を後で理事会から推薦し、評議員会の承認を書面をもって得るという提案でした。

この会長提案について、福田アジオ氏から異議が出されました。それは、「趣旨はわかるが理事の中に評議員から選出された理事と後から理事によって選出された理事の二種類、いわば一等理事と二等理事が生ずることはいかがなものか。最初に理事会が成立してしまった後に、残り五名が選ばれるという選出方法はどうにかならないものか。」というものでした。事務局からは、理事は二五名以内と会則にあるから二〇名であっても理事会は成立するので、最初に二〇名で成立して後から追加しても会則違反ではない、という回答が何度かなされました。しかし、福田氏は執拗に食い下がりました。福田氏のいいたい本当の事はそんな手続き上のことではなく、後から選ばれる理事が一段低い者とみなされ、実質的に実務を全て押し付けられて苦労することになるのではないかということだったのです。

これについての事務局の回答は、どこの学会でも理事会推薦の理事がいて支障なく運営されていること、もし日本民俗学会が後から選出した理事に仕事を押し付けるような程度のものなら、学会を解散してしまったらいいとまで回答する現理事もいました。懇親会の時間も迫っていましたから、この部分については、「理事は、評議員会が評議員から選任する理事二〇名（会長を含む）と、理事会が会員の中から候補者を推薦し、評議員会で選任する理事五名以内とする。」とまとめて承認されました。

一介の会員として理事の皆さんの負担に頼っている自分は、あれこれ言える立場にはありませんが、いよいよ学会も実務理事を入れなければならないほど弱体化したのか（仕事を押し付けあうのか）と落胆しまして、筋が通らないながらも、そうしなければ運営できないというなら仕方ないと考え、賛成しました。

最後に、といっても評議員の選出に関する会則変更の文言を整えている間に提案されたのですが、日本民俗学会の一般社団法人化に関する提案が、法人化特別委員会からありました。現在の日本民俗学会はいわば同好会のようなものですが、法人格がないことには補助金が申請できないとか他学会との兼ね合いなどから、一般社団法人への移行が望ましいと提案されました。会員にとってのメリットは何かというような質問がなされましたが、法人化しても会員の学会との関係はこれまでとかわりなく、学会が活動する上でメリットがあるだけだという説明でした。

他山の石

今回の総会では、盛りだくさんの次第を見ても、その内容の重要性を見ても、学会活動の大きな変革期にあるように感じました。そして、図書販売では私たちの会も出店しなくなって何年にもなりますが、一頃に比べて店の数が随分減ってさびしくなったと感じました。「民俗学」という学問の変質に伴うものです。そうした事は他人事ではありません。日本民俗学会とは比べ物にならない小さな「長野県民俗の会」ですが、例会への参加者の減少、『通信』や『会報』の原稿がなかなか集まらないこと、事務局への負担の集中など会活動を続けていく事が年々難しくなってきています。

年会参加記の結びにしてはおかしいのですが、会員の会費によって成り立っている長野県民俗の会です。日々の暮らしを見直すための活動です。会員の皆さんの積極的な参加と、原稿の投稿を呼びかけたいと思います。

三　生業から見えてくるもの
――長野県伊那市高遠町山室地区夏期調査報告――

はじめに

長野県民俗の会の夏期調査の報告をするにあたり、少し方法的な確認をしておきたい。というのは、最近の本会の活動（調査と執筆）に方法的自覚が欠けているのではないか、と思われるからである。それは、この民俗の会に限らず、最近の民俗学会全体の沈滞ムードにも共通するものであろう。

多くのレポートが提出されるが、数をこなせばよいというものではあるまい。この歳をして噛みつく相手もいないが、もう少し骨のある論考を読みたいと思う。とはいえ、最近のまともな研究者は、この学問の目的に迷っているのも事実である。行く先を示してくれる大御所といった方もなく、惰性の研究に流れているといっても過言ではない。学問の目的のような大きな課題をかかえながら、個々のレポートを書くというのは難しいことだが、少なくとも方法的自覚をもって調査し、報告を書くことで方法を吟味し、再びフィールドへ出て行くという不断の行為は必要である。

夏期調査には二つの意味があったはずである。一つには研究の初心者のためのフィールド調査の手引であり、もう一つには会活動として決定したその年のテーマのフィールドでの検証にあったはずだ。報告書がきちんと出されず、調査の総括がなされてこなかったということもあるが、最近は調査のための調査となり、「どこへ行っても同じ」だと勘違いして、会員の参加が減少したことは悲しむべきことである。必要なのは問題意識と、それが可能かどうかは別として「方法的自覚」なのである。

1　暮らしの全体像の把握をめざして

私の民俗学は、日常非日常を問わず「総体としての生活」を明らかにすることにある。個々に分析できない日々の具体的暮らしのありようを明らかにし、その暮らしを左右する何物かが背後にあるとすれば、もちろんそれに迫っていきたい。何物かはカミを含めた精神生活かもしれないし、あるいはもっと違った生活の原理かもしれない。だから、ささいな日常の繰り返しの記述が大切だし、象徴論あるいは記号論で大胆に日常を相対化することも必要だと考える。

そうした試みの一つとして、生業複合というものが自分の中で位置づいている。可能な限り自立的な生活の在り方として、一つに偏らない生業の姿があると私は考える。それは、発展途上国が不安定なモノカルチャーからの脱却のために複合経営化を図ったのとは、逆の歴史的過程である。

安定のために単一化していくというパラドックスは、特権的に保護されてきた稲作の在り方が関係しているだろう。（かといって私は米の自由化を歓迎しているわけではない。）稲作に大きく比重をかけていく以前のムラの暮らしの中に、歴史の中で積み重ねてきた人間の叡智、それこそ生活の中で獲得してきた知恵があるように思うのである。このことはもっと厳密な理論的検討が必要だろうが、この程度の思い込みをもつことはフィールドワーカーとして許されるだろう。ロマンもなくて、誰が好んでフィールドへ出られるだろうか。

「生業複合をテーマに調べよう」と会活動を提案した私は、生業の研究者ではないし、むしろ生業は切り口にすぎないと思っている。トータルに生業を明らかにする事で、暮らしそのものの全体像が明らかになればいいと思うのである。

2　山室の仕事

Mさんの暮らし

大正九年生れのMさんは、近くの集落から二三歳で嫁入りした。嫁入り前までは生糸の鑑別をする会社、その前は蚕の雌雄を鑑別する会社に住み込みで働いていた。婚家には水田が七反と畑が七反ほどあった。今ではわずか耕作するだけで、多くの田畑に木を植えたり、蕗を植えたり栗を植えたりしてしまった。

昔は畑には三反ほどは桑を作り、残りは食べるだけの野菜と小麦や大麦を作った。大麦は桑の間にまいたりしたが、馬の飼料だった。小麦は粉にひいて夕食にはいつも調理して食べた。冬は、ノシコミやオダンス、夏はナスヤキにした。ノシコミはうどんを打って、ゆでないでそのまま味噌汁に入れて煮たものである。オダンスは、小麦粉をゆるくといて、しゃもじですくって熱い味噌汁の中に入れて煮たものである。ナスヤキは、小麦粉を手に載せてもたれない程度の固めにこね、茄子をさいころ大に切って味噌であえたものをくるんで、油をひいたホーロクで焼いたものである。今はナスヤキの中に鉄火味噌を入れるが、これは贅沢だという。

Mさんは田畑と養蚕の仕事の他に、炭焼きや薪を作って売ったり、アラコといって山の木を伐って焼き、蕎麦や大根・粟・黍などを作ることもした。次に、これらの仕事がどのように組合わさっていたか季節を追ってみてみよう。

炭焼きは一〇月から三月までが主体だったが、売ればすぐお金になるので夏でも手のあいたときには焼いた人もいた。炭焼きは、一番いい炭になる楢の木の山を買って、その山に窯を築いておこなった。窯は一〇人ほどでユイで造った。先に炭になる木を立てておいて、その木を覆うように土をたたいて窯を築いた。

焼いたのはクロズミで、火をつけて煙の色を見て窯口を止めた。炭俵は自分で編んだ。俵を四貫俵といい、炭が四貫目入った。男女の仕事分担は、男は木を伐り女は木の運搬を主にした。窯に火をつけてしまうと焼けるまで、次の窯の木を伐った。女は男が伐った木を一窯分、窯の近くまで運んで置いた。焼けた炭を売るのは、多くはおばあさん達の仕事。馬の背に積んでマチ（高遠）の燃料屋に売った。これは、昭和時代の初めころまでで、その後は農協ができてマチまで持っていかなくても農協で買い取った。

炭焼きをした冬の日は、朝飯を食べて六時ころ山へ行った。メンパの蓋とみの両方にご飯をつめて持っていき、何度にも分けて食べた。おかずには、秋刀魚や鰯をそのまま持って行って山で焼いて食べたこともあった。夏にも合間に炭焼きをしたが、キュウリを川に浸して冷やしておき、味噌をつけておかずに食べたことが、おいしくて忘れられないという。

四月になると苗間を作り、日のいい日を選んでユイでモミマキをした。それと同時に苗間のできるまでに馬で田起こしをした。馬はどの家でも飼っていた。シロゴセの合間に、畑にはバレイショをまいた。これが畑の最初の仕事だった。そして、田植の前までにカボチャ・キャベツ・ナス・大根などの野菜の種をまいた。

ナズナやトトキは、田んぼの土手のような家の近くでちょっと採ってきて、おひたしにしたり茹でて味噌あえにしたりして食べた。田植は五月一五日〜二〇日ころまでに済ませた。大勢でやる田植のことをオータウエというが、この日は親戚や隣近所をユイで頼み、その他の日は家だけで植えた。

田植が終わると五月中旬に掃き立てたハルゴ（春蚕）があがるころとなるので、みんなで養蚕にかかった。養蚕の合間には、田の草取りをした。田植後一〇日〜二〇日すると最初の田の草取りをし、七月中に二〜三回とった。

六月には、馬をひいて奥山へ蕗を採りにいった。これをフキヌキといった。馬の背に採った蕗をたくさんつけて帰り、醤油で甘からくカラブキに煮たり、茹でてから塩できつく漬けておき、塩抜きして一年中食べた。また、蕗よりも時期は遅いが、ショイビクを背負っていって近くの山で、タラやワラビを採った。タラは味噌あえや天ぷらにし、ワラビはそのまま塩漬けにして保存しておいて食べたりした。

さらに七月中には、どの家でも作ったわけではないが麦の収穫もあった。麦を刈って畑にハゼガケをしておき、乾いたら畑でするか馬で家に運ぶかして脱穀した。

夏蚕は七月中旬に掃き立てて八月上旬にはあがる。蚕はニワヤスミ以後一〇日ほどが、たくさん桑を食べて忙しい時なので、その時はみんなで飼うが、その前は女衆だけで飼っていたという。田んぼは、「ハナスズしょっちゃ草取りした」といい、八月中旬に最後の田の草取りをした。畑では、収穫した麦の残った根を起こして、麦の畝の間にまいた豆に土寄せをした。これをムイカラダオシといった。山では、木を伐って焼き蕎麦をまいた。これは「アラコを起こしちゃソバ作る」といった。アラコを起こしたのは、昭和一〇年代の初めまでで、実家ではやったが嫁にきてからはやらなかった。アラコを起こして、地味のよい所には大根をまいたり粟や黍を作ったりした。

秋蚕は八月下旬に掃き立てて九月下旬にはあがった。九月にはマユカキをしたり、野沢菜の種をまいた。また、茸採りや栗拾いに家族で弁当を持って山へ行った。栗拾いは時期になると毎日行き、毎晩栗をむいて食べた。中でも、クリヤキモチはご飯の代わりに毎晩のように食べたし、おいしかった。栗の皮をむいて渋をとり、一度煮てからつなぎに小麦粉をまぜ、丸めて団子にして囲炉裏のワタシで焼いて食べた。

一〇月には稲刈りをして田んぼにハゼカケをし、乾くと田で、あるいは家に運んで脱穀をした。畑では豆畑の草取りをした。一一月には、大豆や菜っ葉、大根の収穫をし漬け物をした。また、冬中囲炉裏で使うタキモノを山に拾いに行った。女衆がボヤを拾って長さをそろえ、二か所をしばって一定の場所に積んだ。これをキグラといった。一冬にキグラにして二〇も三〇も必要だった。女衆がキグラに作ったタキモノを、男衆が馬につけて山から下ろした。

Ｉさんの暮らし

大正九年生れのＩさんは、ずっと農業で生活してきた。田は基盤整備で場所は換わったが昔から四反歩ほど、畑は養蚕が盛んなころは七反歩、今は三反歩ほどを作っている。父親を早く亡くしたので野良仕事は母親について習った。主な収入は養蚕だったので、養蚕を中心に田仕事を組み合わせて働いたという。

ハルゴ（春蚕）、ナツゴ（夏蚕）、シュウサン（秋蚕）、バンシュウサン（晩秋蚕）の年に四回、蚕を飼った。このうちハルゴを一番多く飼って忙しいので、ケーアンであっせんしてもらって山梨や諏訪の人を住み込みで一人と、ムラの中の人を一人雇った。住み込みの人には日当で給料を払ったが、その額には上中下があり、あっせん人が決めた。

ハルゴと田植が重なるので、蚕がまだ小さいうちに植えつけを終わらせるようにした。ナツゴとは田の草取りと畑の草取りであるソーヤクが重なった。シュウサンとは、ヒエヌキや土手の草刈りが重なった。バンシュウサンとは重なる仕事はなかったが、寒くなるので飼育中に火鉢で温度をかけなければならなかった。

ハルゴの最盛期には、次のような一日だった。朝五時か五時前のまだ夜が明ける前に朝食を食べた。朝食はご飯に味噌汁と漬け物の程度だった。朝食を食べてから給桑をしたが、朝起きるとすぐに給桑してから朝食を食べることもあった。この時の桑は、前の日に採ってきて、しおれないように土蔵のクワグラに逆さに立てて水をうっておいたものである。

雨が降ると桑がとれないので、桑は前日のうちにたくさん採っておいた。給桑あるいは朝食が終わると、家中で桑畑へクワキリに行った。鎌で桑を切りショイナワで背負ってきた。一人で二把背負い、その上に一把を乗せて合計三把運んできた。

一〇時半ころ畑から戻って給桑した。桑は棒ごとくれたり、クワコキでこいて葉だけを与えたりした。クワコキは主に子どもの仕事だった。給桑の前後にお茶を飲んだ。お茶には、漬け物やお菓子を食べたが、お菓子ではトーダンゴをよく食べた。トーダンゴは、紅を入れて小さく切った餅を乾かし、ホーロクで煎ったものである。午後のお茶にはコーリモチを食べた。

お茶を飲んでから、桑をこいだり桑畑の手入れをしたりしていると昼になった。桑畑の手入れは四月には、ハタウナイといって耕して肥料をやり、四月、五月中にキリカエシといって、桑の枝を切って新芽を出させることをした。ホーヤブリという桑畑の草取りはいつとはなくやった。

昼食は、朝食と同じような物を食べたが、味噌汁は新しくたいた。昼食を食べると、二時か二時半ころまで昼寝をし、起きると給桑した。それからお茶を飲んで、クワキリにいった。陽差しの具合を見てヨコビになってから桑畑にでかけた。陽差しが強いうちに桑を切ると葉がしおれてしまうし、あんまり遅くなると、桑を切り終わらないうちに暗くなってしまう。暗くなるまで桑を採って帰ったが、女衆は先に帰って夕食の用意をした。家に帰ると給桑し、八時ころ夕食を食べた。

夕食には、ご飯・漬け物・味噌汁のほか、三〜四日おきに行商が持ってくる鰯や干鱈や塩鯖などを食べた。夕食後には、蚕の食欲が盛んなときにはこいだ桑をクレナオシといった。それから就寝すると、一〇時ころになった。

養蚕が盛んなころは、きゅうり・大根・白菜などの自家用のわずかな野菜を作った程度で、畑には全部桑を植え、自家用の大豆すら作らずに買った。終戦直後は食料増産ということで、桑を抜き麦をまいたが収入にならないので、桑をまた植えて養蚕をした。昭和三五年ころまで養蚕をしたが、苦労した割にはお金にならないので、高遠に泊まって勤めに出るようにした。

3　文字の向こうの暮らしへ

わずか半日の調査でお聞きした暮らしの姿であり、断片にすぎないといえばそうである。しかし、わずか半日であっても求める問題が絞られていれば、手前味噌のようではあるがかなりな成果を上げられることも示す事ができたと思われる。

山室での現金収入という点では、養蚕と炭焼きが中心だといえるだろう。養蚕を農業といえるのかという網野さんの指摘もあるが、桑畑の管理から考えれば農業だといえるだろう。しかし、炭焼きは手工業かもしれない。高遠という燃料消費地をもつ山室にとって、養蚕以前は炭焼きが重要な産業だったと思われる。この養蚕と炭焼きをメインに据えるとしても、とてもサラリーマンが給料にだけ頼るような具合には暮らせない。そこで、稲作とわずかな畑作、焼き畑、山の恵みの採取などを年間を通してうまく組み合わせながら、山室の人々は暮らしてきた。

それでは、何の楽しみがあったのかと思われるかもしれないが、先にも述べた山菜採りや栗拾いは、仕事の中に組み込まれたものではあっても、楽しみの一つであったことは間違いない。また、ドジョウや地蜂をとるという楽しみもあった。土用になると、夕方暗くなってからドジョービクを、ドジョウがいそうな田んぼへ沈めておいた。ドジョービクの中には煎ったコヌカを入れ、片側は草で蓋をし、片側にはかえしがついていて、一度中に入ると出られないようになっていた。田の持ち主に叱られないよう、早朝にビクをあげると、ビク一つに十匹ほどのドジョーが入っていた。これを家に持ち帰り、バケツに入れてしばらく飼って泥をはかせ、ねぎを混ぜて醤油で煮て食べた。

ドジョーはススキの穂が出るころ捕れるといい、土用になって水温が上がらないと捕れなかった。これは、捕ることの好きな若者のやることだった。また、地蜂を捕ることは、小学校の高等科くらいの子どもが好んでやる遊びで、捕れた蜂の子は醤油で煮てご飯と一緒に炊いたり、寿司にして食べたりした。

山室の暮らしにみられる、自分の生活を自分でデザインすることと、生活の中に楽しみをみつけることを、現代人はいつから忘れてしまったのだろうか。与えられた仕事、与えられた娯楽しか知らない大人が、子どもに「自分で考え自分で行動しなさい」と言っている。生きる力は、わずか日々の暮らしの中でこそ獲得されるのに。こんな時代だからこそ、民俗学を志す私たちは、わずかな文字に記した暮らしの向こう側にある、生身の人間の生きざまに向き合い、たとえ見果てぬ夢だとしても、それをこそ学問の俎上に乗せる努力を続けなければならない。

最後に、突然押しかけた私たちを快く迎えてくださり、ぶしつけな質問にも誠実に応えていただいた山室地区の皆様に感謝申し上げます。

四　民俗学に求めるもの

さきの長野県民俗の会総会のシンポジウム（一九九〇年一一月）のディスカッションにおいて、かなり控えめで屈折した参加者の「社会に役に立つ民俗学なんて考えない方がいい」「研究者の面白いと思う関心を大事にすべきだ」、「民俗学は少なくとも研究当事者だけは豊かにしてくれる」などの発言が、途中僅かに傍聴された記者の方に見事に曲解され、「民俗学は社会的役割など考えず、専ら研究者の興味関心に終始すべきだ云々」と、新聞報道された。誤解を解くべく新聞社にはこちらの真意を伝え、新たな取材をお願いしたり投書をしてみたものの、いずれもなしのつぶてであった。報道された「真実」は容易に改まらないことをしみじみと思った。

そこで、基調報告については別に稿を起こすとしても、参加されなかった会員の皆さんには意図するところをお伝えし、それに関連して現在思っていることを少し書いてみたい。

民俗学の社会的役割について言えば、どのような学問であれ、究極的には暮らしを豊かにするものとしても、その成果が直截に暮らしと結びつくものではないだろう。とりわけ人文科学にあっては、現実の政策決定にコミットするような一部の学問があるにしても、大方は役に立たないものではなかろうか。いや、むしろ実際的暮らしの「役に立たない」ことが、学問や芸術の存在意義ではなかろうか。実際生活での有用性を尺度あるいは目的として、全ての学問があるとしたら、それこそ危険なことではないか。学問は決して特権的なものではなく、取るに足らないものであるからこそかけがえのないものだという意識が、研究者には必要だと私は捉えているし、シンポジウム当日の大方の参加者が、そう考えたと信じている。

では、突き詰めて行った時、民俗学は我々に何をもたらしてくれるのか。そんな大それたことではなくとも、私は何を求め、何をもたらしてくれるものと考えているのか。なかなかこれは一口では言い難いし、自分でもよくわかっていない部分もある。ところが、この頃必要があって、昔話の伝承者に関する論文をいくつか読む中で感じた違和感が、自分が民俗学に対してもってい る期待のようなものの一面を明らかにしてくれた。

伝承者論は昔話研究の中でも、最も新しい分野に属し教えられることも多かったが、伝承者論（語り手論）が「文学の作家論に比すべき」（花部英雄「伝承者・伝播者―その概説と問題の所在」『民間説話：日本の伝承世界』一九九五年　世界思想社）という件に出くわすと、これは民俗学ではないと感じてしまった。私の違和感は、語り手論が個人の資質を問題にしようとする点にある。ここで、自分が求めるのは個人の伝承の特質ではなく、個人の伝承の他者と共有する部分であったということに気付かされた。ということは、私流に言うならば、民俗学は現代においては孤立しているように見えるひとりひとりが、実は深いところで結びついているということを明らかにするという点において、我々の生活を豊かなものにしてくれるのではなかろうか、と期待するのである。

五　実感の民俗学

世の中では、ケータイなどを使って、その場の思い付きを文字化してネット上に公開することが流行っているらしい。確かに、日々の暮らしの中で、「なんで」とか「すごい思い付きだ？」とか思うことは何度かあるものの、一晩寝て起きればすぐにどこかに置き忘れて残念に思う。かといって、その都度狭いケータイ文字盤に指を走らす気にはなれないし、きちんとした論考にまとめる時間などありはしない。きっと、そんな思いをされている皆さんは自分の他にもいるに違いないと思い、長野県民俗の会『通信』に、「葉書でつぶやく」コーナーを提案した。何だ、大昔に『旅と伝説』なんかでやった事の二番せんじかと思われるかもしれないが、大きく異なるのは、かつては誰かのための事例集めであったが、これは自分のためのメモ替わりである。

さて、寒かった今年の冬もようやく終わりを告げた四月上旬、まきものの準備をしようと珍しく畑を耕した。すると、白と黒の羽で尻羽の長い小鳥（多分セキレイか）が、自分のすぐ傍まできて尻羽をピンピンさせながら歩き回っている。いったい何でこんなに馴れ馴れしくしているのかと見ていると、ひっくり返った土をつついて、冬眠（？）中の虫を食べているのである。ああ、そういう事なのかと、遅まきながら私は納得することがあった。
「鳥呑爺」（『大成』一八八）という次のような話がある。

　爺が山に畑を打ちに行って鋤を立て握り飯を食っている。小鳥が来たので、握り飯を分けてやると慣れて肩や指にとまる。爺は小鳥を口の中に入れ、臍から脚が出ているので引っ張ると「ぴぴんぴよどり五葉の盃、ちょっと持って飛んで来い」と鳴く。殿様の前で鳴らして褒美をもらう。隣の爺がまね、小鳥には握り飯をやらず鋤に止まっているのをとらえてのむ。
　爺は失敗する。

私は、民俗学は実感あるいは生活の中での違和感にこだわるべきだと考え、述べてもきた。鳥呑爺の話は知っていたが、土の中の虫をつつくことに夢中になっている小鳥は、人間に呑まれるくらいに無警戒になることが、今にしてようやく実感としてわかったのである。だから爺が小鳥を飲み込むという話の展開には、爺は山の畑を耕して土をひっくり返している必要があった。また、小鳥をピピンピヨドリとかチチンピヨドリとかというのは、尾羽を動かす機械的な動きからきているのだろう。

この気付きから、以下のようなことを考えさせられた。これまでに数多くの農山村の報告書があり、今後はその活用が大きな仕事になるだろう。過去の報告書を読むとき、私たちはどれだけ背景まで読み込めるだろうか。まして、高度経済成長以後に育った研究者には、生活実感としての問題意識が生まれるのだろうか。最近の論考に物足りなさを感ずるのは、そのせいかもしれない。とはいえ、そんなことをいったら若者には研究者としての資格がないというようなものである。若い研究者自身は、問題意識のありようをどう捉えているのか教えてもらいたい。

六　聞き書きの作法

川田順造は、柳田の『清光館哀史』について、その後の自身の聞き書きによる現地調査をふまえ、推敲を重ねた柳田の文章の美しさは評価しつつも、十分な調査をしないで安易に自分の思い込みを投影したものだと内容を批判している。（「長期に対象社会に住み込み、そこの人たちと生活を共にしていれば、大部分は修正されたり否定されたりする旅の第一印象を、文献に基づく博大な参考知識と、何より詩人としての感情移入の見事さによって、それなりの整合性をもった紀行文の形で表現してしまうと き、見る側の表現と、もっとどろどろした、あるいはあっけらかんとした、対象社会の現実とのあいだに口を開けているはずの深淵は、放置されたままになる。」　川田順造『人類学的認識論のために』二〇〇四年　岩波書店　P三六五）

おそらく川田氏の念頭には、民俗学の調査と民族学の調査とを比較し、参与観察をしない民俗学の調査への不満があったのだろう。確かに、長くても一週間程度の現地調査で、調査地の何ほどのことがわかるのかといわれれば、その通りですと言わざるをえない。とはいえ、半年一年住み込んだとしても、行きずりの旅人には話せないこと、話してもわかってもらえないとあきらめられていることが確かにある、と思う。ましてや異文化ならばなお更のはずである。

この夏、話してはならない話だといわれていたと母親にきかされた話は、この歳にして初めて聞く話で、調査の限界を思い知らされるものだった。話してくれるなという当事者の願いが胸を打つが、それを裏切っても私に話した母親は、このまま話さなければ自分一人で冥土まで持って行ってしまうことを恐れたか、半世紀もたってもう話してもいいだろうと判断したのかは定かでない。

それは私の子どものころに出会った、Kさんという物腰の柔らかい穏やかなおじさんの話である。この方は、竹籠を荷台に付けた自転車に乗り、当時どこの家でも飼っていた兎の売買をしたり、アンゴラ兎の毛を買ったり、籠に肉を入れて売り歩いたりしていた。我が家で買える肉といえば、モツか綿羊の肉であった。冷蔵庫などなかったから、たまに綿羊の肉を買うと味噌漬けにして保存したが、それはまれにしか食べることができないごちそうで、今も味がよみがえる。我が家で飼っていた山羊が病気になってしまったときも、Kさんに頼んでリヤカーに乗せて持っていってもらった。Kさんは家にくると、お茶を飲んだり話したりしていったが、その話し方にどこか教養が感じられ私は好きだった。今回母が話してくれてわかったが、戦後の食糧難のころ、父とKさんとでトウモロコシを粉にする機械を買って、一緒に商売していたこともあったという。

母の話はそのKさんにまつわるものであった。戦前にKさんは製糸工場に勤務し、検番をしていた。そこで、工女として働くAさんと出会って相思相愛となり、将来を誓いあった。ところが、Aさんの両親はKさんとの結婚を絶対に認めなかった。Kさんの家柄が悪いというのである。そうこうしているうちに、Aさんは身ごもった。激怒したAさんの両親はAさんを引き取り、生まれるこどもはこちらで何とか始末するから、この話はなかったことにしてくれと、Aさんを軟禁状態のように家にこもらせた。それでも、どうしてもあきらめがつかないAさんは、Kさんから郵便で現金為替を送ってもらい、その金で身支度を整え切符を買い、Kさんの待つ都市へと旅立った。このAさんとKさんが、そのまま都市で暮らしていたなら、そのことを私の母が知ることはなかったし、この先の物語も生まれなかっただろう。ところが、どういういきさつがあったのか、都市へ逃れた二人は何年かして、また田舎へ戻って居を定め生活を始めた。そして、私の母が近くに嫁いで来ているのを知るのである。ある日、たまたまAさんと母が会って二人だけになったとき、Aさんから、実は私はこういう者で、あなたとは姻戚関係になるが、自分と姻戚だということが知られて、あなたに迷惑がかかってはいけないので、そのことは誰にも話さないからあなたも話すな、また人前で二人で話すこともやめよう、といわれたという。

やがて、KさんとAさんが所帯を持ちそこに暮らしているということを、Aさんの実家の人々も知るところとなって、親戚の人が訪ねてきた。Aさんの暮らす集落の入り口には川が流れ、橋がかかっていた。訪ねてきた親戚の人は、集落の入り口で絶対に橋を渡ろうとせず大きな声でAさんを呼びつけ、こんな所に住んでいては実家に近すぎるから、もっと遠くの誰も知らない所で暮らせ、と伝えて帰っていったと、後にAさんが母に話したという。

Aさんは第一子の長男の下に、二人の娘にも恵まれた。お子さんたちはそれぞれ優秀で、学校の勉強はよくできたという。そして、長男は成人後、養子にほしいという話がもちこまれた。たった一人の男の子であったが、Kさんは、自分たちのような境遇の者を、一人でも減らしたほうが悲しむ人が少なくなるといって、ためらいなく養子に出すことに同意したのだという。いったん家を離れた長男は、以後二度と実家を訪れることはなかったという。そして、二人の娘たちも学校を出ると、皆都市へ就職したので、Kさん夫婦もそのつてを頼ってこの地を離れたという。もともとKさん夫婦が建てた家は、いつでも転居できるようにと、最小限度のものだったのだ。


これが、母の語ったKさんとAさんとの話である。なかなかつらい内容なのだが、全ては半世紀近く以前のことである。現実はドラマのようには美しい結末を迎えないが、行きつ戻りつであったとしても、まちがいなく世の中は前へ向って進んでいるといえるだろう。東日本大震災後、絆とか地域社会とかの見直し、あるいは復権が説かれることが多くなり、近代とりわけ第二次世界大戦以後大事にされてきた、個人や人権の尊重がある面で主張しにくい雰囲気も感じられる。今だからこそ単純に昔はよかったというのではなく、弊害はあったとしても、過去よりも現在の方が、より多くの人々が人間らしく生きられるようになっていることを、忘れてはなるまい。

さて聞き書き論に戻ろう。民俗学が、わずかの調査期間で調査報告書をものしていることは事実である。では長期にわたる民族学（文化人類学）の調査が、国内で民俗学を上回る成果をあげているかといえば、そうとも思えない。民俗学の報告書は、調査者と被調査者が同一文化に育ったという、共感共苦の技がなしうるものである。長い間一緒にいなくても、聞いただけで感ずることができるという前提でできあがっている。民俗学をする者は、そうした感性を失ってはならないし、感ずる心を研ぎ澄まさなければならないと思う。

七　これからの民俗学

ひところは、黄昏の民俗学だの民俗学の落日だのといわれ、民俗学の衰退を嘆く論調がみられたものである。ところが、今やその域をはるかに通り過ぎ、個々が黙って狭い専門分野に閉じこもったり、過去の資料を適当に操作したりする研究が多くなった。そうした傾向をながめると、そもそも民俗学とは、何を研究対象として何をめざした学問だったのだろうかと改めて考えてしまう。また、会員の中からも、いったいこれから先何を書けばいいんだろう、という悲痛な声を耳にしたりもする。

私は、研究者が生活という「地」の中から色濃く伝承性を伝える部分を切り取り、それを「民俗」と名付けるのだと規定して研究してきた。民俗学の研究対象について、柳田は、「郷土研究の第一義は、手短に言うならば平民の過去を知ることである」と述べ、資料に乏しい平民の過去を明らかにするには「文化は継続して居るので、今ある文化の中に前代の生活が含まれている」から、それを資料とすればよい。しかも「日本はほんの最近に（生活が）変化したばかり、というよりも今将に変わりかかって居るのである。古くから伝わるものの良し悪しが、現に盛んに論議されつつある時代である。しかも議論はただ僅かな意識せられたものに限られて居り、其他に尚無数の仕来りと行掛かりとが、我々の身辺を囲繞して居るのである。(1)」と、近代化が進んだ西欧に比べて、身近に豊富な資料があることを指摘している。江戸時代に生まれた話者がいくらでも存命中の、見ようとすればいくらでも資料の存在に気が付く昭和の初めのころの状況である。

また近年では、福田アジオは民俗学を、「基本的には一定の集団を単位に上の世代から伝えられてきて、現在人々が行為として行い、知識として保有し、観念として保持している事象、すなわち民俗を調査・分析し、世代をこえて伝えられてきた生活文化およびその変化過程を明らかにすることで歴史的世界を認識する方法である。(2)」と定義している。「一定の集団を単位として」とは、福田の唱える伝承母体論を裏付けとしているのだが、現在は批判も受けているものでもある。その批判も、伝承母体が見出しにくくなっている現在だからこそのものだと思われるのだが。

では現在の民俗学は何を研究対象として活動しているのだろうか。二〇一一年の彦根の滋賀県立大学での日本民俗学会年会の研究発表のテーマをいくつか拾ってみる。

◇公開シンポジウム「景観をめぐる民俗と歴史」

○『景観保全』という課題―文化財保護制度を中心に―

○景観を凌駕する経験―『村の日記』から

○『京都らしさ』と景観の近代

◇研究発表

○竹製火縄の生産をめぐる人々の生活変遷と環境
○農業における雇用労働
○大阪湾のイワシきんちゃく網漁業
○「民話語り」活動団体の動向
○高齢社会における民俗の実践と継承に関する研究
○歴史を媒介とした地域間交流の諸相
○菊人形という「伝統文化」の維持と継続を巡って
○現代の農村における望まれる若者像
○被写体となった道祖神とその影響
○文化的景観の保護と活用の両立における住民の役割
○ユネスコ無形文化遺産になるということ　等々
（発表は一一六人とかなりな数であった）

当日のシンポジウムにしてもそうだが、過去に調査されてある程度評価の定まった儀礼や祭りなどを民俗文化財としてとらえ、それをいかに行政的に操作するかとか、文化財として人々がいかに利用してきたか、あるいは法律上どのように規定されているのかとか、民俗事象を文化財として静態的とらえてよいものか等々、あらかじめ「民俗」を解釈の定まった所与の物としていかに料理するか、といった研究がいくつもあることに気が付く。

思うにそれらは皆、過去に「民俗」だと誰かが切り取った事象を事例としてではなく、民俗学的評価までも定まったものとして操作するメタ民俗学であって、生活とともにそこにある民俗事象や研究者が生身の話者と直接向き合って発見した、「民俗」ではない。とはいうものの、生活の中から前近代につながるような部分が消滅したかに見える現代にあって、現実生活の中から民俗を切り取る作業は容易ではない。

民俗学が現代社会をどう捉えるかについて新谷尚紀は、「それは、高度経済成長期以前の伝統的な生活の中には存在しなかった生活便利品、古くはテレビや洗濯機、今ではパソコンや携帯電話など、柳田や折口の時代には存在しなかった生活用具や、生活環境のあり方を前にして、技術と意識の伝承と対応とが、個々の現場的にまた列島規模的にどのようになされているのか、へと注目する視点です。新しく生まれ定着してきている歳時習俗や娯楽芸能などにももちろん注目して、その社会現象の意味を読み解きながら、それだけでなくビフォアーアフターの歴史的展開に向って分析の眼を注ぐのです。そして、文化人類学や社会学や現代史の分野の研究者との交流により、民俗学の独自性、独創性を具体的な研究成果によって提示していくことが大切です(3)」と述べている。

近代化の中で失われていく前近代に気づいたとき民俗学が誕生したように、現代生活の中で失われていく前現代（高度成長期）に私たちは確かに気づきつつある。映画、「三丁目の夕日」のヒットや、各地にみられる昭和横丁はそうした現れだろう。民俗学が現在学だとするならば、前現代が眼前にせりあがってきている今こそ、現代民俗学の生成の時だといえるのかもしれない。

そこで、現代民俗学の方法とケーススタディーとして、『民俗学における現代文化研究』(4)の中から幾つかの論文を取り上げ、検討してみたい。まず、方法論として提案されているのが、島村恭則の「〈生きる方法〉の民俗学へ　民俗学のパラダイム転換へ向けての一考察」である。島村はこれまでの民俗学を、「広範な生活世界から、ある事象を取り出して、そこに「民俗」「民間伝承」「習俗」というレッテルを貼り付け、これを一種の「標本」とすることによって、研究を行おうとしてきた(5)」、「「民俗」「民間伝承」「習俗」というレッテルを張り付けられた個々の「標本」の形式ばかり目が向いて、それを選択、運用する人間自体は視野から遠ざかってしまっている(6)」と批判する。そして、「標本」を扱う民俗学ではなく、〈生きる方法〉の民俗学を提唱する。島村のいう〈生きる方法〉とは、「人間が、自らをとりまく世界に存在するさまざまなものごとを資源として選択、運用しながら自らの生活を構築してゆく方法のこと(7)」であるという。

確かに、人の暮らしは細分化された調査項目ではとらえられないとは私も考え、トータルとしての人の暮らしを明らかにする民俗学を志向してきた。島村の述べるように、採集と称する民俗調査で得られた標本からは、血の通った人間の息遣いは感じられないし、サンプルをもってしたら個別の人間の生き方は描けないのだ、と叫びたくなる。しかし、学問であろうとする以上、事例からの普遍化一般化は避けられないものであり、そのためには一定の基準を満たした資料の比較検討も避けられないことである。そうすると、どうしてもトータルとしての個別の人の生きざまからは遠ざからざるをえない。

島村は、個別一回限りの人生をいくつも聞き取ることで、人間というものの本性というか基本的な思考にたどり着こうとしているのかもしれない。島村の民俗学は、伝承性と伝承を支える集団を問題にしないで、あくまで個人の生き方に着目する。だとすれば、それは民俗学ではないという批判も受けるだろう。これまでの民俗学では、個人から聞き取り調査をしても、それは個別の事例ではなく背後にある同質の集団の代表としての個人という位置づけであった。同質と仮定する所属集団を日本全土とするか小さな地域社会とするかは別として、話者を背後の集団の代表と捉えることが、少ない事例で「民俗」の一般化が図れる根拠となっていた。ところが、構成員がある程度同質と仮定できる社会集団がみつけにくい現代には、個人を個人とみなす別の資料操作が必要とされるのかもしれない。

確かに個人の生き方を記録したライスヒストリーは、物語として人をひきつけ面白い。列伝体で多くの人の一生を並べ、そこから時代相、あるいは共通する人の生き方のようなものを読み取るのは読者に任せる、というノンフィクションライターのような手法があるかもしれない。しかし、民俗学を学問とするならば、普遍化を読者に任せきるわけにもいかないだろう。島村も、「ライフ・ヒストリー研究は、一人の人間の一生をまるごととらえようとする試みであり、これは「民俗」「民間伝承」「習俗」の個別「標本」研究がもつ限界を乗り越えるのに有効な手法の一つであったと考えられる。実際、社会学や文化人類学におけるライフ・ヒストリー研究は、それまでの構造・機能主義的研究が個人の主体性をとらえられないという問題の克服を意図して始められたものであった。ところが、残念なことに、これが民俗学に導入されるときには、本来の趣旨は置き去りにされ、単なる家族・親族研究における「個別事例研究の一種」といった扱いに矮小化されてしまったのである。ここでは、ライフ・ヒストリー研究は、既存の構造・機能主義的家族・親族研究のための調査技術の一つとしてしか認識されず、それが本来持っていた方法論的可能性についてはほとんど省みられることがなかったのである。そして、現在に至るまで、民俗学においては、理論的にも事例研究的にもほとんど見るべきライフ・ヒストリー研究は生み出されてこなかった。(8)」と述べているが、島村のいうところの「生きる方法」の民俗学が、問題は提起したものの新しい方法論を提示しえているかといえば、私にはそう思われない。そもそもトータルとしての「人の生き方」が学問の俎上にのるのか、そして民俗学でそれが可能なのか、答はまだ出ていない。

いったい、民間伝承論が学問として可能なのか。おそらく柳田が次々と論考を発表していた当時も、既存のアカデミズムからは学問とはいえない胡散臭いものとして受け止められていたことだろう。柳田自身の研究対象へのブレや慎重な物言い、時にエキセントリックともいえる歴史学への異議申し立ても、そんな所に原因の一端はあると思われる。

現在はアカデミズムにしっかり位置付いているかに見える民俗学だが、実のところそうでもないらしい。同じ研究報告の岩本通弥による「戦後民俗学の認識論的変質と基層文化論―柳田葬制論の解釈を事例にして――」は、葬制を題材として民俗学の方法論を再検討し、行き当たりばったりのようなこの学問の「科学化」を図ろうとしたのだという。具体にこだわる島村の意図とは正反対に民俗学の理論的精緻化を図ろうとする岩本の論文は、「福田の両墓制に関する柳田批判が誤読である」[9]との見解の正当性を論じながら、福田アジオの地域民俗学をねじふせ、正しく読んだ柳田の民俗学は、「変化」を前提条件とし、「都市」を中核に据えた「一国民俗学」なのだと結論付けていると思われる。

ここで思われるとしたのは、多分アカデミズミの中で居心地の悪い思いをしている民俗学の方法論的精緻化を図ろうとするあまり、岩本の論文は議論が行きつ戻りつで、一筋縄では論旨の流れが理解できず、うっかり物をいえばお前の誤読だと批判されそうなのである。岩本の述べるように正しく柳田を読み取ったとして、民俗の変化を前提として具体的に現代民俗をとらえようとしたらどんな方法があるのか、改めて問うてみたい。柳田の読み方についていくら議論したところで、あまり生産的ではないと思われる。

島村と岩本の論文は対照的である。一方が、文字にして記録にとどめた民俗＝調査者のスクリーニングを経て抽象化された民俗では、本当の「民俗」（人の生き方生きざま）は明らかにできないとして、生の生活の有様にこだわり、他方は従来の民俗学は事例の間をうごめいているばかりで、いつまでたっても定説というものが成立せずに同じ議論を繰り返しているばかりだから、もっと科学化（普遍化、抽象化）を図らなければいけないとする。二つの議論はねじれの位置にあるようで、かみあわない。結局、方法は具体の検証によって現代民俗が捉えられなければ何ともいえないのである。

現代民俗をとらえようとする具体的な仕事として最後に、同じ研究報告書に掲載されている高岡弘幸の「幽霊の変容・都市の変貌―民俗学的近・現代研究に向けての試論―」を取り上げてみたい。高岡は、「民俗学は初発のときより、人びとがつくり出した「現代」と「前・現代」の枠組みの相互比較を基点として日常の生活文化の研究を行う学問だった[10]」と規定し、「今こそ、かつての柳田のように、人びとの時代を区切る感覚に沿って、「現代」と「近代」を考えてみる時期に至ったとはいえないだろうか[11]」との問題意識の下、「幽霊」を素材として取り上げる。

まず、高知市の妖怪と幽霊に関する事例を異界マップに落として分析し、「ムラの生活が妖怪を生み出し、マチでの生活のあり方が妖怪ではなく幽霊を必要とした[12]」ことを導いた。そして、「明治から大正を経て近代化が進行する過程で、妖怪は生活の場から次々と姿を消し、古老たちの記憶の中にしか存在しないものとなり、それに代わって幽霊がマチやムラの地域差を問わず一般的な怪異となっていった[13]」と認め、妖怪の消滅と幽霊の増大を、「都市化」「消費社会化」と深い関係があるのではないかと仮定した。

都市化が幽霊譚の増加に関係するとすれば、高知市という一地方に限らない現代民俗の傾向となるのである。以下、高岡は高知市の現代の幽霊譚を「橋・峠・トンネル系」・「建物系」・「メディア系」の三つに分類して分析し、都市化に伴うと考えられる現代人の心性を描き出している。

高岡の現代民俗学の試みは理論的枠組みと事例分析とが合致して、成功していると思われる。高岡の対象とした幽霊譚には伝承母体を必要とせず、かといって伝承と切れたところの個人的な生活経験でもない。深いところで伝承と結びついた現代民俗である。だとすれば、とりあえず現代民俗学の対象として研究可能なのは、従来の民俗学の分類でいうならば口頭伝承ではなかろうか。ヨーロッパ・アメリカでは、民俗学といえば口頭伝承を意味するというが、百年早く産業革命が起こり都市化も早く進んだ西欧でなしえた民俗研究は、口頭伝承しかなかったということかもしれない。

さて、長野県民俗の会の機関紙『通信』に書くという気安さで、厳密な参考文献も提示せずに思いつきを書き綴ってきた。冒頭でも述べたが、多くの研究者、とりわけ地方在住のまじめな研究者ほど、今後のこの学問と自分の研究の進むべき方向を見つけられずにいる。この学問で食べている研究者の未来へ向けた責任は大きいと考えるが、いかがなものか。

註

（1）「郷土生活の研究法」『柳田國男全集』第二八巻　三〇頁　ちくま文庫　一九九〇年
（2）『日本民俗大辞典』吉川弘文館　一九九九年
（3）新谷尚紀『民俗学とは何か―柳田・折口・渋沢に学び直す―』吉川弘文館　二一八頁　二〇一一年
（4）『国立歴史民俗博物館研究報告』第一三二集　二〇〇六年

（5）島村恭則「〈生きる方法〉の民俗学へ—民俗学のパラダイム転換へ向けての考察」『国立歴史民俗博物館研究報告』第一三二集　八頁　二〇〇六年
（6）同右
（7）同右　一四頁
（8）同右　九頁
（9）岩本通弥「戦後民俗学の認識論的変質と基層文化論」『国立歴史民俗博物館研究報告』第一三二集　二七頁　二〇〇六年
（10）高岡弘幸「幽霊の変容・都市の変貌—民俗学的近・現代研究に向けての試論」『国立歴史民俗博物館研究報告』第一三二集　一〇〇頁　二〇〇六年
（11）同右　一〇一頁
（12）同右　一〇四頁
（13）同右　一〇八頁

八　書　評

福田アジオ・菅豊・塚原伸治 著
『「二〇世紀民俗学」を乗り越える』岩田書院　二〇一二年

はじめに

福田アジオとその他の人々との対談、というより福田アジオのこれまでの研究に対する質問（詰問）と本人の回答という形式の本書は、よくある対談形式をとった執筆ではなく、実際の討論会の記録である。

二〇一〇年七月三一日に東京大学東洋文化研究所で開催された、現代民俗学会第六回研究会「《討論》福田アジオを乗り越える―私たちは『二〇世紀民俗学』から飛躍できるのか?―」（東京大学東洋文化研究所班研究「東アジアにおける「民俗学」の方法的課題」研究会・女性民俗学研究会共催）でのやりとりをまとめたものだという。

コーディネーターの一人である菅豊が前段でくどくも、「今日の企画は、当然ながら、福田さんの糾弾を目的としたものではありません」「本日は福田さんの糾弾の場ではありません」「今日の質問や討議は、福田さん個人に向けられたものというよりも、二〇世紀民俗学全体に向けられたものとして、福田さんにも受けとめていただきたい」と述べて始めていることから、いえばいうほど、方向を間違えればこの討論会が福田アジオの糾弾集会になることを、参加者は予測しただろう。いわば守旧派の民俗学者を代表して福田アジオはそこにあり、若手の研究者の批判を一身に引き受けたのである。

討論は、福田アジオの女性民俗学研究会六〇〇回記念例会における特別講演、「二〇世紀民俗学のこれから」をベースとして、あらかじめ課題や質問項目を用意し、課題別にコーディネーターが詳しく論点を整理して説明し、それに対して福田アジオが答え、場合によっては会場からの質問や意見をとるという形で進行したようである。したがって、あくまでもコーディネーターの考える議論の方向性で進み（当たり前であるが）、予想する回答が得られるまで福田を問い詰めていくような場面もうかがえるのである。

1　本書の構成

本書の構成を目次でみれば、以下の通りである。

プロローグ—民俗学の退廃を悲しむ福田アジオ—

課題1　民俗学の定義の問題

課題2　民俗学の方法の問題

課題3　伝承母体論の問題

課題4　民俗学の国際性の問題
課題5　民俗学の調査論の問題
課題6　民俗学の実践の問題
フロアーとの討論
エピローグ

いずれの課題もしごく真っ当なものであり、課題4を除けば、福田がそれらの課題の枠組みを作るのに大きな力を尽くしてきたのは事実だろう。大学において民俗学の専門教育を受けなかった筆者も、福田の著書を教科書として多くを学ばせてもらった。菅が述べるように福田は、「夥しい数の学問の基礎的書物の代表的編著者として活躍した。それは単なる書物の刊行という意味以上の意義をもっていた。それらの刊行物は、民俗学の体系化と科学化、組織化、制度化を推し進めるという役割を果たした」のである。したがって、これまでの民俗学を形成した代表の一人として、ターゲットを福田にしぼって議論を仕掛けたのは、新しい「民俗学」を構築しようとするには正しい選択だっただろう。

2　菅と福田のスタンス

菅によれば、日本の民俗学には三つの世代があるという。第一世代は、柳田国男および弟子や関係者などを中核とする、学問の生成と成長に寄与した人たちの世代。第二世代は、大学教育の中で学問の統合と系統化を進めて形成された世代。この世代では、歴史民俗学派という主流が形成された。しかし、アカデミック民俗学が成立し表面上は発展したようにみえながら、学問が固定化し閉鎖化していくなかで、民俗学の危機や落日に陥っていった。第三世代は、二〇世紀民俗学を変える、解体する、再構築する、あるいは捨てて新しいものをつくる、新しい二一世紀民俗学に挑戦しようとする世代。菅は、第二世代がつくってきた偏った民俗学の正統な流れのなかにいると自負しつつも、それだけではだめで、歴史民俗学的思考を再構築したり、新しいものをそのなかに取り込んだりしていこうとしていると、自身を位置づけている。そして、アメリカやドイツの現代民俗学が取り上げる現代文化の多様性にふれ、歴史にこだわることが、日本の民俗学が変革していくうえでの足枷になっているというのである。

これに対して福田は、「民俗学は、現代の我々の生活をとらえて、そこに歴史的な世界を認識する、あるいは歴史的な世界を把握するということに学問的な基本がある」、「現在に生きて暮らしている人々の生活のなかから歴史を認識するのだ」という姿勢をつらぬき、生活のなかから歴史を認識できる伝承知が縮小しているのだから、「民俗学は消えていけばいい」とまでいいきる。そして、現代における多様な生活文化を取り上げたいなら、民俗学の延命のために歴史性を払拭するのではなく、「新しい生活文化をどういう方法かで研究する学問として定義をした新しい学問が成立すればいい」というのである。

福田アジオと菅豊の主張の対立は、この学問における古い記憶を呼び覚ます。一九五四年十月の日本民俗学会第六回年会において、民族学者石田英一郎が「人類学と日本民俗学」という公開講演をおこなった。

この内容は、翌年の『日本民俗学』に、「日本民俗学の将来―特に人類学との関係について―」と題して掲載された。趣旨は、将来の発展を考えれば、民俗学は広義の人類学に属するべきだというものだった。この主張に対して、民俗学は歴史学に属すべきものと考えていた柳田は、弟子の民俗学者の中から反論が起きなかったのに失望し、自宅においた民俗学研究所を閉鎖してしまうのである。本書における福田アジオを柳田國男、石田英一朗を菅豊に読み替えれば、半世紀以上を経てまた同じ議論が蒸し返されたとみることができる。

3 伝承母体論について

福田アジオは個別分析法の根拠として、伝承母体論を構想したと私は考える。伝承母体論に則れば、村落をそれ自身で完結しており、閉鎖的で静的なものだとみなしてしまうという批判もわかる。しかし、社会伝承に顕著なように、多くの民俗事象がそれを支える集団があって成立している（いた）ことも事実である。そうした土地に根付いた社会集団が機能しなくなっている現在、民俗学は何を研究の対象としたらよいのか問題になる。歴史性（伝承性）にこだわらなければ、ネット上の集団や同好団体などで流通する「生活ぶり」もあるわけで、そうしたものも扱うのかどうかが問われている。菅の立場は、対象から歴史的な縛りを外したところに二一世紀民俗学の展望が開けるとするし、福田はそれなら民俗学といわず他の学問でやればいいとする。自分も基本的に、「民俗」というからには「伝承性」は外せない条件だと考える。

ただ、ここで福田が今後の研究の方向として述べている、「民俗を個人としてとらえる」という方法の、具体の姿がイメージできない。「個人個人の行為とか考えは個人の時間のなかに属しますけど、同時に個人が示す行為や考えには個人の時間を超えた伝承母体の多様な姿を示している。」というときの、「個人の時間を超えた伝承母体の多様な姿」とは何だろう。土地に結びつき実態をともなう伝承母体はほとんど崩壊しているから、この文脈における伝承母体の姿とは、もっと別の、例えば日本人のＤＮＡだとか日本人のエートスだとかいわれるようなものしか想定できない。個人の中に普遍性を見出す分析方法といえばよいのか。そうだとすれば、かなり恣意的な解釈を是とするものになるが。

4　調査論について

菅は、民俗学者の関わる自治体史編纂について、「多額の公金が投入されたことに見合うだけの価値が、蓄積された民俗資料にあるのか」と、「汎用化された調査手法を採用し、あるいは、学生動員によって犠牲というものを強いる弊害も生み出されている。」との二点をあげて、疑問を呈している。さらに、自治体史編纂に研究者が関わることは、「みずからの研究対象の選択の意志と、自己の研究の時間を奪い、民俗学の知的発展の障害になった」と切って捨てている。

それに対して福田は、「市町村史は、私の個別分析法の立場と矛盾はあまりない形で調査し、記述ができるということでやってきました」と編纂自体は肯定しつつも、自治体史に多額の税金を投入しただけの費用対効果があったかどうかについては、反省している。

福田、菅ともに大学で民俗学の専門教育を受けた学者であることからの見解であり、私のような専門教育を受けず、地方在住のアマチュアにしてみれば、この見解とはかなり異なってくる。私は長野県史民俗編編纂事業の中で鍛えられた者である。したがって、私は編纂事業によって研究の時間を奪われたのとは逆に、編纂事業によって研究の時間を与えられ、研究対象や研究テーマも探すことができた。

地方在住者にとっては、自治体史編纂事業が地元の研究者を育て、地域のアイデンティティーを確立することにつながっていた。国政選挙の落下傘候補者ではないが、中央から全く関係のない研究者を呼んできて、本さえできればよいとして編纂するのと、土着の多くの人を巻き込み、その中から執筆者にまで育てていく、ある面文化運動的な編纂事業とは、同じ自治体史編纂事業とはいえ分けて考えるべきだろう。自治体史になどに関わっても研究者としての自分には、害こそあれ益なしと考えたなら、きっぱりと断ればよい。とはいえ、この不景気の中、今から自治体史編纂事業を始める自治体など、皆無だとは思われるが。

加えて、菅は長期滞在する民族学の調査が民俗学よりも科学的であり勝っていると述べるが、短期ではわからないから長期に滞在するだけのことではないのか。たとえば、民族学者がおこなった国内の調査は、民俗学者がおこなったものに比べて大きな成果をあげているとは聞かない。本書でいうところの民俗学の国際化に反する後ろ向きの主張だが、私は郷土人による郷土調査こそが民俗学の調査の王道なのだと改めて主張したい。民族学の調査に比べてレベルが落ちるなどと、下を向く必要はない。

おわりに

本書は真夏の午後一時から七時まで、六時間にわたる討論の記録だという。エピローグに、コーディネーターの菅豊と塚原伸治が、「みずからが主題化され、批判検証の対象となり、さらにみずからを「乗り越える」という不遜なタイトルをつけられた苦痛多きイベントに、しぶしぶご登壇いただいた福田アジオ氏に心より敬意を表するとともに感謝申し上げたい」と述べているが、二十世紀民俗学を一身に背負い、大衆団交ではないがそんな雰囲気のステージに座らされた福田アジオに同情し、そこまで言わなくてもと感じてしまうのは、還暦をこえた私の年齢故だろうか。

本書の内容にかこつけて、多くの私見を述べさせてもらった。本書はこれからの民俗学を考える上での大きなインパクトを与えてくれる。大方の一読をお勧めしたい

初出一覧

Ⅰ　変化する葬送儀礼と霊魂観

一　儀礼からお別れ会へ（『国立歴史民俗博物館研究報告』第一九一集　二〇一五年）
二　現代社会と民俗学—葬儀と墓に寄せて（『信濃』六八巻八号　二〇一六年）
三　松本近辺の葬儀の行方（『松本市史研究』第二一号　二〇一一年）
四　土葬から火葬へ
　1　火葬にする時期をめぐって（原題「土葬から火葬へ—火葬にする時期をめぐって」『信濃』五二巻一一号　二〇〇〇年）
　2　土葬と火葬のケガレ観（原題「土葬と火葬と」『長野県民俗の会通信』第二二六号　二〇一一年「土葬と火葬と」その後」『長野県民俗の会通信』第二三三号　二〇一三年）
　3　書誌紹介『近代火葬の民俗学』（『信濃』六五巻一一号　二〇一三年）
五　御霊はどこに—安曇野市三郷の盆行事から（『三郷村誌Ⅱ第五巻民俗編』第三章第四節　二〇〇四年）
六　物語としての善光寺（『長野市誌第十巻民俗編』第Ⅱ部第四節　一九九八年）

Ⅱ　変化する暮らし

一　中川村大草のダンナ様の暮らし（原題「大草から」『長野県民俗の会通信』一二三号　一九九四年）
二　山の暮らしは貧しいか—信州秋山郷の暮らしから—（『長野県民俗の会通信』第一六五号　二〇〇一年）
三　マチの暮らしと善光寺（長野市誌民俗調査報告書第三集『善光寺町の民俗』一九九五年）
四　長野市松代町の武家と商家の暮らし（『長野市誌民俗調査報告書第四集『城下町松代の民俗』一九九六年』

五　松本市近郊の暮らしの変化―台所を中心にして―（『松本市史』第三巻　民俗編　第七章生活の向上に向けて　第一節生活の変化　一九九七年）

Ⅲ　変わる視点と変わらぬ視点

一　地域研究の方法（『講座日本の民俗学1　民俗学の方法』Ⅱ―2―（2）　一九九八年　雄山閣出版）

二　日本民俗学会「年会」での学び

1　第45回年会参加記（『長野県民俗の会通信』第一一八号　一九九三年）

2　第49回年会参加記（『長野県民俗の会通信』第一四二・一四三号　一九九七・一九九八年）

3　第57回年会参加記（『長野県民俗の会通信』第一九一号　二〇〇六年）

4　第59回年会参加記（『長野県民俗の会通信』第二〇二号　二〇〇七年）

5　第65回年会参加記（『長野県民俗の会通信』第二三九号　二〇一四年）

三　生業から見えてくるもの―長野県伊那市高遠町山室地区夏期調査報告―（『長野県民俗の会通信』第一七一号　二〇〇二年）

四　民俗学に求めるもの（『長野県民俗の会通信』第一〇一号　一九九一年）

五　実感の民俗学（原題「葉書でつぶやく」『長野県民俗の会通信』第二一七号　二〇一〇年）

六　聞き書きの作法（『長野県民俗の会通信』第二二五号　二〇一一年）

七　これからの民俗学（『長野県民俗の会通信』第二二八号　二〇一二年）

八　書評　福田アジオ・菅豊・塚原伸治著『「20世紀民俗学」を乗り越える』（『長野県民俗の会通信』第二三四号　二〇一三年）

あとがき

最近、親交の有る同世代もしくは幾分か上の世代の民俗学研究者の方々から、これまでの研究生活を総括するような書籍を贈っていただくことが多くなった。また、書店などでもそうした本が目につく。自らも高齢者の仲間入りをしたことを自覚させられるのだが、恩恵を施されるばかりではいけないと考え、編集したのが本書である。

とはいえ、私は教職の傍ら民俗学を研究してきた者であり、テーマを定めて体系的に課題を深めてきた研究者ではない。ここに収めた原稿は前著以後、市町村史誌で調査・執筆を求められたものと、その時々に考えたテーマを、所属する長野県民俗の会『通信』などに投稿したものとである。そうした既発表の原稿を何とか繋がりをもつように整えて並べると、民俗の変化とそれを見る視点がテーマとなった。したがって、執筆時期は長く、現在の研究状況には合致しないものもある。さらに、取り上げるのも恥ずかしい若書きの原稿もみられるが、それらも含めて全てが私自身であるからと思い、収めることとした。

本書を読み返してみると表現が稚拙であったり、視点が不明確であったりする部分も見られる。それでも、執筆時には精一杯だった覚えがある。そんなサイドワークとしての研究を続けてこられたのは、志を同じくする仲間がいたからであり、改めて感謝したい。

◇著者紹介

福澤　昭司（ふくざわ・しょうじ）

一九五二年　長野県生まれ

一九七五年　立命館大学文学部卒業

一九七六～二〇一三年　長野県下の義務教育の教員として勤務

（一九八五～一九九二年　長野県史常任編纂委員【民俗担当】として勤務）

・長野県民俗の会委員

・信濃史学会理事

・日本民俗学会会員

◇主要著書・論文

『民俗と地域社会』岩田書院　一九九八年

「葬儀社の進出と葬儀の変容―松本市を事例として―」（『葬儀と墓の現在』吉川弘文館　二〇〇二年）

「民俗社会と天皇制」（『天皇と王権を考える〈第9巻〉生活世界とフォークロア』岩波書店　二〇〇三年）

「ヤマとサトとマチ」（『日本の民俗2　山と川』吉川弘文館　二〇〇八年）

「祝祭日と年中行事」（『年中行事の民俗学』八千代出版　二〇一七年）など

民俗《みんぞく》の変化《へんか》と視点《してん》

二〇一九年二月一日発行

著　者　福澤　昭司
長野県松本市桐一-二一-三六

発行所　信毎書籍出版センター
長野県長野市西和田一-三〇-三
電話　〇二六-二四三-二一〇五

印　刷　信毎書籍印刷株式会社

装　幀　近藤　弓子

製　本　渋谷文泉閣

ISBN978-4-88411-158-8 C0020
定価はカバーに表示してあります